LE PRÉSIDENT DE BROSSES

SA VIE ET SES OUVRAGES

THÈSE

Présentée à la Faculté des Lettres de Paris

Par **Henri MAMET**

AGRÉGÉ D'HISTOIRE

ANCIEN MEMBRE DE L'ÉCOLE FRANÇAISE D'ATHÈNES

PROFESSEUR AU LYCÉE DE LILLE

LILLE

IMPRIMERIE A. MASSART, RUE NATIONALE 39

1874

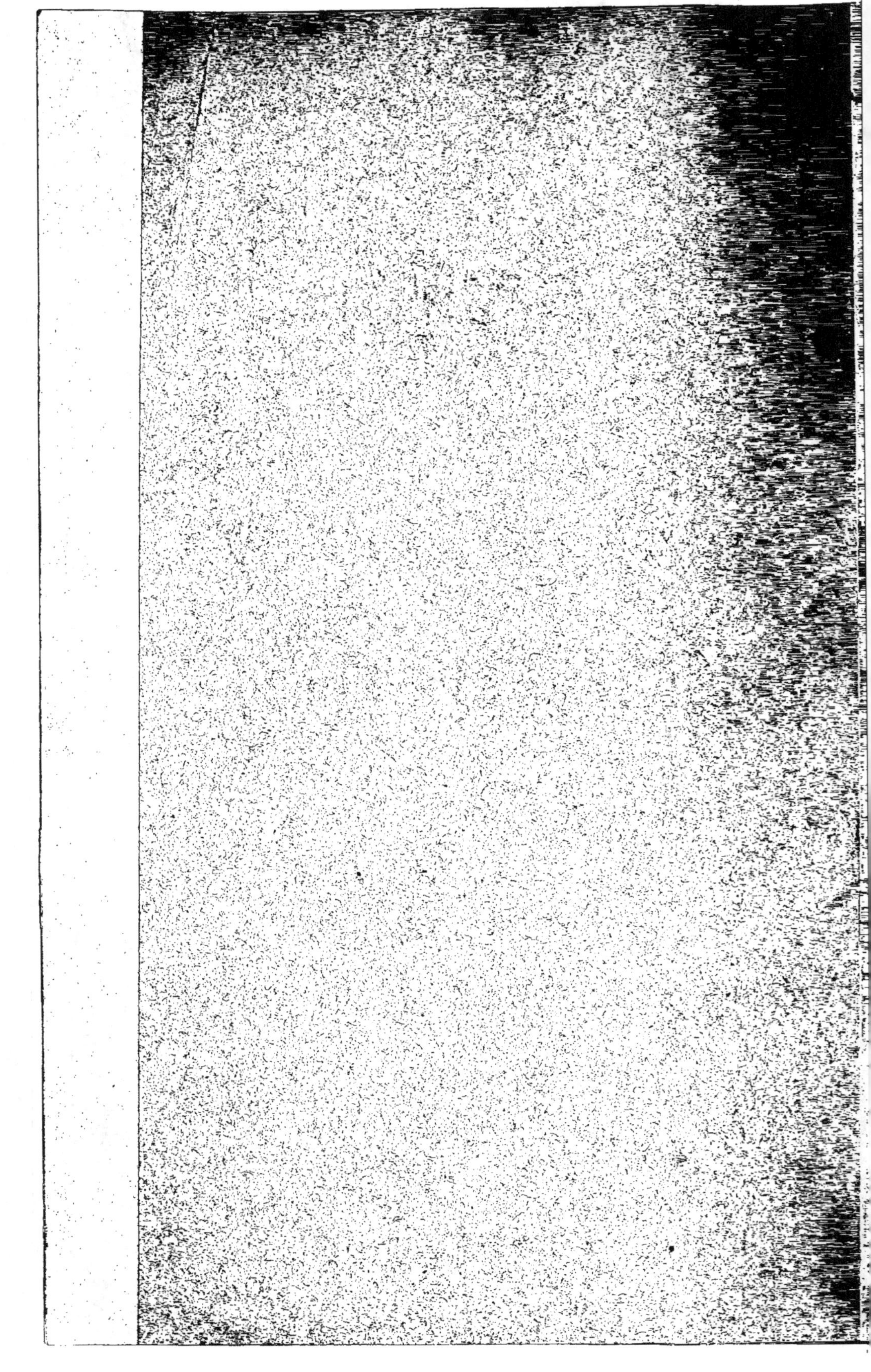

LE PRÉSIDENT

DE BROSSES

SA VIE ET SES OUVRAGES

LE PRÉSIDENT

DE BROSSES

SA VIE ET SES OUVRAGES

THÈSE

Présentée à la Faculté des Lettres de Paris

Par **Henri MAMET**

AGRÉGÉ D'HISTOIRE

ANCIEN MEMBRE DE L'ÉCOLE FRANÇAISE D'ATHÈNES

PROFESSEUR AU LYCÉE DE LILLE

LILLE

IMPRIMERIE A. MASSART, RUE NATIONALE, 59

1874

A Monsieur GEFFROY

PROFESSEUR A LA FACULTÉ DES LETTRES DE PARIS.

MEMBRE DE L'ACADÉMIE DES SCIENCES MORALES ET POLITIQUES

HOMMAGE RESPECTUEUX

DE

RECONNAISSANCE & D'AFFECTION

H. MAMET

AVERTISSEMENT

Une étude sur la vie et les ouvrages du **Président de Brosses**
présen'ait une grande difficulté provenant de la diversité des
sujets qu'il traita. Il était impossible d'examiner d'une manière
approfondie chacun de ses ouvrages sans dépasser de beaucoup
les limites où doit se renfermer un travail du genre de celui-ci;
d'un autre côté, négliger entièrement telle ou telle partie de ses
œuvres, c'était laisser dans l'ombre le trait le plus caractéristique
de sa physionomie, c'est-à-dire cette prodigieuse variété d'aptitudes et de connaissances qui lui donne son originalité propre;
être incomplet, c'était être inexact. Aussi ai-je cru devoir prendre
un moyen terme en étudiant à loisir certaines de ses œuvres et
en passant plus rapidement sur les autres. Si j'ai choisi pour
en faire l'objet d'un examen plus détaillé son Histoire romaine,
c'est par ce qu'elle est son œuvre capitale, en quelque sorte le
résumé de tous ses travaux, et aussi parce qu'elle rentre dans

le genre d'études auquel je me suis spécialement consacré ; mais parmi ses ouvrages il en est d'autres qui mériteraient d'être examinés plus à fond que je ne l'ai pu faire, et en premier lieu son Traité de la formation des Langues. Loin d'élever la prétention d'avoir épuisé le sujet, je croirais avoir obtenu le résultat le plus désirable si cet essai pouvait attirer l'attention sur le Président de Brosses, signaler tout ce qui reste encore à en dire et recommander ceux de ses ouvrages que j'ai dû laisser au second plan à l'examen de juges plus compétents.

LE PRÉSIDENT
DE BROSSES

SA VIE ET SES OUVRAGES

PREMIÈRE PARTIE

Biographie du Président De Brosses

CHAPITRE PREMIER

NAISSANCE DE CHARLES DE BROSSES, SA FAMILLE, SON ÉDUCATION
LA SOCIÉTÉ DIJONNAISE AU XVIIIe SIÈCLE

Charles de Brosses naquit à Dijon le 7 février 1709, de Charles, deuxième du nom, baron de Montfalcon, seigneur de Méziriac et de Confrançon, conseiller au Parlement de Bourgogne, et de Pierrette Febvret de Saint-Mesmin.

Sa famille, originaire du Faucigny, était d'une noblesse assez ancienne, remontant au delà des premières années du XVme siècle. Un de ses membres, Barthélemy de Brosses, seigneur de Daperi, avait été blessé mortellement à la bataille de Fornoue (1495) ; son fils Claude, mort en 1548, fut au service des rois Charles VIII, Louis XII et François Ier; son petit-fils Jean Ier, seigneur de Tourney ou Tornex, dans le pays de Gex, fut conseiller d'État du duc de Savoie et trésorier-général de ses finances ; il embrassa le calvinisme et, mécontent de son maître, abandonna le service du duc de Savoie, se retira à Genève et y mourut en 1595. Pierre Ier (1569-1617) passa au service du roi de

France ; formé à la diplomatie par Nicolas Harlay de Sancy, il eut une grande part au traité de Lyon, par lequel Henri IV échangea le marquisat de Saluces contre la Bresse et le Bugey, et reçut en récompense la charge de grand bailli d'épée du pays de Gex. Dès son enfance, il s'était adonné avec passion à l'étude du droit ; il eut pour maîtres Théodore de Bèze et Denys Godefroy, et publia plusieurs ouvrages de jurisprudence dont les principaux sont : *Thesaurus Accursianus*, Lyon, 1589, et *Remissiones juris* ; Genève, 1590, Lyon, 1606 ; il quitta l'épée pour la robe ; « dès lors, dit avec raison le » biographe, cette famille convergeait vers la magistrature ». Son petit-fils Pierre III (1647-1704) devint conseiller au Parlement de Bourgogne en 1676 ; il acquit, par son intégrité et sa fermeté, une haute place dans l'estime publique, dont hérita et que sut conserver son fils Charles, deuxième du nom. Celui-ci, père du Président de Brosses, se délassait de ses fonctions par une étude assidue de l'histoire et de la géographie dont le goût se développa de bonne heure chez son fils. Les mêmes traditions, le même amour des lettres et des études sérieuses existaient dans la famille de sa femme ; elle était petite-fille de Charles Febvret, l'un des plus savants jurisconsultes du siècle précédent, élève, comme Pierre de Brosses, de Denys Godefroy, et fille de Pierre Febvret, fondateur de la bibliothèque publique de Dijon. Cette famille produisit encore un des plus célèbres érudits du XVIIIme siècle, Charles-Marie Febvret de Fontette qui fit une nouvelle édition de la *Bibliothèque historique de la France*, du P. Lelong, dirigea l'Académie de Dijon et donna à la bibliothèque royale la riche collection d'estampes qui porte son nom ; les femmes elles-mêmes partageaient ces goûts et ces aptidudes, témoin Claudine Febvret, abbesse de Notre-Dame-du-Tort, à Dijon, et auteur du *Journal des Saints de l'ordre de Cîteaux.*

Le jeune Charles de Brosses fut à même de développer les brillantes facultés et de satisfaire les goûts studieux qu'il tenait par sa naissance des deux familles ; il fit ses études au collége des Jésuites de Dijon, où il eut pour professeur de rhétorique le P. Oudin, un des plus savants hommes de son ordre.

Il eut pour condisciples son cousin Charles-Marie Febvret de Fontette et Georges-Louis Leclerc, qui depuis illustra le nom de Buffon, et avec lequel il se lia d'une amitié qui dura toute sa vie. Malgré sa chétive santé, il fit de rapides progrès. Sa mère, devenue veuve en 1723, quand il n'avait encore que quatorze ans, dirigea son éducation ; il suivit les cours de la faculté de droit récemment créée à Dijon, et soutint les épreuves de la licence avec un éclat que fit remarquer davantage l'exiguité de sa taille ; il fut obligé, pour la soutenance de sa thèse, de monter sur un escabeau, sans lequel il eut entièrement disparu derrière le pupitre des récipiendaires. La faculté en corps vint féliciter sa mère, à laquelle était dû en grande partie le succès du jeune licencié, et le 13 février 1730, à peine âgé de vingt-un ans, il prit place au banc des conseillers du Parlement de Bourgogne.

Les études nécessaires pour lui ouvrir l'accès de la magistrature ne l'avaient pas empêché de suivre les traditions de sa famille et de satisfaire l'ardente curiosité de son esprit. Il étudia à la fois, comme le rappelle Dupuy, secrétaire perpétuel de l'Académie des Inscriptions (Mém. de l'Ac. des Inscr. t. XI, II), l'histoire ancienne et moderne, sacrée et profane, la géographie, la chronologie, la mythologie, la physique, la métaphysique, la philologie raisonnée, en un mot toutes les sciences, sauf les mathématiques, non qu'il manquât d'aptitude pour celles-ci, mais parce qu'il en trouvait l'étude trop absorbante et accessible à un trop petit nombre d'adeptes ; son esprit sociable ne s'accommodait point de ces hauts sommets où l'on ne parvient qu'en se résignant à l'isolement ; il ne goûtait les plaisirs de l'étude qu'à condition d'y faire participer le plus grand nombre possible de ses amis, et la société dans laquelle il vivait lui fournissait amplement les moyens de se livrer à ses travaux favoris sans être condamné à s'y livrer seul.

Malgré l'attraction qui avait rassemblé la vie intellectuelle de la France sur un point unique, au XVIIme siècle par l'influence de la cour et des Académies, au XVIIIme siècle par celle de la société parisienne, quelques villes de province avaient conservé une sorte d'indépendance littéraire, et de ce nombre était Dijon.

Plusieurs motifs avaient empêché la société dijonnaise de devenir une simple copie de la cour et de la ville. D'abord le caractère original et particulier de l'esprit bourguignon, esprit juste et fin plutôt qu'élevé, marqué au coin du bon sens et de la raison, ayant quelque chose de la naïveté railleuse de l'esprit champenois et aussi de la ferme droiture du génie franc-comtois, peu porté à l'enthousiasme et à la poésie, avait résisté à l'entraînement de la grandeur et des pompes de la littérature réformée par Malherbe. Comme le fait remarquer le biographe du Président de Brosses (p. 77), au XVIIme siècle la Bourgogne n'avait produit d'autre poète que La Monnoye, l'auteur des Noëls satiriques, et Longepierre, l'auteur du *Sésostris* justement raillé par Racine; et le sublime de Bossuet était peu apprécié dans son pays. Au XVIIIme, la Bourgogne produisit Crébillon et Piron; or, ces deux poètes, s'ils ne manquaient pas d'imagination, conservèrent une âpreté particulière, une sorte de goût de terroir; ils négligèrent aussi le soin de la forme, et ne recherchèrent point la perfection du style, sans laquelle aucun ouvrage de l'esprit ne survit aux passions et aux idées qui ont pu lui valoir quelque succès auprès de la génération contemporaine; et ce défaut, commun à presque tous leurs compatriotes, devait être le plus grave de ceux qu'on peut reprocher au Président de Brosses lui-même.

L'état de la société bourguignonne ne contribua pas moins à lui conserver son caractère original, par ce fait que les classes qui y donnaient le ton ne subissaient guère l'influence de la cour. La noblesse, qui comptait en Bourgogne de nombreuses et illustres maisons, avait déserté Dijon, les grandes familles pour se rendre à la cour, les autres pour se retirer dans leurs châteaux.

Le clergé séculier, malgré l'importance des siéges épiscopaux d'Autun, de Mâcon et de Châlon-sur-Saône, n'exerçait pas sur les esprits une autorité égale à celle des ordres religieux et surtout des grandes abbayes de Cîteaux et de Cluny, où s'accomplirent de si vastes et si utiles travaux ; les bénédictins, par leur discipline exacte, leur patient labeur et leurs éminents services, présentaient dans l'Eglise, à côté des prélats issus des grandes familles et souvent plus occupés des intrigues de cour que du soin de leurs diocèses, un spectacle analogue à celui que présentait, dans la société civile, la bourgeoisie à côté de la noblesse. Celle-ci, en dédaignant la culture de l'esprit, avait perdu tout pouvoir sur les affaires politiques et sur celles de l'intelligence, et cédé la place à une classe nouvelle.

La bourgeoisie dijonnaise, fière de ses antiques privilèges municipaux, l'était plus encore de son Parlement, la seule autorité qu'elle entourât à la fois de respect et d'affection. Le Parlement de Bourgogne avait été créé par Louis XI pour affermir l'autorité royale dans une province où l'amour de l'indépendance était vif et persé-vérant.

Fidèle à sa mission, il montra toujours à la couronne de France un attachement qui n'était autre chose que la manifestation de son patriotisme. Mais en même temps, issu de la bourgeoisie bourguignonne, il fut toujours gardien jaloux des privilèges de la province et résista, sans jamais se lasser, aux empiètements continuels du pouvoir royal. Les États de Bourgogne où, comme dans la province qu'ils représentaient, dominait l'esprit de la bourgeoisie et celui du Parlement lui-même, le secondèrent dans cette résistance jusqu'au moment où ils ne con-servèrent plus qu'un simulacre d'autorité. Aussi le Parlement de Dijon était-il, au commencement du XVIIIme siècle, l'image exacte de la société bourguignonne : la bourgeoisie, représentée par l'élite de ses membres, y tenait la plus grande et la meilleure place ; la noblesse et le haut clergé s'honoraient d'en faire partie, mais n'y exerçaient aucun pouvoir réel. Nulle époque ne vit autant que celle où vécut le Président de Brosses, s'exercer cette influence de la bourgeoisie et du Parlement sur les affaires politiques et sur la littérature, et rien n'est plus propre à la mettre en lumière que l'étude de ses ouvrages et des affaires auxquelles il prit une part active.

De Brosses était donc appelé à prendre place au milieu de cette société, non-seulement par les traditions de sa famille, mais encore par l'espoir légitime d'y trouver un digne emploi de ses facultés. Une ville de province telle que Dijon, loin de lui paraître, comme il arrive souvent dans notre siècle, un théâtre trop étroit, lui semblait au contraire le seul où il se sentît à l'aise ; il y était retenu à la fois par le devoir, par les affections et par l'intérêt.

Abandonner le banc de conseiller où avait siégé son père eut été, à ses yeux et à ceux de ses contemporains, une véritable désertion. Les liens qui l'attachaient à sa famille avaient été resserrés par la mort de son père. Outre sa mère, à laquelle il devait tant de reconnaissance, il avait un frère cadet et deux sœurs. Les de Brosses se souvenaient avec orgueil que leurs aïeux, avant d'appartenir à la noblesse de robe, avaient appartenu à la noblesse d'épée, et c'était une tradition dans leur famille que l'aîné entrât dans la magistrature et le cadet dans l'armée. Claude-Charles, né le 17 mars 1713, prit du service en 1729 en qualité de capitaine au régiment de Nice et fit plusieurs campagnes, entre autres celle de 1742 sous le maréchal de Belle-Isle ; bien que sa santé, ainsi que celle de son compagnon d'armes Vauvenargues, eût été cruellement éprouvée par les souffrances de la retraite de Bohême, il n'en parvint pas moins à un âge avancé et mourut le 21 janvier 1793 ; jusqu'à la mort de son aîné il vécut près de lui et leur amitié fut comparable à celle qui unissait leurs compatriotes les deux frères La Curne. Ses deux sœurs, Barbe et Charlotte, entrèrent avec leur mère, en 1733, au chapitre noble de Neuville-sur-Saône ; la baronne douairière y vécut trente ans ; ses deux filles y moururent, la première en 1758, la seconde en 1776 ; leurs frères faisaient de fréquentes visites à Neuville et s'y rencontraient avec la joyeuse compagnie qu'y admettait une règle peu sévère.

En dehors de sa famille, de Brosses trouvait à Dijon
la société la plus conforme à ses goûts : il n'y avait
peut-être pas alors et il n'y a certainement pas aujourd'hui
une ville de province où les études qui lui étaient chères
fussent plus en honneur; l'élite de la société dijonnaise
les cultivait avec un zèle dont on ne peut suspecter la
sincérité, car aucun intérêt, aucune ambition ne l'inspirait.
Dans ce monde où chacun avait sa place marquée par
sa naissance, les travaux de l'esprit n'étaient point
considérés comme un moyen de parvenir, et les amis
de Charles de Brosses, ainsi que lui-même, y tenaient un
rang assez élevé pour n'avoir point à désirer d'autre
récompense de leurs soins que le prix de l'étude et
l'approbation d'un public peu nombreux, mais délicat et
difficile à satisfaire. Le biographe du Président de
Brosses (1) énumère ceux des membres de la société bourguignonne qui se firent un nom dans les lettres ou
dans les sciences, et la liste en est assez longue ;
l'Académie française en comptait quatre : Crébillon, le
poète tragique, le philologue Claude Sallier, Languet de
Gergy, évêque de Soissons, et le Président Bouhier;
cinq appartenaient à l'Académie des Inscriptions et
Belles-Lettres : Sallier, La Curne de Sainte-Palaye, Noinville,
Melot, et l'abbé Jean Lebeuf, chanoine d'Auxerre; trois
à l'Académie des sciences : Buffon, Daubenton et le marquis
de Courtivron. Il faut ajouter à cette liste quelques noms
dont la célébrité resta toute locale, mais qui font honneur
à la Bourgogne, entre autres ceux de Le Gouz de Gerland,
de La Curne et de Febvret de Fontette.

Parmi ces personnages d'inégale célébrité, il en est
qui méritent tout particulièrement d'attirer l'attention, par
leur mérite d'abord, et aussi par leurs relations avec
Charles de Brosses.

L'esprit de la bourgeoisie et du Parlement de Dijon
était personnifié en quelque sorte dans le Président Bouhier :
celui-ci offre plus d'un trait de ressemblance avec de
Brosses qui fut son ami malgré une différence d'âge de

---

(1) Th. Foisset, p. 85

près de quarante ans et qui semble se l'être proposé pour modèle. Même curiosité insatiable, même activité, même aptitude aux sciences les plus diverses; le Président Bouhier, non-seulement approfondit les études que lui imposait sa charge, et fut un des plus grands jurisconsultes de son temps, mais encore s'occupa de littérature et d'érudition. Quelques-uns de ses ouvrages, ses poésies surtout, sont inférieurs au mérite véritable de leur auteur. Son style lourd et négligé empêche d'apprécier dignement la solidité de son érudition; et c'est là encore un trait commun avec beaucoup de ses compatriotes et avec de Brosses en particulier que ce dédain excessif de la forme et du style. On serait loin de se faire une idée juste de ce que fut le Président Bouhier et des services qu'il rendit à la littérature, s'il ne restait pour nous le faire connaître que son éloge prononcé à l'Académie française.

Par un singulier contraste, un des meilleurs amis de Charles de Brosses eut pour successeur celui qui devait être son ennemi le plus acharné. Voltaire, dans son discours de réception, dit à peine quelques mots de son prédécesseur et n'explique aucunement à quel titre il mérita le privilége exceptionnel qui lui fut accordé d'être admis à l'Académie sans être tenu de résider à Paris.

C'est ce fait, cependant, qui jette la plus vive lumière sur le Président Bouhier et sur la société dont il ne voulut pas se séparer; il aima mieux tenir le premier rang à Dijon que de venir occuper à Paris un rang secondaire, non par une ambition semblable à celle de César, mais parce qu'il désira rester où il pouvait être le plus utile. Il est à regretter que l'exemple donné par lui et par l'Académie n'ait pas été suivi plus souvent : la vie intellectuelle de la France n'eût pas été absorbée par une seule ville et beaucoup d'autres eussent mérité l'éloge que Voltaire accorde à Dijon : « cette ville qui » a produit tant d'hommes de lettres et où le mérite de » l'esprit semble être un des caractères des citoyens. »

La Curne de Sainte-Palaye fit de savantes recherches sur l'histoire et la littérature du moyen-âge, et en particulier sur les troubadours; ses contemporains, et de

Brosses moins que tout autre, n'étaient guère disposés à encourager ce genre d'études et traitaient volontiers de barbares et de gothiques toutes les productions du moyen-âge sans exception ; dans sa correspondance, de Brosses ne manque pas une occasion de le railler sur son goût pour les vieux manuscrits et les poésies des jongleurs ; mais il était digne d'apprécier son caractère et son cœur et mérita l'honneur d'ère admis en tiers dans cette amitié, devenue légendaire en Bourgogne, qui unissait Sainte-Palaye à son frère jumeau La Curne. Buffon, camarade de Charles de Brosses au collége des Jésuites, resta toujours son ami et de Brosses, grand admirateur de ses ouvrages, se donna souvent le double plaisir de prendre sa défense et de couvrir d'un ridicule mérité les attaques de Voltaire contre les *Epoques de la Nature*. Il est difficile de trouver entre eux quelque rapport ; rien ne ressemble moins aux qualités et aux défauts de l'un que les qualités et les défauts de l'autre, à la pompe majestueuse et souvent emphathique du style de Buffon que la simplicité, poussée parfois jusqu'à la néglige :ce de celui du Président de Brosses ; cependant on peut signaler quelque analogie entre leurs méthodes : l'un comme l'autre manque d'exactitude et de précision, accepte trop facilement des hypothèses hardies , se fiant plus à l'inspiration qu'à la réflexion, et néglige de vérifier ses conjectures par des recherches patientes et minutieuses.

Bénigne Le Gouz de Gerland, qui devait accompagner de Brosses dans son voyage en Italie, bien qu'il eût fait ses études à Paris, au collége de Clermont, qu'il aimât les voyages, qu'après l'Italie il dût visiter l'Angleterre et se faire dans les deux pays de nombreuses relations, n'en resta pas moins fidèlement attaché à sa province natale.

Presque toutes ses recherches d'érudition eurent pour sujet la ville de Dijon et la Bourgogne. Membre honoraire de l'Académie de Dijon, il lui donna un jardin botanique, un cabinet d'histoire naturelle et la collection des bustes des grands hommes qu'avait produits la province ; et il fonda une école de peinture et de sculpture qui devint l'Académie royale et produisit des artistes d'un grand mérite, entre autres Prudhon; c'est dans sa société que de Brosses acquit, ou tout au moins développa son goût pour les beaux-arts et l'archéologie qui devaient tenir une si grande place dans ses études.

Guy de Migieu, conseiller au Parlement, partageait ce goût et devait le satisfaire en accompagnant de Brosses en Italie, et en y rassemblant une collection qu'à sa mort, en 1749, il légua au musée de Lyon. Loppin de Gémeaux, cousin du futur président et son compagnon dans le même voyage, s'adonnait à la seule étude qu'eut négligée de Brosses, celle des mathématiques; excellent géomètre, il fut inscrit le premier sur la liste des membres honoraires de l'Académie de Dijon lorsqu'elle fut fondée en 1740. Febvret de Fontette, cousin et camarade de collège de Charles de Brosses, son collègue au Parlement, directeur de l'Académie, n'était pas le moins disposé à l'encourager et à l'aider au besoin dans ses recherches érudites.

Enfin, en dehors même de ceux qui se livraient à ces travaux, la société dijonnaise les aimait et les appréciait. Elle avait aussi ce goût qui donna à la société française du XVIIIe siècle tant de charme et tant de pouvoir sur l'esprit des contemporains, le goût de la conversation; c'était une raison de plus pour que de Brosses la préférât à tout autre et fût retenu par l'accueil qu'il y recevait, étant l'un des plus brillants causeurs d'une époque où ce mérite était si recherché. Les personnes qui formaient l'élite de cette société, et avec lesquelles il entretint les relations les plus intimes, appartenaient par leurs fonctions, leur naissance ou leurs alliances, au Parlement, c'étaient le procureur général M. de Quintin, les conseillers de Maleteste, Fiot de Neuilly, les présidents Joly de Bévy, Richard de Ruffey, de la Marche, M. de Blancey, secrétaire en chef des Etats de Bourgogne, l'abbé Cortois de Quincey, qui devint évêque de Belley.

A Dijon, comme à Paris, comme partout où, au XVIIIe siècle, l'esprit français devint à la mode, les femmes tenaient une grande place dans la société; celle dont faisait partie Charles de Brosses en comptait un grand nombre dont elle était justement fière : c'étaient Madame de Cortois, Madame Joly de Bévy, la Présidente de Bourbonne, fille du Président Bouhier; Madame de Montot et d'autres encore, appartenant également aux familles parlementaires.

La noblesse d'épée était représentée dans ce cercle non par les maisons du pays, qui pour la plupart, avaient abandonné Dijon pour la cour ou pour la campagne mais par celles qu'y appelaient les fonctions de leurs chefs; la Bourgogne avait pour intendant M. de Saint-Contest, pour commandant militaire le comte de Tavannes, appartenant à la plus ancienne maison de la province, pour gouverneur le prince de Condé, dans la famille duquel le gouvernement de la Bourgogne était presque un fief héréditaire; elle eut ensuite le duc de Saint-Aignan, frère du duc de Beauvillers, qui fut gouverneur des trois fils du grand dauphin. Par un heureux hasard, le duc de Saint-Aignan reçut l'avis de sa nomination au gouvernement de la Bourgogne, étant ambassadeur à Rome au moment où de Brosses s'y trouvait avec ses cinq compagnons de voyage, et cette circonstance établit entre eux des relations qui se continuèrent plus tard à Dijon; là, du reste, le haut rang que tenait le Parlement rapprochait facilement la noblesse de robe de la noblesse d'épée, et la famille de Brosses n'était pas la seule qui appartînt à la première par ses fonctions et à la seconde par son origine.

Une preuve manifeste du goût de la société dijonnaise pour les lettres, et une raison de plus pour que de Brosses préférât à tout autre séjour celui de sa ville natale, c'étaient le nombre et la valeur des bibliothèques qu'elle possédait; son biographe en énumère quelques-unes (Foisset, le Président de Brosses, p. 82), celle du Président Bouhier, commencée au XVIe siècle par Pontus de Thiard, comprenait 25,000 volumes et 1,500 manuscrits, augmentée par son possesseur de plusieurs milliers de volumes; achetée après sa mort par l'abbaye de Clairvaux, elle a formé la meilleure partie de la plus belle de nos bibliothèques de province, celle de Troyes ; celle de Godeau, évêque de Vence, léguée par lui à l'abbé Fyot, aumônier de Louis XV, l'avait été par celui-ci à son neveu le Président de la Marche ; celle de Lucotte du Tilliot fournit de précieux matériaux au P. Montfaucon et à Febvret de Fontette ; celle de Fontette lui - même a été depuis réunie à celle de l'Arsenal , à Paris ; celle de M. de Quintin a été transférée au château de Grosbois en Montagne, près de Dijon ; celle de Bouhier de Chevigny appartient aujourd'hui à la famille de Vogüé ; celles de l'abbaye de Saint-Bénigne, des Jésuites et de l'Université ont été réunies à celle de la ville de Dijon.

Dijon réunissait donc toutes les conditions nécessaires pour que de Brosses pût y parcourir avec honneur sa carrière politique et sa carrière littéraire. Dès sa jeunesse il s'était préparé en même temps aux devoirs de sa charge et aux études qui, après lui avoir servi de délassement pendant sa magistrature et de consolation pendant ses disgrâces, ont sauvé son nom de l'oubli ; jusqu'au dernier jour il mena de front ses deux tâches, celle que lui imposaient ses fonctions et celle où l'entraînaient ses goûts ; pour le connaître tout entier il faut le suivre dans la vie publique, où il montra son caractère, et dans ses travaux où il révéla son génie.

CHAPITRE II

CARRIÈRE POLITIQUE DU PRÉSIDENT DE BROSSES

En venant prendre place, âgé de vingt et un ans à peine, sur les bancs des conseillers au Parlement de Bourgogne, Charles de Brosses avait à soutenir la réputation que son père s'était acquise par son savoir juridique, la fermeté de son caractère et la droiture de sa conduite. Il porta dignement le nom qui lui imposait de telles obligations ; émule du Président Bouhier, et élève du grand jurisconsulte Davot, il étonna ses collègues par une connaissance profonde des lois, qui leur semblait difficilement conciliable avec sa jeunesse et avec la diversité des études auxquelles il s'était adonné ; il porta dans la pratique de la procédure les qualités qui rendaient son esprit souple et actif, apte à tant de travaux différents; il fut bientôt connu par sa compétence dans une des matières les plus ardues de la jurisprudence, et cité comme le plus habile commissaire à terrier qui fût dans toute la Bourgogne.

Avant de prendre part aux grandes affaires politiques où se trouvèrent mêlés les Parlements au XVIIIᵉ siècle, il eut l'occasion de recevoir une marque de haute estime du chancelier Daguesseau, à propos d'un singulier abus commis par le présidial de Saint-Pierre-le-Moustier.

Guillaume Lamoignon de Malesherbes, conseiller au Parlement de Paris, ayant été envoyé pour faire une enquête, l'affaire lui parut si embarrassante qu'après y avoir consacré une année entière, il renonça à l'instruire et fut remplacé par de Brosses, âgé de vingt-huit ans. C'était déjà un grand honneur pour le jeune conseiller d'être chargé d'une mission qu'un des magistrats les plus célèbres de son époque avait jugée au-dessus de ses forces, et il s'en acquitta de manière à mériter les félicitations du chancelier.

Le Parlement de Bourgogne ne prit pas une part aussi active que celui de Paris dans les querelles auxquelles donnèrent lieu, sous la débile administration du cardinal Fleury, le jansénisme et la Bulle *Unigenitus*. S'il refusa d'enregistrer la déclaration royale du 24 mai 1730, ordonnant l'exécution de la Bulle dans son ressort, ce fut moins par zèle pour la cause janséniste que par le désir de sauvegarder ses privilèges ; s'il répondit par des remontrances aux lettres de jussion que lui transmit le commandant de la province, Henri-Charles de Saulx-Tavanes, la forme inusitée dans laquelle les lettres lui avaient été communiquées le préoccupait plus que le fond même de la question.

Le conseiller Pouffier exprima les véritables sentiments

dc ses collègues en déclarant « avoir appris de M. Da-
» guesseau que c'était obéir au roi et le servir, de s'opposer
» à ce qu'il pourrait ordonner contre ses propres intérêts
» et ceux de son peuple. »

L'intérêt politique était, aux yeux du Parlement, la
partie la plus importante du débat, et il revendiquait le
droit d'être pris comme arbitre entre le gouvernement et
la nation.

Telles étaient, sans aucun doute, les opinions de Charles
de Brosses ; son esprit était dès lors affranchi des étroits
préjugés du parti janséniste qui, aux grandes luttes et
aux grands travaux du siècle précédent, avait fait succéder les folies des convulsionnaires. Ses études et ses
voyages, ses relations l'en éloignèrent de plus en plus,
malgré les efforts de quelques personnes de sa famille,
entre autres de sa tante Mademoiselle de Brosses, pour
l'y attirer ; sans se rattacher complètement à aucun des
deux autres partis ni à celui qui soutenait la Bulle, ni à
celui des philosophes qui tournait en dérision jansénistes
et constitutionnaires, c'est plutôt vers ce dernier que
l'entraînaient ses opinions. Malgré cette indifférence pour
le jansénisme, que partageaient d'ailleurs la plupart de
ses collègues, il les soutint énergiquement dans leur lutte
contre la cour, par attachement aux priviléges et à la
dignité de sa compagnie, attachement qu'il montra plus
d'une fois après la courte interruption apportée dans sa
carrière politique par son voyage en Italie en 1739 et
1740.

A son retour, en 1741, de Brosses acheta une charge
de président à mortier, et le 23 novembre 1742 épousa
Françoise Castel de Saint-Pierre, fille aînée du marquis
de Crévecœur, premier écuyer de la duchesse d'Orléans,
veuve du régent.

Mademoiselle de Crévecœur était petite nièce de l'abbé
de Saint-Pierre, dont de Brosses admirait l'honnêteté et
l'indépendance, tout en traitant de chimère ses beaux
projets de paix perpétuelle.

Ce mariage l'alliait à la famille du maréchal de Villars,

dont l'abbé de Saint-Pierre était cousin germain; en outre il lui valut de nombreuses relations à Paris, entre autres avec l'érudit Foncemague et Mairan, qui devait être, après Fontenelle, secrétaire perpétuel de l'Académie des sciences. Tous les évènements de sa vie tournèrent donc au profit de ses travaux littéraires, jusqu'aux incidents qui vinrent traverser sa carrière politique.

En 1744, Louis XV ayant pris en personne Menin et Courtrai, un *Te Deum* fut chanté dans tout le royaume, et des lettres de cachet ordonnèrent aux Parlements de rendre aux commandants des provinces les mêmes honneurs qu'aux princes du sang. Le Parlement de Bourgogne refusa d'enregistrer les lettres et fit des remontrances où une frivole question d'étiquette amenait l'occasion de contester la légitimité des lettres de cachet et d'alléguer à Louis XV « les ordonnances des rois ses prédécesseurs » qui défendent à tous juges d'avoir égard aux lettres » closes et les dispensent de les observer. » La cour répondit par un de ces coups d'autorité qui, à force d'être prodigués, finissaient par ne plus produire aucun effet sur l'opinion ; avant même que les remontrances fussent rédigées, elle exila cinq conseillers, entre autres de Brosses et son ami, M. de Maleteste.

De Brosses, relégué à Gannat, en Auvergne, employa ses loisirs forcés à deux occupations également conformes à ses goûts, à composer des couplets satiriques contre ses persécuteurs, et à débrouiller dans Manéthon le chaos des dynasties égyptiennes.

Le Parlement de Bourgogne, sommé par nouvelles lettres de cachet d'avoir à se conformer aux ordres du roi, et menacé d'un exil général, se soumit d'assez mauvaise grâce ; le commandant de la province reçut les honneurs que lui conférait la volonté royale, mince triomphe singulièrement tempéré par les railleries des caustiques Dijonnais.

De Brosses qui, après avoir refusé d'user de la permission obtenue par son beau-père le marquis de Crèvecœur, de

quitter Gannat pour sa terre de Montfalcon, était venu
s'établir à Villefranche, près de Lyon, fut rappelé, ainsi
que les autres exilés. Chargé de complimenter le comte
de Tavannes, il le fit de manière à ne lui laisser aucune
illusion sur les sentiments de ses collègues. Le premier
Président de Berbisey, qui n'avait pas soutenu assez hautement la dignité de la compagnie, fut obligé de se dé-
mettre de sa charge et fut remplacé par Claude-Philibert
Fyot de la Marche. De Brosses, dans la réponse qu'il fit
au discours d'installation du nouveau premier président,
exprima l'espoir de voir à l'avenir les intérêts de la compagnie soutenus avec fermeté ; mais cette espérance ne
fut pas complètement réalisée.

Le discours de rentrée qu'il eut à prononcer en 1746 lui
fournit l'occasion de faire du Président Bouhier , mort
dans le courant de l'année, un éloge mieux proportionné
à son mérite que le discours prononcé par Voltaire à
l'Académie française, et surtout plus propre à nous faire
connaître les éminents services rendus par le Président
Bouhier aux lettres et à sa province. Cet éloge rentrait dans
le cœur même du sujet choisi par l'orateur : de la puissance
de l'exemple. En proposant pour modèle à ses collègues
le Président Bouhier, de Brosses nous montre les qualités
qu'il admirait le plus en lui, et qu'il s'efforça , non sans
succès, d'imiter à son tour; d'abord l'amour des lettres :
» Quoi de plus noble que de servir sa patrie par ses
» emplois ou d'instruire ses compatriotes par ses écrits?
» Et ces deux modes d'illustration ne se confondent-ils
» point dans le magistrat? Sa profession lui fait une
» loi de l'étude, et d'ailleurs la qualité d'homme de
» lettres ne veut pas être séparée de celle de citoyen. »
Puis l'amour de son état et l'attachement à son pays
natal. « Qui pourrait se laisser gagner au dégoût de
» fonctions auxquelles ce grand magistrat a toujours, avec
» autant de joie que d'assiduité, donné la préférence sur
» tant de sciences qu'il aimait, sur tant de connaissances
» dont il était rempli?...... Un si grand homme n'était-il
» pas capable de briller partout? Cependant il n'a point
» cherché un plus vaste théâtre, content de vivre parmi

» ses compatriotes et de se distinguer dans son état. »

Enfin de Brosses loue dans le Président Bouhier les qualités de l'esprit et du caractère qu'il possédait lui-même à un degré presque aussi éminent, et on pourrait lui appliquer les paroles suivantes. « Savant littérateur, judi-
» cieux critique, il savait tout principalement ce qu'il devait
» savoir. S'il se prêtait quelquefois à de purs amusements
» de l'esprit, ce n'était que dans les moments où toute
» occupation sérieuse lui était interdite ; s'il a publié des
» ouvrages sur tant de sujets divers, ce n'a été que durant
» le loisir qui lui restait après avoir assisté dans ce palais
» aux fonctions de juge, après avoir, par de savants
» traités, éclairci dans son cabinet nos lois municipales
» et les questions les plus épineuses du droit romain.

» Cependant a-t-il négligé le commerce du monde, les
» douceurs de la conversation, ou les charmes de l'amitié ?
» Non, messieurs. Toujours modeste, toujours acces-
» sible il apportait dans la société cette facilité de mœurs,
» cette simplicité de manières qui caractérise si bien le grand
» homme. Dans le centre de son cabinet, la tête pleine
» de pensées, chaque fois qu'on l'abordait, qu'on venait
» le consulter, il était toujours prêt à s'interrompre, avec
» quelle douceur, avec quelle complaisance, vous le savez.
» A-t-il jamais eu autre chose à écouter que ce qu'on
» avait à lui faire entendre ? Autre chose à dire que ce qu'on
» souhaitait d'apprendre ? On aurait cru qu'il ne savait
» que ce qu'on voulait savoir de lui. »

De Brosses n'imita cependant point le Président Bouhier dans ses travaux de jurisprudence, probablement pour la même raison qui lui avait fait négliger l'étude des mathématiques, parce que ces travaux lui semblèrent trop absorbants et destinés à un public trop restreint. Mais il n'en resta pas moins fermement attaché à ses devoirs de magistrat et toujours prêt à défendre de tout son pouvoir les intérêts et la dignité de sa compagnie.

Lorsque les querelles suscitées par le jansénisme reprirent une nouvelle intensité à l'occasion des billets de confession, de Brosses, fidèle à ses habitudes de modération, désapprouva les extrémités où se laissait entraîner le Parlement de Paris, et contribua à maintenir celui de Dijon dans une sage réserve. En 1756, au moment où le premier Président de la Marche se retira, laissant sa charge à son fils, il fut appelé, bien avant que son rang d'ancienneté lui eût donné droit d'y prétendre, à la présidence de la grand'Chambre. Son ambition fut réveillée par cette fortune si rapide et par les relations nouvelles qu'elles lui procura; il sollicita en 1757 une charge que Daguesseau avait déjà songé à lui offrir, celle de premier président au Parlement de Besançon. Il ne l'obtint point, et s'aperçut bientôt que cet échec était pour lui une nouvelle faveur de la fortune, en voyant quel homme la cour lui avait préféré et par quels services elle comptait faire payer cette préférence.

Bourgeois de Boynes, le nouveau premier président du Parlement de Besançon semblait, par ses talents et par sa servilité, apte à seconder efficacement les projets du ministère, et à accomplir en Franche-Comté une révolution dont les conséquences eussent été considérables. Déjà en Provence, les fonctions d'intendant et celles de premier président au Parlement d'Aix étaient exercées par un même magistrat, des Gallois de la Tour, qui les cumula pendant près de quarante ans, et sut, dans cette situation difficile, ménager à la fois le Parlement dont il était le chef et le gouvernement dont il était le fonctionnaire.

Le maréchal de Belle-Isle, qui dirigeait le ministère, espérait, en confiant à Bourgeois de Boynes la charge d'intendant de Franche-Comté et celle de premier président au Parlement de Besançon, en réunissant ainsi entre des mains habiles et dociles le pouvoir administratif et le pouvoir judiciaire, exercer une autorité sans contrôle et sans limites sur une des provinces les plus jalouses de ses priviléges; or, le triste motif qui poussait Belle-Isle à ces innovations despotiques c'était le besoin d'argent. Le Parlement de Besançon avait déjà protesté contre l'impôt des deux vingtièmes décrété par Machault en 1756, qui frappait toutes les terres, sans excepter celles de la noblesse et du clergé; quatre de ses membres avaient été envoyés en exil, quatre autres enfermés dans les prisons d'Etat, et le conseil des ministres, passant outre au refus d'enregistrement, avait déclaré la province abonnée au nouvel impôt. Quand de Boynes vint prendre possession de ses deux charges, et voulut faire enregistrer, en qualité de Président, les édits bursaux qu'il avait à faire exécuter en qualité d'intendant, le Parlement opposa de nouveaux refus, et vingt-deux de ses membres ayant été exilés à leur tour, il suspendit l'exercice de la justice. Il fut soutenu dans sa résistance par toutes les autres cours souveraines, et celle de Dijon prépara des remontrances. Les ministres essayèrent de transiger avec le Parlement de Besançon, en accordant des réductions sur le taux de l'impôt; la lutte continua jusqu'à la mort du maréchal de Belle-Isle en janvier 1761. Heureusement cette politique aventureuse, bien digne du général qui, par sa témérité, avait amené les désastres de la campagne de Bohême, fut abandonnée par ses successeurs; de Boynes fut révoqué, le Parlement rappelé et là première présidence, offerte à Fyot de Neuilly, qui la refusa, fut donnée à un autre membre du Parlement de Dijon, M. de Grosbois. Ce curieux épisode avait montré la force des résistances des Parlements contre un pouvoir à la fois faible et violent. Celui de Dijon, dont l'appui avait contribué au succès, avait montré autant de modération que de fermeté; de Brosses avait approuvé et recommandé cette ligne de conduite, comme le montra sa correspondance avec Febvret de Fontette; mais on est étonné d'y lire, à côté de conseils inspirés par la prudence et le bon sens, cette appréciation d'un des principaux éléments du débat: « Il ne faut pas parler de la réunion des » deux places; c'est un épisode inutile à mettre à une » cause assez bonne et intéressante au fond. Le roi est le » maître de donner sa confiance à qui il lui plaît. »

Il est étrange qu'un homme aussi versé dans les questions politiques ait méconnu à ce point le danger de cette réunion des pouvoirs et les droits des Parlements. La Bourgogne fut à son tour le théâtre d'une lutte semblable à celle qui avait agité la province voisine.

Un édit de février 1760 ayant établi un troisième vingtième et triplé la capitation, le Parlement de Bourgogne fit des remontrances et, malgré des lettres de jussion envoyées à trois reprises différentes, refusa l'enregistrement. Pendant ces débats, le secrétaire en chef des États, Jacques Varenne, prit sur lui de conclure une transaction entre la Chambre des Élus et le contrôleur général des finances, et de faire voter par cette Chambre, sans l'autorisation des États, un abonnement à l'impôt que le Parlement refusait d'enregistrer. Cet abus de pouvoir se révéla quand le Parlement, après avoir reçu pour la quatrième fois des lettres de jussion, consentit enfin à enregistrer les lettres patentes qui ordonnaient la levée de l'impôt.

Le Parlement se contenta d'abord de demander qu'on inscrivît sur l'acte d'abonnement une date postérieure à celle de l'enregistrement de l'édit royal. Varenne s'y refusa formellement et dévoila ainsi la tactique des ministres : ils voulaient poser en principe que le consentement de la Chambre des Élus suffisait pour autoriser la levée d'un nouvel impôt en Bourgogne ; or, c'était une innovation contraire à tous les précédents et à la véritable nature des différents pouvoirs établis dans la province. Les États de Bourgogne n'étaient plus qu'un simulacre de représentation des trois ordres ; ils ne s'assemblaient que tous les trois ans, pendant un mois à peine, et pendant l'intervalle des sessions, la Chambre des Élus, dont les membres étaient nommés par les États sur la désignation, à peine déguisée du gouverneur, réglaient les affaires de la province et étaient chargés, en particulier, de la répartition de l'impôt. Depuis 1648 les États avaient renoncé au vote de l'impôt, et s'étaient contentés de demander qu'aucune taxe nouvelle ne fût levée que par le consentement et avec le contrôle du Parlement ; en admettant donc, ce qui était déjà contestable, que la Chambre des Élus fût investie des mêmes pouvoirs que les États, elle n'avait aucun titre à exercer un droit dont les États s'étaient dessaisis en faveur du Parlement ; la transaction conclue par Varenne, qui était peut-être une usurpation sur les attributions des États, en était certainement une sur celles du Parlement ; les précédents en faisaient foi, car en 1660, à l'époque où Louis XIV, vainqueur de la Fronde, venait d'anéantir l'autorité politique des cours souveraines, les États avaient dû faire des excuses au premier Président Nicolas Bruslart pour avoir seulement essayé de répartir l'impôt sans le contrôle du Parlement.

Le Parlement se souciait peu de perdre le privilége de voter l'impôt, et ni lui ni la province ne désiraient le voir restituer à une assemblée qui n'était que l'ombre des anciens États de Bourgogne et la docile interprète des volontés de la cour. Il accepta cependant le fait accompli, enregistra le 10 Février 1761 l'acte rédigé par Varenne, mais défendit aux Élus de traiter à l'avenir pour aucun impôt non enregistré. Varenne revendiqua au nom des Élus le droit que leur refusait le Parlement, et obtint du Conseil des Finances la cassation de l'arrêt. C'était une atteinte directe à la souveraineté du Parlement qui répondit en suspendant l'administration de la justice.

Cependant les prétentions elevées par Varenne au nom de la chambre des Élus avaient trouvé de l'écho dans cette assemblée, et la cour, cherchant à diviser pour régner, les encouragea. Par une inconséquence fréquente sous ce régime qui ne reposait sur aucune règle fixe, elle invoqua pour le soutenir le principe même qu'elle avait si complétement violé en Franche-Comté, celui de la séparation des pouvoirs. Varenne soutint cette doctrine avec une grande habileté dans un mémoire adressé au conseil des Finances ; mais il commit la faute de le faire imprimer et publier comme un livre ordinaire, et le livra ainsi à la juridiction du Parlement qui s'empressa d'ordonner des poursuites. Les Élus prirent fait et cause pour Varenne et une polémique ardente commença entre eux et le Parlement.

L'épisode le plus remarquable de cette guerre de plume fut la publication d'un pamphlet anonyme dont l'auteur Joly de Bévy, conseiller au Parlement de Bourgogne, fut mis à la Bastille sur la demande de sa famille qui craignait pour lui des rigueurs plus grandes. La division gagna les cours souveraines siégeant à Paris ; le conseil des Finances s'était déclaré pour Varenne et les Élus, la cour des Aides, présidée par Malesherbes, se déclara pour le Parlement et condamna au feu le mémoire de Varenne.

Le Conseil d'État cassa l'arrêt de la cour des Aides, tant la confusion des pouvoirs rendait inévitables des conflits entre ces divers conseils dont les attributions et les rapports hiérarchiques étaient si mal déterminés.

Molé, premier Président du Parlement de Paris, s'entremit entre le ministère et le Parlement de Dijon, qui, sur la promesse qui lui fut faite de ne lever à l'avenir aucun impôt et de ne tenir pour valable aucun abonnement qu'après l'enregistrement, consentit à reprendre son service judiciaire, en Avril 1763.

A peine cette affaire paraissait-elle terminée, que le ministère remit tout en question; des lettres patentes déclarèrent innocent le mémoire de Varenne et abolirent les poursuites commencées contre lui. De Brosses, alors à Paris, alla trouver Malesherbes et le décida à faire reprendre, par la cour des Aides, les poursuites commencées. A des lettres de jussion, ordonnant l'extinction de la procédure, la cour des Aides répondit par des remontrances que Malesherbes avait rédigées sur des notes fournies par de Brosses.

Le roi accorda enfin à Varenne des lettres d'abolition dont il entendit la lecture à genoux devant la Cour des Aides, et Malesherbes lui adressa ces paroles : « Varenne, le « roi vous accorde des lettres de grâce; la cour les « entérine; retirez-vous, la peine vous est remise, mais le « crime vous reste. »

A ne considérer dans cette affaire que la personne de Varenne, on pourrait trouver excessive la sévérité de Malesherbes à son égard : il avait obtenu des lettres d'abolition, c'est-à-dire la suspension des poursuites commencées contre un accusé non encore condamné, et par conséquent présumé innocent, et le président de la cour des Aides l'avait traité comme un condamné convaincu du crime dont on l'accusait, et dispensé par la seule clémence royale, de subir le châtiment qu'il avait encouru. Mais il faut considérer aussi quels abus du gouvernement arbitraire Malesherbes essayait de flétrir en sa personne; outre les atteintes portées aux droits et à la dignité des parlements, que dire de l'usage des lettres d'abolition ? Si le droit de grâce, c'est-à-dire le pouvoir de remettre à un condamné, en tout ou en partie, la peine prononcée contre lui par un tribunal régulier, a été de tout temps considéré comme une légitime prérogative de la souveraineté, peut-on envisager de même le pouvoir d'entraver l'action de la justice en arrêtant arbitrairement une procédure commencée ? Varenne fut dédommagé par la charge de receveur général des États de Bretagne, et le Parlement de Bourgogne obtint gain de cause sur tous les points qui faisaient le véritable intérêt du procès. Non-seulement les Élus reçurent défense de se prévaloir de l'arrêt rendu en leur faveur par le Conseil des Finances, mais l'office qu'avait occupé Varenne fut supprimé.

De Brosses avait eu la plus grande part dans le succès de cette affaire par son influence sur Malesherbes, dont il avait gagné l'estime en lui donnant lieu d'apprécier la prudence de sa conduite et les brillantes qualités de son esprit. Il fut à la même époque admis dans la confidence d'un grand projet, dont l'accomplissement immédiat eût pu avoir les plus heureuses conséquences. Le contrôleur général, Étienne de Silhouette avait songé à rendre aux protestants leurs droits civils; il voyait surtout dans cette mesure une nouvelle ressource pour le trésor, car les protestants offraient un échange de cette concession un subside considérable. Silhouette voulut s'assurer le concours des Parlements sans donner l'éveil au clergé, et entama des négociations secrètes avec celui de Dijon par l'intermédiaire du Président de Brosses. Celui ci, pénétrant le vrai motif de ce goût subit pour la tolérance religieuse, dut faire un rapprochement malicieux avec la générosité intéressée de l'empereur Caracalla, accordant à tous les habitants de l'empire les droits du citoyen romain, alors que ces droits se reduisaient à un seul, celui de payer l'impôt. Mais le projet n'eut pas de suite, et eut le même sort que tous ces projets éphémères qui égayèrent aux dépens de Silhouette, la malignité des Parisiens. Accompli vingt cinq ans plus tard par Malesherbes, il parut une concession tardive arrachée par la force de l'opinion publique et non accordée par la sagesse du gouvernement.

Bientôt après arriva la plus grave de toutes les affaires dont s'occupèrent les Parlements au XVIIIe siècle, le procès des Jésuites. Le Parlement de Bourgogne, pour les mêmes raisons qui l'avaient rendu tiède et prudent lors des querelles du jansénisme, ne montra point contre la célèbre société l'animosité qui emportait la plupart des autres, surtout ceux de Rennes et de Rouen. Le Président de Brosses avait conservé un trop bon souvenir de ses maîtres du collége de Dijon pour ne pas craindre que ses chères études ne fussent cruellement atteintes du coup qui frappait les Jésuites; il avait vu de trop près la cour de Rome et trop bien pénétré les secrets de sa politique pour partager l'opinion qui leur attribuait tant d'influence sur les décisions du Saint-Siége. « Personne ici ne veut de mal aux Jésuites, écrivait un » de ses collègues, mais nous ne ferons point bigar- » rure. » En cette circonstance comme en beaucoup d'autres, ce fut uniquement l'esprit de corps qui décida le Parlement de Dijon à suivre l'exemple des autres, et à prononcer la condamnation des doctrines de la société. Le réquisitoire, prononcé par le Procureur général M. de Quintin, fut des plus modérés. Nous ignorons quelle fut l'opinion émise par de Brosses, mais elle dût être favorable aux Jésuites, car le P. Gauthier, recteur du collége de Dijon, déclara qu'ils devaient à leur ancien élève « la plus sensible reconnaissance »

La Cour et les Parlements, réunis un instant contre les Jésuites, ne tardèrent pas à reprendre leur éternelle querelle au sujet des impôts; comme toujours, aux questions financières se mêlaient les plus graves questions politiques. Après la triste paix de Paris, en 1763, les ministres voulurent continuer à percevoir les subsides de guerre et y ajouter de nouvelles taxes; aux refus d'enregistrement ils opposèrent, à Paris un lit de justice, en province les enregistrements militaires. Les Parlements répondirent par des décrets contre les gouverneurs, celui de Rouen par une démission en masse.

De Brosses rédigea les remontrances par lesquelles celui
de Dijon appuyait un arrêté pris en faveur de ceux de
Grenoble et de Toulouse, et où il dénonçait sans détours
les plus grandes places de l'administration; l'arbitraire
d'abord : « la Monarchie n'est pas un despotisme; les
» lois excluent le pouvoir arbitraire; les lois sont saintes
» et c'est par elles que règne le monarque; il est plus
» intéressé que ses sujets même à en reconnaître et à en
» maintenir l'autorité, sans laquelle il n'aurait lui-même
» aucun véritable et solide pouvoir. » Puis le **gaspillage**
des finances, condamné dans des termes qui font pres-
sentir la Déclaration des droits de l'homme : « Il n'y a
» ni ne peut y avoir de loi qui autorise à prendre sans
» fin pour disperser sans mesure; les sujets doivent une
» contribution de leurs biens au souverain; les besoins
» réels et effectifs de l'État, et non un superflu indéter-
» miné, sont la mesure de cette contribution. » Puis le
voile qui couvre les dépenses et que Necker essaiera de
soulever : « La multiplicité *des acquits comptants:* voie
» obscure qui sert à cacher les secrets de la dépréda-
» tion aussi souvent que ceux de la politique, voie déro-
» bée à la comptabilité pour sauver aux déprédateurs le
» reproche public d'avoir osé surprendre votre bonté »;
enfin le système des fermes, odieux au peuple et re-
poussé par les économistes : « Jamais le peuple ne pourra
» concevoir d'espérance tant qu'il verra le faste des
» finances fonder son opulence sur l'usure et sur les
» vices si connus et si décriés d'une régie ruineuse pour
» Votre Majesté et pour ses sujets. »

Soit que les ministres eussent apprécié la justesse de
ces remontrances, soit plutôt que l'attitude résolue des
Parlements leur eût fait sentir la nécessité de la prudence, ils se montrèrent conciliants et essayèrent de
fléchir l'opposition des cours souveraines en prenant dans
leur sein un certain nombre d'officiers de finances.

De Brosses, dans un voyage qu'il fit à Paris, reçut du
contrôleur général Clément de l'Averdy l'accueil le plus
flatteur; il profita probablement de ces dispositions bien-
veillantes pour lui exposer les projets de réformes finan-

cières qu'il avait conçus et qui nous sont parvenus, ayant été rédigés par lui vers 1739 sous le titre : *Hypothèse sur l'établissement d'un subside national.*

A chacun des vices de l'administration signalés dans ses remontrances, de Brosses proposait un remède ; au gaspillage sans frein et sans mesure il substituait l'économie, au secret la publicité, à l'arbitraire le contrôle des représentants du pays, au système ruineux et impopulaire des fermes la levée de l'impôt par les contribuables eux-mêmes. L'examen de ces projets présente un grand intérêt, par leur propre valeur, et par la comparaison avec les plans des économistes contemporains depuis Bois-Guillebert jusqu'à Turgot, et avec les réformes accomplies par l'Assemblée Constituante.

Il commence par rejeter tous les impôts indirects et tous les monopoles comme autant d'entraves à l'industrie, et en cela applique les principes des physiocrates, qui étaient déjà en faveur parmi les économistes, bien que le livre de Quesnay ne dût être publié qu'en 1768. Comme eux il n'admet que l'impôt direct mais non pas l'impôt unique : il se sépare de leur école en proposant de lever la taxe non-seulement sur les terres, mais encore sur les presonnes et sur l'industrie, et en examine successivement l'assiette, la répartition et la perception.

L'impôt sur les terres doit être rendu plus équitable et plus régulier par la création du cadastre : cette opération avait déjà eu lieu en Dauphiné et en Provence, et les fonctions de commissaire à terrier exercées par de Brosses lui en faisaient comprendre, plus qu'à tout autre, l'importance et la nécessité ; du reste il maintenait la distinction entre les terres nobles et les terres roturières et considérait les exemptions dont jouissaient les premières comme une partie essentielle de la propriété, leurs prix de vente et de location ayant toujours été calculés en tenant compte de ces priviléges.

L'impôt sur les personnes n'était autre que la capitation déjà établie par Louis XIV ; mais de Brosses, qui l'appelait : « le plus juste et le plus mal réparti de tous les

» impôts », y apportait de profondes réformes. Il devait être proportionné au rang de chacun et à ses titres, de manière à compenser en partie les exemptions des ordres privilégiés.

L'impôt sur l'industrie devait être levé, non sur les matières ni sur les produits ou les transports, mais sur les personnes, au moyen d'une répartition faite entre les corps de métiers par le conseil de district et entre les artisans et trafiquants par la corporation. L'Assemblée Constituante s'éloigna peu de cette conception en créant les patentes.

Le chiffre total de l'impôt, fixé d'après les besoins réels de l'État, en supprimant toutes les dépenses inutiles, devait être réparti entre les trente et une généralités du royaume proportionnellement à la somme payée jusque-là par chacune d'elles. Une assemblée provinciale, comprenant trois commissaires royaux, autant de représentants du Clergé, de la Noblesse, du Tiers-État et de la Magistrature qui eût ainsi constitué un quatrième ordre, devait, sous le contrôle des cours souveraines, répartir la somme afférente à chaque province entre des circonscriptions nouvelles.

Chacune de ces circonscriptions aurait un conseil où seraient également représentés le Roi, le Clergé, la Noblesse, la Magistrature et le Peuple ; celui-ci par sept délégués : un officier municipal, un notable bourgeois, deux agriculteurs, deux commerçants et un artisan ; ces trois derniers désignés chacun par sa corporation. Ainsi était proposée, trente ans avant la brochure de Sieyès, et dans une proportion beaucoup plus forte, la majorité du Tiers-État ; mais un seul suffrage lui étant accordé, cette majorité devenait purement consultative et non délibérative. Toute réclamation élevée par un contribuable était jugée par le conseil de district, avec appel aux cours souveraines.

Enfin la levée de l'impôt devait être confiée non plus aux fermiers ni aux officiers royaux, mais aux contribuables eux-mêmes, dont chacun à tour de rôle remplirait gratuitement les fonctions de collecteur.

Ce plan n'était certainement pas sans défaut : l'expérience devait prouver l'impossibilité de supprimer totalement les impôts indirects. Mais il montre une étude approfondie des questions financières et surtout des questions administratives. Beaucoup d'idées neuves, hardies sans témérité, puisque l'expérience les a justifiées depuis, s'y rencontrent encore, telles que la création d'une caisse d'amortissement, la réglementation du prêt à intérêt par un taux légal. Le principal reproche qu'on peut adresser à de Brosses, c'est celui que Voltaire adressait à Montesquieu, d'avoir cédé aux préjugés de son ordre, en sauvegardant les priviléges que celui-ci partageait avec la noblesse et le clergé et en affectant d'y voir la vraie représentation du pays, suffisamment autorisée à se prononcer au nom de la nation sur la levée et la répartition de l'impôt. Du reste, il ne se faisait guère illusion sur l'accueil que recevait son projet d'un ministère « sans » nulle envie sérieuse ni constante de soulager le peuple, » ne songeant qu'à passer le temps d'années à autres, » et à tirer tant qu'il pourra jusqu'à la déroute totale, » dont les gens ne se soucient nullement quand ils n'y » seront plus. »

Son juste dépit le rendait prophète et lui faisait deviner le mot par lequel Louis XV exprimait son insouciant égoïsme : « Aprés nous le déluge! »

La dernière ressource de la monarchie, aux yeux du Président de Brosses et de ses confrères, c'étaient les Parlements : eux seuls pouvaient la sauver de ses propres excès et l'empêcher de dégénérer en un despotisme comparable à celui des princes orientaux ; de Brosses allait jusqu'à prédire, en voyant l'abus des enregistrements militaires, une ère pareille à celle où l'empire romain tomba aux mains des prétoriens. Or, la première condition pour que l'intervention des Parlements dans les affaires politiques fût toujours efficace, c'était l'union. Sans remonter jusqu'à la Fronde, on avait vu par la résistance opposée au maréchal de Belle-Isle et par le procès des Jésuites ce qu'ils pouvaient en agissant de concert.

Assurer pour l'avenir l'union en déclarant l'unité et l'indivisibilité de la magistrature, telle fut la pensée qui inspira de Brosses : « Les divers Parlements ne sont que » diverses classes du Parlement du roi, » avait dit le chancelier Michel de l'Hospital. « Le roi n'a qu'une justice souve- « raine par lui commise à ses Parlements, lesquels ne sont « qu'un en divers ressorts » avait dit du Tillet sous Henri IV, en 1607. Une application pratique de ce principe réclamée par les Parlements, ce fut le rétablissement d'une vieille coutume tombée en désuétude, qui autorisait les membres des Parlements provinciaux à siéger dans celui de Paris. De Brosses prit l'affaire à cœur et, dans son désir d'arriver à l'union fit des concessions sur des difficultés d'étiquette sou- levéespar ses confrères ; il consentit à reconnaître au Parle- ment de Paris une primauté qui offusquait ceux des provinces. Une prétention plus grave était élevée par le Parlement de Paris, celle de se réserver les prérogatives de la cour des Pairs, c'est-à-dire le droit exclusif de juger les Pairs du royaume. Cette prétention n'était pas inconciliable avec les projets d'union, et les Parlements provinciaux, en se faisant représenter aux audiences de celui de Paris, eussent par là même, participé à son titre et à ses fonctions de Cour des Pairs ; la seule difficulté était de savoir si ce Parlement mixte pouvait, soit par l'ordre du roi, soit par la volonté des autres Cours être appelé à siéger hors de Paris. De Brosses montra, par les plus solides raisons, combien il était imprudent de compromettre pour un intérêt aussi secondaire et aussi éventuel, « pour un cas qui ne se présentera pas une fois en quatre siècles » l'intérêt immédiat et certain qu'a- vait la magistrature à se déclarer une et indivisible. Sur sa proposition, une correspondance régulière s'établit entre les Parlements ; lui-même fut chargé des relations avec ceux de Grenoble et de Toulouse ; mais l'ardeur avec laquelle ces projets avaient été mis en avant se refrcidit. Le roi se rendit en personne au Parlement de Paris, et dans la séance du 3 mars 1766, qui reçut le nom signifi- catif de *flagellation*, défendit toute tentative d'union entre les Cours souveraines. De Brosses désapprouva la con- duite imprudente du Parlement de Rennes qui, par l'acrimonie excessive de ses remontrances et la publication inopportune qu'il leur avait laissé donner avait provoqué ce coup d'autorité. L'évènement prouva par la suite quelle prévoyance avait montrée De Brosses en demandant le sacrifice des questions d'amour-propre et des intérêts secondaires quand on vit les Parlements succomber, faute d'union, dans une lutte nouvelle contre la Cour.

Lorsqu'en 1771, le chancelier Maupeou accomplit son coup d'Etat contre le Parlement de Paris, les autres Parlements ne pouvaient manquer d'en témoigner leur indignation. Celui de Bourgogne prit l'initiative ; en l'absence du premier Président M. de la Marche, qu'une maladie survenue fort à propos empêchait de s'exposer à la colère du roi, de Brosses assembla les Cnambres et rédigea les remontrances avec un courage d'autant plus méritoire que le succès lui paraissait fort douteux. Fidèle à ses anciennes habitudes, il recommanda la modération dans le fond, repoussant les doctrines hasardeuses émises par son ami de Maleteste, et aussi dans la forme : « Ce qui est dur n'est pas noble » écrivait-il avec raison. Cependant l'arrêté du 1er mai 1771, pris à un moment où tout espoir d'obtenir justice était perdu, ne se bornait pas à invoquer les droits imprescriptibles des anciens magistrats dépouillés de leurs charges; il ménageait peu les nouveaux titulaires « gens ramassés de toutes parts. »

De plus, pour une concession qui eût fait grand honneur à la clairvoyance et au désintéressement des membres du Parlement si elle eût été faite un peu plus tôt, ils offraient d'accepter les réformes justes et utiles opérées par le chancelier, la gratuité de la justice et l'abolition de la vénalité des charges. En appelant enfin à l'autorité qui avait établi l'inamovibilité des magistrats, l'arrêté concluait en demandant la convocation des Etats Généraux.

Le 5 novembre 1771, le Parlement de Dijon fut supprimé à son tour. La Cour avait fait à de Brosses des offres indirectes, par l'intermédiaire de la marquise de Damas d'Antigny pour lui faire accepter la première Présidence du nouveau Parlement institué par le chancelier Maupeou.

Il refusa et répondit par une lettre où il réfutait tous les griefs par lesquels le chancelier essayait de justifier les mesures prises contre sa compagnie. Il fut exilé à Neuville-les-Comtesses, où étaient mortes sa mère et sa sœur aînée mais où vivait encore sa seconde sœur Charlotte de Montfalcon.

Il avait perdu le 25 novembre 1761 sa première femme, et trois ans après, le seul fils qui lui restait. Il avait encore une fille, Hyacinthe Pierrette, qui épousa M. de Fargès, lieutenant général des armées du roi. Il s'était remarié à l'âge de cinquante-sept ans et avait épousé le 2 septembre 1766, Jeanne-Marie le Gouz de Saint-Seine; de ce mariage naquit le 13 mars 1771 René, comte de Brosses, qui fut conseiller à la Cour de Paris, préfet de la Haute-Vienne, de la Loire-Inférieure, du Doubs et du Rhône, enfin conseiller d'Etat en service extraordinaire, donna sa démission après la révolution de 1830 et mourut à Paris en 1834.

Le Président de Brosses consacra les loisirs de son second exil à de nouvelles études. L'Académie de Dijon, où il avait été admis le 3 avril 1761, l'avait complimenté pour sa conduite et le 3 janvier 1772, elle le nomma chancelier. Il vit le Parlement vengé par l'opinion publique qui flétrit les *rémanents* c'est à-dire les membres de l'ancien Parlement maintenus dans leurs charges par Maupeou, autant et plus que les *intrus;* il fut enfin rappelé d'exil, et l'ancien Parlement rétabli le 3 avril 1775.

Tous les magistrats de cette Cour étaient d'accord avec l'élite du clergé, de la noblesse et de la bourgeoisie de la province pour désigner de Brosses comme le seul qui put prétendre à la première Présidence. Le garde des sceaux Miromesnil, malgré son désir de maintenir le premier président nommé par Maupeou, dut céder à leurs instances, appuyées par le prince de Condé, et de Brosses prononça le 22 juin 1775 son discours de réception.

Les conjonctures dans lesquelles il entra en fonctions étaient des plus graves. Les réformes de Turgot excitaient une vive émotion dans tout le royaume. L'ignorance populaire voyait dans l'édit par lequel il avait rendu libre le commerce des grains la cause de la disette et, s'armant d'une calomnie lancée contre les Parlements par le chancelier Maupeou, les accusait de complicité dans l'accaparement des subsistances. Une émeute éclata à Dijon le jour même où le Parlement fut rétabli. De Brosses, qui n'était pas encore premier Président accourut à Dijon, prit une part des plus actives au rétablissement de l'ordre, et écrivit à Turgot une lettre qui fait le plus grand honneur à son discernement et à sa loyauté. Loin de se laisser aveugler par les préjugés de son ordre, il reconnaît hautement d'abord que la loi est bonne et de plus que « cette branche d'admi- » nistration ne regarde pas le Parlement, lequel n'y est » pas propre, et elle lui est même interdite expres- » sément. Je ne prêcherai autre chose, ajoutait-il, si je « suis le plus fort. ». Mais il avait à lutter contre l'obstination de ses confrères à maintenir les abus, moins peut-être par attachement aux anciennes coutumes que par le désir d'intervenir à tout propos, par une opposition systématique, dans les affaires de l'État.

Après l'ouverture de la session triennale des États de Bourgogne, où de Brosses, répondant au discours du prince de Condé insista sur la nécessité des économies rendue si urgente par la misère du peuple et l'agitation des esprit, le Parlemeut eut à s'occuper des graves questions soulevées par les nouvelles réformes de Turgot.

De Brosses avait été mis en relations avec celui-ci par ses travaux sur l'économie politique et sur la formation des langues : il appréciait la justesse de ses idées, la grandeur de ses vues et la droiture de son caractère; mais il n'avait qu'une confiance très-faible dans ses talents politiques. « Je « le connais fort, écrivait-il au moment où Turgot fut « appelé au ministère, homme honnête, instruit, dur et « tranchant, encyclopédiste, grand sectateur de la philo- « sophie nouvelle. . . . . Pourvu qu'il ne veuille pas nous « mener d'une manière tranchante, par système ency- » clopédique! Je ne donnerais pas le royaume d'Ithaque

« à administrer à l'abbé Raynal. Le corps politique est
« trop affaibli pour supporter les remèdes brusques. »

De Brosses devait cependant applaudir aux réformes
proposées par Turgot, qui présentaient plus d'un point
de ressemblance avec celles que lui-même avait deman-
dées dans son *Hypothèse sur l'établissement d'un subside
national.*

Il les approuva, sa correspondance en fait foi, dans le
fond et dans la forme. On avait blâmé les longs préam-
bules des édits de Turgot; de Brosses, au contraire,
déclarait aimer « cette forme qui discute, n'étant pas de
» l'avis de ceux qui disent qu'il ne faut point de raison
» aux arrêts de la Cour ». Partisan des doctrines des
physiocrates, il se prononça en faveur de la liberté du
commerce des grains; lors de l'abolition de la corvée,
il traita de chimère les prétendus droits de la noblesse
invoqués par les ennemis de Turgot, et allégua avec
raison l'exemple de la Bourgogne où les Etats avaient
déjà remplacé la corvée par un impôt, et celui de la
Bresse, pays d'élection, où les travaux des chemins se
faisaient depuis quarante ans par entreprise; il ne trouva
à blâmer que la répartition de l'impôt levé pour subvenir à
l'entretien des routes, qui devait, selon lui, ne pas peser
seulement sur les propriétaires des terres attenant aux
chemins, mais aussi et surtout sur les voyageurs et les commerçants qui en font usage. L'abolition des jurandes et maî-
trises lui paraissait également une mesure équitable, à
condition que l'Etat indemnisât les possesseurs de ces
priviléges.

Si l'on compare les opinions émises alors par de
Brosses avec celles qu'il avait exprimées quinze ans auparavant dans son plan de réforme financière, on remarque un grand changement : éclairé par l'expérience
et la réflexion, il comprenait en 1775 la nécessité de réformes plus profondes que celles qu'il avait proposées en
1759, et faisait bon marché des priviléges qu'il avait cru
d'abord devoir ménager. Ce qui prouva surtout la droiture de son esprit et la générosité de son caractère,

c'est le contraste de sa conduite avec celle de la plupart de ses confrères: ceux-ci, qui avaient réclamé des réformes, s'empressèrent de les repousser par jalousie de leur autorité et par esprit de contradiction quand ils virent les ministres en prendre l'initiative; de Brosses, au contraire, eut le rare mérite d'applaudir aux mesures qu'il jugeait bonnes et utiles, bien qu'elles fussent prises malgré l'opposition du corps auquel il appartenait, auquel il était tout dévoué et dont il avait su défendre avec tant d'énergie les droits et la dignité quand il les avait crus injustement attaqués.

Il sut ménager à la fois le ministre et ses confrères, et prévint une collision en obtenant de Turgot qu'il retardât l'envoi de ses édits au Parlement de Dijon. Turgot quitta le ministère avant de les avoir envoyés, aussi le Parlement n'eut point à se prononcer officiellement sur ses réformes ni de Brosses à faire un choix difficile entre ses opinions personnelles et celles qu'il pouvait craindre de se voir imposer par l'esprit de corps.

A Turgot succéda un ancien conseiller au Parlement de Bourgogne, Clugny. Celui-ci était en relations d'amitié avec de Brosses, qui profita de son court ministère pour solliciter en faveur du pays de Gex, berceau de sa famille, un dégrèvement d'impôt. Déjà, sur sa demande, Turgot avait accordé au pays de Gex la permission de se racheter de la gabelle, au grand profit du commerce et de l'agriculture. Mais, par l'influence de Voltaire, les Etats du pays de Gex avaient accordé un prix de rachat exhorbitant, une redevance annuelle de 30,000 livres. Clugny voulait d'abord rompre le marché conclu par son prédécesseur; de Brosses obtint qu'il fut maintenu, et, par une application équitable de ses doctrines sur l'impôt, fit changer la répartition de la taxe qui jusque là avait pesé exclusivement sur les terres et dont un tiers fut désormais payé par le commerce et l'industrie. Aussi garda-t-il à Clugny une vive reconnaissance; le nouveau ministre des finances mourut, après être resté cinq mois aux affaires, le 18 octobre 1776 et de Brosses fit son éloge dans le discours de rentrée qu'il prononça la même année au Parlement de Dijon.

Vers cette époque il eut à s'occuper d'une affaire qui fit alors quelque bruit, bien que le héros de l'aventure n'eût pas encore la célébrité qu'il acquit plus tard. Mirabeau, évadé du fort de Joux, était venu à Dijon emmenant avec lui celle qu'il devait rendre célèbre sous le nom de Sophie, madame de Monnier, femme d'un premier Président de la Chambre des comptes de Dôle. La mère de madame de Monnier, pour réprimer ce scandale, avait demandé à Malesherbes de nouvelles lettres de cachet contre Mirabeau ; mais le ministre, ennemi par principe des emprisonnements arbitraires, répugnait à les accorder. De Brosses, bien qu'il eût peu de goût pour ces mesures illégales dont il avait été lui-même victime, se laissa persuader par les avis du Président Richard de Ruffey, et usa du grand crédit dont il jouissait auprès de Malesherbes pour en obtenir des lettres de cachet. Mirabeau lui en garda une rancune dont témoigne plus d'un passage des *Lettres à Sophie*.

Les dernières années du Président de Brosses furent marquées par deux services importants rendus à sa ville natale ; il dota le collège de Dijon d'une chaire d'histoire dont le premier titulaire fut l'auteur de l'*Esprit de la Fronde ;* il apporta un changement des plus heureux dans l'administration de l'hôpital : les enfants trouvés étaient entassésdans un espace étroit où le scorbut les décimait cruellement ; ils furent envoyés à la campagne pour y être élevés jusqu'à l'âge de cinq ans ; de Brosses cherchait ainsi à préserver leur vie, mais encore à augmenter la population des campagnes, espérant que beaucoup d'entre eux seraient adoptés par les familles qui les avaient élevés.

Il conservait encore dans sa verte vieillesse l'activité de sa jeunesse et de son âge mur, partageant son temps entre les devoirs de sa charge et l'achèvement de ses travaux sur Salluste, lorsqu'il fit un voyage à Paris, et, après une maladie de trois jours, y mourut le 7 mai 1777.

Il mourait à temps pour ne pas assister à la fin de cette société où il avait tenu une si grande place et dont il est un des plus fidèles représentants : le ministère de Necker qui commençait alors, et la guerre d'Amérique

qui s'apprêtait, allaient précipiter la marche des évènements. Il lui fut épargné de voir les Parlements, après
avoir rendu leur chûte inévitable par leur obstination à
repousser les réformes, la hâter par leur empressement
irréfléchi à réclamer la convocation des Etats Généraux.

A examiner sa carrière politique, à voir comment il sut
allier en toute circonstance la prudence et la fermeté,
soutenir la dignité de son corps sans en partager les
préjugés, comprendre la nécessité des réformes et le
danger des innovations trop rapides, est-il téméraire d'affirmer que la révolution eût été moins violente et moins
absolue, et que l'ancienne magistrature, au lieu de périr
complétement, se fût transformée et appropriée à la
société nouvelle, si les Parlements avaient compté dans
leur sein beaucoup de magistrats semblables au Président
de Brosses ?

CHAPITRE III

TRAVAUX LITTÉRAIRES DU PRÉSIDENT DE BROSSES.

Si active et si honorable que fut la carrière politique
du Président de Brosses, elle n'occupa que la moindre
part de son existence et serait restée inconnue si l'attention de la postérité n'eût été attirée sur lui par ses travaux de littérature et d'érudition.

Dans sa famille et dans la société au milieu de laquelle
il vécut, le mérite littéraire était estimé à aussi haut prix que
la gloire des services rendus à l'Etat, et son père lui
avait inspiré le goût de l'étude en même temps que l'amour
de sa profession. Il l'initia dès sa plus tendre enfance aux
recherches qu'il poursuivait assidument sur les poètes
latins et français et sur l'histoire et la géographie. Il avait
composé pour l'instruction de son fils un traité de géographie historique dans lequel il avait donné un soin tout
particulier aux questions relatives à l'Asie, de sorte que
Charles de Brosses ne fut que le continuateur des travaux
de son père quand il entreprit son *Histoire des dynasties*

assyriennes et son *Essai sur l'histoire des temps incertains et fabuleux jusqu'à la prise de Babylone par Darah fils de Ghustasp.* Ce dernier ouvrage n'a pas été publié, étant resté à l'état d'ébauche et formant un simple recueil de matériaux que ses autres travaux ne lui laissèrent pas le temps de mettre en œuvre.

Si le conseil et l'exemple de son père confirmés par ceux du Président Bouhier lui avaient inspiré le goût de l'érudition, de l'histoire et de la géographie, celui de la littérature latine lui fut inspiré, ou, pour mieux dire, fut développé en lui par les leçons du P. Oudin, son professeur de rhétorique au collège des Jésuites à Dijon, et encouragé par les suffrages de ses compatriotes. En même temps il apprenait à goûter les beaux-arts, à l'exemple de ses amis Guy de Migieu et Le Gouz de Gerland, et, avec La Curne se passionnait pour la musique ; la musique italienne surtout, dont il devint un des partisans les plus fervents. Il mena de front les études les plus diverses, l'histoire, la géographie ancienne et moderne, l'archéologie, la linguistique, la science des religions, et à chacune de ces sciences consacra des travaux considérables, dont quelques-uns nous sont parvenus et font regretter la perte des autres. Mais l'ouvrage qui absorba la plus grande part de son temps et de ses soins, ce fut son travail sur Salluste, qui est resté son principal titre à l'estime de la postérité. Chacune de ses œuvres mérite d'être étudiée à part, par sa valeur propre et par les lumières qu'elle nous donne sur l'auteur et sur l'état de la science à son époque ; mais avant d'aborder cette étude, il convient de suivre d'un bout à l'autre la carrière littéraire du Président de Brosses, de voir dans quelles circonstances il produisit chacun de ses ouvrages, circonstances qu'il est nécessaire de connaître pour apprécier à leur juste valeur son érudition, sa critique et son mérite littéraire.

Il attendit jusqu'en 1747, époque où il avait trente huit ans, avant de rien publier ; mais, dès le moment où il fit son voyage en Italie, à l'âge de trente ans, il avait conçu le plan de tous les travaux qu'il exécuta plus tard. Sa correspondance nous le montre occupé à rassembler à la fois, au milieu des richesses de toute espèce que lui offrait l'Italie, les matériaux de son ouvrage sur Salluste et tout ce qui rapporte à ses recherches sur les dynastics assyriennes, sur Herculanum, sur les fétiches et le reste. Il est peu d'écrivains auxquels s'applique mieux ceite définition, proposée par un moraliste d'une vie bien remplie : « Une pensée de la jeunesse réalisée par l'âge « mûr » en considérant toutefois qu'il s'agit d'une pensée multiple embrassant hardiment les travaux les plus vastes et les plus divers.

Dans cette existence si active et si féconde, trois événements surtout firent époque : ce furent le voyage en Italie, en 1739 et 1740, l'élection du Président à l'Académie des Inscriptions et Belles lettres, en 1746 et sa candidature à l'Académie française en 1766. Avant 1739, il avait déjà fait un voyage à Paris, ce qui lui donna l'occasion de resserrer ses relations avec ses compatriotes Buffon, Crébillon, Piron, Rameau, Melot, Sainte-Palaye , et d'en nouer de nouvelles par leur entremise. Les encouragements qu'il reçut pour ses recherches sur Salluste l'engagèrent à laisser de côté ses travaux commencés sur les dynasties assyriennes et l'histoire des temps fabuleux. Il avait rassemblé dans sa bibliothèque dix éditions de son auteur et, suivant le docteur Maret, qui prononça son éloge à l'Académie de Dijon, il s'était dès lors mis en relation avec les philologues des divers pays de l'Europe qui s'en étaient occupés, Gottlieb Kortte, ou Cortius, professeur à l'Université de Leipzig, auteur de l'édition in-4° publiée dans cette ville en 1724 et généralement jugée la meilleure de toutes; Sigebert Havercamp, professeur à l'Université de Leyde, et célèbre numismate , auteur de l'édition de Leyde, 1742 ; Wasse, savant grammairien anglais, auteur de l'édition de Cambridge, 1710. Mais les recherches plus approfondies de son biographe (Th. Foisset, le Président de Brosses, page 120) ne lui ont fourni aucune preuve de ces relations, d'ailleurs si de Brosses , ne fut pas en correspondance directe avec ces trois érudits , il n'en tira pas moins un grand profit de leurs travaux. Son voyage en Italie le mit en rapport avec les savants de ce pays; à cette époque s'y élevaient de véritables monuments d'é-rudition, dont l'étude mérite une place distincte ; il suffit de citer, parmi les savants dont de Brosses devint le correspondant et l'ami, le plus illustre de tous, Muratori. A son retour il se mit à l'œuvre, et en 1744 il avait achevé son édition latine des ouvrages de Salluste qui nous sont parvenus en entier; son compagnon de voyage, Jean La Curne de Sainte-Palaye en avait pris connaissance et l'avait pleinement approuvée; de Brosses la confia à son compatriote Melot, qui en opéra la révision, puis, absorbé par un grand travail, la rédaction du catalogue des manuscrits de la Bibliothèque du roi, égara le manuscrit.

Cette perte, que de Brosses apprit au moment où il revenait de son exil à Gannat, lui causa une vive contrariété, et son premier mouvement fut de renoncer à ses projets sur Salluste. Heureusement il changea d'avis, et peut-être cette perte, loin de nuire à sa gloire, lui a-t-elle profité; au lieu d'une nouvelle édition des œuvres de Salluste déjà connues, qui n'eût peut-être surpassé en aucune façon celles qui existaient alors ou qui furent faites depuis, il entreprit un travail tout différent, bien plus vaste et entièrement nouveau, la restitution du principal ouvrage de Salluste, sa grande histoire romaine dont il ne reste que des fragments; ce projet fut modifié à son tour, et, au lieu de reconstituer le texte latin, de Brosses se borna à écrire la traduction française, qui fut seule publiée.

En même temps il s'adonnait avec passion à l'étude de la littérature italienne; il avait appris à la juger plus sainement que la plupart de ses compatriotes.

Sans doute il était trop de son temps et de son pays pour rendre justice à la *Divine Comédie,* et ne pas s'étonner de voir Dante mis par les Italiens au premier rang de leurs poètes; mais la manière dont il en parle montre que ses préjugés contre tout ce qui tient au moyen-âge ne le rendaient pas incapable d'en sentir les terribles beautés : « Il me paraît plein de gravité, écrit-il.

» (*l'Italie il y a cent ans* TOME II, page 263), d'énergie et
» d'images fortes, mais profondément triste. Aussi je
» n'en lis guère, car il me rend l'âme toute sombre.
» Cependant je sens que je commence à le goûter, et
» je l'admire comme un rare génie, surtout pour le
» temps où il a vécu, et comme le premier homme de
» l'Europe qui, dans les siècles modernes, ait vraiment
» mérité le nom de poète; mais je ne puis compren-
» dre avec cela qu'on le mette au-dessus du Tasse et de
» l'Arioste, à qui je reviens toujours avec plus d'em-
» pressement, ou même à quelques autres qui ne valent
» peut-être pas le Dante; comme, malgré tout le mérite
» de Lucrèce, le meilleur des poètes latins après Virgile,
» on se met plus volontiers à en lire d'autres inférieurs
» à celui-là, et cependant Lucrèce est bien un autre
» poète que le Dante, qui n'a que de la force, étant
» tout-à-fait sec et sans aménité ».

Ce rapprochement de Dante et de Lucrèce ne manque pas
de justesse, mais accuser Dante d'être tout-à-fait sec et sans
aménité, c'est laisser voir qu'on a commis l'erreur dans
laquelle tombent beaucoup d'admirateurs de l'*Enfer*, qui
dédaignent de lire le *Purgatoire* et le *Paradis*. A tous les autres
poètes italiens de Brosses préférait l'Arioste, et, sans se
ranger complétement à son opinion, on doit reconnaître qu'il
a tout-à-fait raison de le considérer comme celui de tous
qu'il est le plus difficile d'apprécier sans le lire dans sa
langue : « Il vaudrait lui seul, à mon gré, la peine que l'on
» apprît la langue pour le lire, car c'est folie d'espérer qu'on
» puisse le traduire. »

Mais l'auteur qu'il étudia de préférence et qu'il entreprit
de traduire, par amour pour la musique plutôt que pour la
littérature, ce fut son contemporain Métastase; de concert
avec son ami Pallu, intendant de Lyon, il commença à traduire en vers quelques-uns de ses opéras : Pallu traduisit
l'*Artaserse*, l'*Achille in Sciro*, et l'*Olimpiade*, que toute l'Italie
avait appelée la *divine*; de Brosses la *Semiramide*, l'*Ales-
sandro nell' Indie*, et la *Didone abbandonata*, le premier
grand succès de Métastase, et tous deux en commun
l'*Adriano*; mais de Brosses n'avait pas l'imagination

d'un poète, ni même la facilité et l'élégance d'un ver-
sificateur, et l'on ne peut regretter qu'il ait abandonné
la traduction de Métastase pour des travaux plus conformes à son génie. Sans sortir de la littérature italienne
il étudia avec plus de fruit l'ouvrage de Scipion Maffei,
degl' Italiani primitivi, qui lui fut d'une grande utilité pour
les origines des peuples dont il eut à s'occuper dans son
histoire romaine.

En 1746, il n'avait encore rien publié, quand il fut
admis à l'Académie des Inscriptions et Belles-lettres en
qualité de membre honoraire correspondant; probablement ses relations avec Foncemagne et Sainte-Palaye,
et le témoignage rendu par Melot à son travail sur Salluste,
compensation bien due par celui-ci pour la perte dont il
avait été l'auteur involontaire, lui valurent cet honneur,
auquel il fut très-sensible et qu'il se mit en devoir de
justifier; dès l'année suivante, le 2 juin 1747, il lut à
l'Académie un premier mémoire relatif à sa restitution
de Salluste, indiquant la méthode qu'il comptait suivre
et l'expliquant par un exemple, le récit de la guerre
civile de Lépide, père du triumvir (histoire de l'Académie des Inscriptions, TOME XXI, page 50). De nouveaux mémoires suivirent sur le même sujet et une
notable partie de l'*Histoire romaine* fut ainsi communiquée
à l'Académie; à laquelle de Brosses lut successivemen
la vie de Scaurus, prince du Sénat, le 15 décembre 1750
(Mémoires de l'Académie des Inscriptions TOME XXIV;
page 235); le plan d'une édition française des mêmes
fragments de Salluste, rangés selon l'ordre chronologique des auteurs qui les citent, éclaircis par des notes
historiques et critiques, et le plan d'une édition française
des mêmes fragments disposés selon l'ordre des événements et rejoints par une narration historique qui en
remplit les lacunes, avec un essai de cet ouvrage contenant le discours préliminaire de Salluste, le 23 avril 1754
(Mémoires, TOME XXV, page 368); la vie de Philippe, prince
du Sénat, en avril 1757 (Mémoires, TOME XXVII, page 406);
le Périple de l'Euxin, en trois parties : Première partie
lue le 8 janvier 1762 (Mémoires, TOME XXXII, page 627);

4

deuxième et troisième partie. (Mémoires, TOME XXXV, page 475 et 504.)

Un autre fragment contenant l'abdication, la mort et les funérailles de Sylla fut lu à l'Académie de Dijon le 16 août 1761, et la même compagnie reçut communication de la vie de Salluste en février, mars et août 1776.

La période de vingt ans qui s'écoula entre l'admission de Charles de Brosses à l'Académie des Inscriptions, en 1746, et sa candidature à l'Académie française en 1766 fut féconde. En même temps qu'il poursuivait activement son travail sur Salluste, il mettait en œuvre une partie des matériaux qu'il avait recueillis sur l'histoire des anciennes monarchies de l'Asie, et, quelques jours après la lecture de son premier mémoire sur Salluste, il en lisait un autre, le 13 juin 1747, sur la division de l'Empire d'Assyrie, au temps de Sardan Ier, et sur l'époque du premier siége de Ninive et de l'établissement de la monarchie des Mèdes, fixé à l'an 808 avant l'ère vulgaire (Mémoires de l'Académie, TOME XXI, page 1); un second mémoire faisant suite à celui-ci fut envoyé à l'Académie en 1753, et lu le 2 décembre 1755; il a pour titre : Second mémoire sur la monarchie de Ninive, contenant la fondation de Babel, celle de l'Empire d'Assyrie et l'histoire de Baal Ier ou Bélus Nimrod son fondateur, dans le cours du XXIII siècle avant l'ère vulgaire. (Mémoires de l'Académie, TOME XXVII, page 1.)

Au même ordre d'études se rattachait le mémoire lu à l'Académie de Dijon le 14 août 1753, sur les fragments de Sanchoniaton qui nous ont été conservés dans la *Préparation évangélique* d'Eusèbe, d'après la traduction d'Hérennius Philon de Byblos. Il songeait à tirer de ces fragments un travail analogue à celui qu'il avait fait sur les fragments de Salluste, une histoire des origines phéniciennes, dont ce premier mémoire eût été la préface, et dont une partie fut lue à l'Académie de Dijon, le 16 mars 1770, sous le titre de : « Commentaire sur le 50e verset de Sanchoniaton. »

Ce passage était relatif à la fable d'Atlas et des Atlantides. Ces deux mémoires et les autres parties du travail auquel ils se rattachaient n'ont point été publiés, et les manuscrits sont restés dans la famille de l'auteur. Son biographe nous affirme qu'il y soutenait en général les doctrines d'Evhémère, ce qui est très-vraisemblable car on en retrouve une application à une fable de l'antiquité grecque, celle des Aloïdes, insérée dans son histoire romaine (LIV. IV, CH. 27).

C'est aussi pendant cette période qu'il publia ses principaux ouvrages sur l'archéologie, la linguistique et la géographie.

Lors de son voyage en Italie, il avait été vivement frappé de la découverte des ruines d'Herculanum, prévoyant que de nouvelles richesses ne pouvaient manquer de s'ajouter à celles qu'on possédait déjà en 1739; il les avait décrites dans une lettre adressée au Président Bouhier, datée de Rome, du 28 novembre 1739; une autre, adressée à Buffon, et datée du 30 novembre, décrivait les couches de terrain sur lesquelles est bâtie la ville antique, et de Brosses essayait de déterminer la date approximative des éruptions antérieures à celle de l'an 79; enfin une troisième fut adressée plus tard à l'Académie des inscriptions, dans laquelle il mentionnait les récentes découvertes de Venuti et les notices publiées par celui-ci à Rome en 1748 et à Venise en 1749. Il revint sur ce sujet et publia à Dijon en 1750, ses « Lettres sur l'état « actuel de la ville d'Herculée, et sur les causes de son » ensevelissement sous les ruines du Vésuve. » Ce titre seul suffit pour montrer qu'il avait compris la véritable nature du phénomène, car Herculanum fut englouti non par les laves, ni, comme Pompéi, par les pierres ponces, mais par les terres délayées dans les torrents d'eau jaillissant du cratère, entraînées avec eux, et que recouvrirent plus tard des couches de lave.

Tant d'occupations diverses n'empêchaient pas de Brosses d'entretenir avec ses compatriotes des relations amicales, qui l'entraînèrent encore à de nouvelles entreprises. Une

société littéraire, formée à Dijon sous les auspices du
président Bouhier avait été un instant dispersée par sa
mort ; mais le Président de Ruffey la reconstitua et lui
donna pour siége son hôtel; de Brosses semblait destiné
à remplir en toutes choses la grande place qu'avait
tenue le Président Bouhier dans sa ville natale. Il recueillit encore cette part de son héritage et fut appelé
à diriger la société reconstituée qui se donna des statuts,
s'affilia des correspondants, élut un secrétaire et ressembla
à ce qu'avait été l'Académie française avant de devenir
une société publique, alors qu'elle n'était que la réunion
des amis de Conrart. Toutes les nouvelles découvertes
scientifiques, tous les livres nouveaux y étaient discutés
et c'est ainsi qu'en 1752 la petite académie vint à
s'occuper des lettres publiées par Maupertuis, où l'auteur
exposait différents projets utiles pour compléter et
confirmer les découvertes faites par lui en Laponie et
par Bouguer et la Condamine au Pérou, en 1736, entre
autres un voyage d'exploration aux terres australes.
De Brosses développa le plan dans un mémoire intitulé : « Des premières découvertes faites aux terres
» australes, de l'utilité d'en faire de plus étendues et de
» la possibilité d'y former un établissement. » Il y ré-
sumait les résultats des précédents voyages, décrivait
le climat des contrées australes, les mœurs des habitants et indiquait les points où il serait avantageux pour
la France d'établir des comptoirs et des entrepôts, afin
de ne point laisser les Anglais et les Hollandais s'emparer du commerce de ces terres. Buffon l'encouragea
vivement à continuer ce travail et à le publier sous
une forme qui en rendît la lecture facile et attrayante,
pour répandre le plus possible les utiles notions qu'il
rassemblait. Ce n'était pas seulement à la science que
de Brosses eût rendu service, mais aussi à son pays
en faisant connaître quel intérêt avait la France à étendre
son empire colonial. Qui pourrait dire quelle part eut
l'ignorance de la géographie dans la perte de nos colonies ? Si Louis XV abandonna le Canada, la faute n'en est-
elle pas en grande partie à l'opinion publique, à laquelle

Voltaire donnait le ton en déclarant ridicule de faire la guerre pour quelques arpents de neige ?

L'année même où s'engageait la lutte qui devait ruiner la domination française dans l'Amérique du Nord, en 1756, de Brosses publiait à Paris l'ouvrage que lui avait demandé Buffon, sous ce titre : « Histoire des naviga- » tions aux Terres Australes, contenant ce que l'on sait » des mœurs et des productions des contrées décou- » vertes jusqu'à ce jour, et où il est traité de l'utilité » d'y faire de plus amples découvertes et des moyens » d'y former un établissement. »

Ce livre obtint le succès que lui souhaitait Buffon ; il dé cida Bougainville à entreprendre le voyage de décou- verte qu'il accompilit de 1763 à 1765, et dans lequel il se conforma entièrement au plan proposé par de Brosses. Ce fut celui-ci qui indiqua au grand navigateur le natu- raliste Philibert Commerson comme le plus apte à le seconder dignement, et les découvertes de Commerson justifièrent pleinement la confiance avec laquelle Bougain- ville avait déféré aux avis du Président.

Un autre suffrage qui dut flatter singulièrement son amour-propre en alarmant son patriotisme, ce fut celui des Anglais.

L'amirauté s'empressa de faire exécuter par Wallis et Carteret un voyage d'exploration pour appliquer au profit de la marine britannique les plans suivis par Bongainville ; le grand géographe Alexandre Dalrymple avait entamé avec de Brosses une correspondance qu'il interrompit quand il apprit que Bongainville lui demandait des instructions pour le grand voyage qu'il allait commencer en 1766, ne voulant pas fournir des indications susceptibles de favoriser les entreprises d'une nation rivale.

De Brosses avait décrit d'avance les pays encore inconnus que Bougainville explora, et celui-ci n'eut, pour ainsi dire, qu'à confirmer par l'expérience les hypothèses émises dans le livre du Président. Les divisions géogra- phiques proposées par de Brosses, adoptées par Pinkerton dans sa *Géographie moderne*, publiée en 1802, n'ont été que très-peu modifiées par les géographes contemporains.

Avant même que les découvertes de Bougainville l'eûssent encouragé dans ses études géographiques par une confirmation aussi éclatante de ses conjectures, il avait abordé une autre question qui avait préoccupé tous les navigateurs et tous les géographes depuis le XVIe siècle, et qui n'a été résolue que de nos jours, celle du passage Nord-Ouest de l'Amérique ; les 5 et 12 juin 1761, il lut à l'Académie de Dijon un mémoire intitulé : « De la communication du grand » Océan des deux Indes avec les mers du Nord, vulgaire- » ment appelé détroit d'Anian ; où l'on traite en détail de » l'étendue réelle du Nord-Est de l'Asie, telle qu'elle est » aujourd'hui connue, et de la fausse étendue qu'on veut » donner au Nord-Ouest de l'Amérique, sur le rapport d'une » relation apocryphe de l'an 1640. » Il y réfute les erreurs contenues dans cette relation de l'amiral espagnol da Fuente, et la considère comme un roman géographique : « Sorte de roman, ajoute-t-il, non moins dangereux que les autres, » en s'appuyant sur les découvertes faites par les Russes depuis Behring et ses assertions furent en partie confirmées par le troisième voyage de Cook en 1776 et celui de Vancouver de 1791 à 1795.

Une autre étude à laquelle de Brosses fut amené par ses relations avec la Société littéraire de M. de Ruffey, fut celle des étymologies ; en juin 1751, il lut à l'Académie des Inscriptions deux *Mémoires sur la matière étymologique* qui avaient été d'abord uniquement destinés à la Société litté-raire de l'hôtel de Ruffey et qui, au lieu d'être imprimés dans le Recueil des Mémoires de l'Académie, furent confiés à Diderot pour être insérés dans l'Encyclopédie ; l'abbé Moullet, chargé d'en faire les extraits qui parurent dans l'Encyclopédie aux articles : *Langues, Lettres, Métaphore, Onomatopée* les communiqua à Turgot, et celui-ci en tira pour son article *Etymologie* un tel profit qu'il encourut le reproche de plagiat. De Brosses, pressé par son oncle M. de Fargès de s'expliquer sur ce point, justifia pleinement Turgot ; l'accusation était tout à fait injuste car il avait, comme le déclara de Brosses dans sa réponse à M. de Fargès, apporté beaucoup de changements et ajouté beaucoup d'idées nouvelles à celles du Président, et avoué ce qu'il leur devait, en parlant de ses deux mémoires avec beaucoup d'éloges.

De Brosses ne s'en tint pas à ces articles de l'Encyclopédie. Son attention fut attirée de nouveau sur ce genre d'études par la rencontre qu'il fit à Genève en 1755 du jeune baron de Strogonoff; celui ci lui montra un vase ciselé, orné de figures d'un travail curieux, trouvé dans le gouvernement de Perm, en Russie, et quatre manuscrits thibétains provenant des archives du monastère bouddhiste d'Ablaikit en Sibérie. De Brosses en fit le sujet d'une correspondance avec Gérard Frédéric Muller, secrétaire de l'Académie de Saint-Pétersbourg, célèbre par ses travaux sur l'histoire de la Russie et de la Sibérie, puis d'un mémoire lu à l'Académie des inscriptions en mars 1755, sous ce titre : « Description d'un ancien vase ciselé » trouvé dans le duché de Permie, et de quatre manus » crits en langue et en caractères de Tangut et des Kalmouks, nouvellement trouvés dans les ruines de la ville d'Ablaikit en Sibérie. (Mémoires de l'Ac. des Inscr., t. xxx, page 177.)

Il commença dès lors l'ouvrage qui devait résumer tous ses travaux sur cette matière; le premier chapitre en fut lu à l'Académie de Dijon le 21 janvier 1763, puis quelques autres en 1764 et 1765, et en décembre 1765 parut le « Traité de la formation méchanique des langues et des principes physiques de l'étymologie. » Le succès de l'ouvrage fut prodigieux, il fut traduit en allemand et publié à Leipzig l'année même de la mort du Président, en 1777, l'édition française fut rapidement épuisée et elle avait quintuplé de prix qand elle fut réimprimée à Paris en 1801. Ce livre est, après l'Histoire romaine, l'ouvrage capital du président de Brosses, et celui qui donne la plus haute idée de son érudition et surtout de son aptitude à tirer des conséquences générales de l'observation des faits.

Après avoir exposé dans un traité un nouveau système

sur la formation des langues, de Brosses songeait à en faire l'application au sujet le plus vaste et le plus inté-ressant qu'il fût possible de choisir et lut à l'Académie de Dijon, le 21 mars 1766, un mémoire intitulé : « Disser-tation sur l'origine de la nation et de la langue grecque. » Cet ouvrage a été perdu, et l'extrait qui en a été con-servé dans les registres de l'Académie ne fait pas beaucoup regretter cette perte. La science des langues, la connais-sance des langues orientales en particulier, n'étaient pas assez avancées à cette époque pour qu'une question de ce genre pût être étudiée avec fruit. Entraîné pas son penchant à admettre trop facilement des hypothèses et à se contenter de preuves insuffisantes pour les confirmer, de Brosses cherchait à accréditer par des étymologies plus que contestables l'erreur, commune à son époque, qui consistait à chercher en Egypte l'origine des Grecs, de leur langue et de leur religion. Heureusement le temps appro-chait où les travaux d'Anquetil Duperron allaient ouvrir une voie nouvelle et préparer la véritable solution de ce grand problème.

L'attention du Président avait été attirée par ses études géographiques et par la lecture des relations de voyages sur une question qui lui parut d'un grand intérêt, l'his-toire des religions des peuples sauvages. Il la traita dans un mémoire lu à l'Académie des Inscriptions en mai 1757 et intitulé : « Du culte des dieux fétiches. » Les idées philosophiques qu'il avait puisées dans sa collaboration à l'Encyclopédie, dans ses relations avec Diderot et dans sa correspondance avec Hume dont il avait lu et médité les *Dialogues sur la religion naturelle,* y étaient développppées et, soit que la hardiesse de ces opinions déplût à l'Aca-démie, soit qu'elle désapprouvât l'assimilation faite par l'auteur entre le fétichisme et l'ancienne religion des Egyp-tiens, elle refusa de laisser imprimer le mémoire dans son recueil. De Brosses le retira en 1759 et le fit imprimer à Genève, chez Cramer, sans nom d'auteur, de ville, ni d'im-primeur, sous ce titre : « Du culte des Dieux Fétiches, ou » parallèle de l'ancienne religion de l'Egypte avec la reli-» gion actuelle de Nigritie. M DCC LX. »

Malgré l'anonyme qu'il avait gardé, et qui, après la communication faite à l'Académie des Inscriptions, ne pouvait abuser personne, de Brosses eut à subir de vives attaques dirigées contre lui par le chevalier de Grale dans le Mercure de France (Mai 1760) et par le comte de Caylus dans le Journal des Savants (octobre 1760); il ne répondit qu'à la première de ces critiques, la seconde ayant été dès lors jugée assez faible, et sa réponse lui gagna tous les suffrages par la modération et le bon goût qu'il y montra.

C'est à la fois à ses études sur l'histoire des religions et à ses recherches sur l'origine de la nation grecque que se rattache le mémoire lu à l'Académie des Inscriptions le 27 mai 1766 sur *l'oracle de Dodone* (Mémoires de l'Académie des Inscriptions, TOME XXXV, page 89,) où se trouvent des notions sur les origines des peuples pélasgiques, confirmées par les découvertes postérieures et utilisées par de Brosses dans plusieurs passages de son histoire romaine.

Ainsi, dans cette période qui s'étend de 1746 à 1766 parurent presque tous les ouvrages principaux du Président de Brosses, les *Lettres sur l'état actuel de la ville souterraine d'Herculée*, en 1750; *l'Histoire des navigations aux terres australes*, en 1756; le *traité du culte des dieux Fétiches*, en 1760; le *traité de la formation méchanique des langues*, en 1765; chacun d'eux est le résumé de longs travaux et forme en quelque sorte un centre autour duquel se groupent plusieurs ouvrages de moindre importance.

A la liste déjà longue de ces travaux, il faut ajouter ceux par lesquels de Brosses prépara la publication des ouvrages qui ne devaient paraître qu'à la fin de sa vie, entre autres, le plus considérable de tous, son histoire romaine; il faut en ajouter encore d'autres de moindre importance, tels que ses mémoires sur l'empire Assyrien, sur Sanchonaton, sa traduction de Métastase, etc; et cependant, au milieu de toutes ces occupations suffisantes pour remplir la vie la plus active, il trouvait du temps pour des travaux bien différents, une traduction du livre d'Arbuthnot, *Traité du ehoix des aliments*, des recherches sur la philosophie de Locke et de Hume, enfin une traduction avec commentaires de Spinosa, entreprise de concert avec l'abbé Léauté, chanoine du chapitre de St-Jean à Dijon; un fragment de ce dernier ouvrage subsiste et montre que de Brosses avait su reconnaître dans les doctrines de Spinosa une conséquence de celles de Descartes; mais en même temps il y signalait l'abus d'une méthode à laquelle son esprit n'avait jamais pu se plier, celle qui s'applique aux sciences exactes, et il concluait en déclarant erronée son application aux recherches métaphysiques : « La méthode mathématique n'est pas aussi décisive qu'on le pense pour parvenir à la connaissance de la vérité. »

Tous ces ouvrages, et le grand et légitime succès obtenu par la plupart d'entre eux, semblèrent aux amis du Président constituer des titres suffisants pour lui ouvrir l'Académie française. C'était le moment où, sur le conseil de Voltaire, elle entreprenait de refaire le dictionnaire sur un plan nouveau, travail auquel personne ne pouvait apporter un concours plus utile que l'auteur du *Traité de la formation méchanique des langues*.

De plus il avait un titre qui, dans l'opinion de beaucoup de ses contemporains, aurait pu au besoin lui tenir lieu de mérite et de talent; il avait collaboré à l'Encyclopédie.

Le succès paraissait donc assuré quand sa candidature fut écartée par l'opposition de Voltaire et des Encyclopédistes, pour des motifs qui ne font guère honneur au caractère du patriarche de Ferney.

Le biographe du Président a fait, de sa querelle avec Voltaire, un piquant récit jugé par M. Sainte-Beuve, le chapitre le plus curieux de son livre, et qu'il est facile de résumer en quelques mots. Voltaire avait acheté en 1754 la terre des *Délices*, dans le bailliage de Gex, voisine de celle de Tourney, patrimoine de la famille du Président de Brosses, qui en portait le titre. Quoique de Brosses l'habitât rarement, des relations s'étaient établies entre les deux châtelains, mais les avances et les flatteries dont Voltaire était prodigue envers ceux qu'il espérait rallier à son parti, avaient été froidement accueillies par le Président. Etabli définitivement à Ferney depuis 1758, Voltaire désira devenir possesseur du château de Tourney; outre la beauté du site, ce séjour offrait à Voltaire des avantages auxquels il était plus sensible : « Tourney, dit M. Foisset (p. 144), dont le » territoire s'étendait du côté de Léman jusqu'aux fossés » de Genève ou à peu près, était de ce côté la dernière » terre du royaume et presque la dernièredu côté du pays » de Vaud. Cette situation vraiment unique allait à mer- » veille à l'existence plus inquiète encore que menacée de » l'auteur de *la Pucelle*. Là il se trouvait tout à la fois en France et dans le diocèse d'un prélat étranger, l'évêque » d'Annecy; sur l'extrême lisière du Parlement de Bourgogne, » dont le premier Président, M. de La Marche; était son ami; » sur la frontière d'un canton suisse, celui de Berne (maître » alors du canton de Vaud), et en même temps à distance » respectueuse de cette capitale; indépendant de Genève, » mais aux portes de cette ville riche et lettrée, qui devenait » le rendez-vous de la meilleure compagnie de l'Europe. De » Tourney il pouvait persiffler Genève, caresser Paris, braver » les mandements et les réquisitoires, faire imprimer ses » œuvres sans privilége du Roi, et se dérober en un clin » d'œil à toutes les poursuites. Tourney d'ailleurs était › comme le prolongement de Ferney, que Voltaire convoitait » fort. Enfin c'était une comté : quoiqu'en dise Colini, Voltaire » fut ravi de pouvoir se dire comte de Tourney; il lui tardait » de prendre cette qualité la première fois qu'il écrirait au » roi de Prusse. Il voulut donc avoir Tourney pour le titre, » et Ferney pour la terre; Ferney à perpétuité et Tourney » seulement à vie. »

Marché fait et la terre de Tourney achetée du Président de Brosses par bail emphytéotique, le nouveau seigneur fait son entrée triomphale le 24 Décembre 1858; puis, la première ivresse passée, il commence à trouver excessif le prix dont il a payé son domaine. De là mille chicanes contre le Président, que celui-ci supporta patiemment, poussant la longanimité jusqu'à laisser Voltaire jeter bas la moitié des bâtiments dépendant du château, quand

Voltaire, usant en propriétaire définitif d'un bien dont il n'avait que l'usufruit, se mit en devoir de faire couper les futaies; il offrait sa terre de Ferney en garantie des indemnités que de Brosses serait en droit d'exiger, mais le Président apprit que, Ferney étant propriété nominale de Madame Denis, son gage lui échappait; il exigea d'autres garanties et il obtint enfin, après de longs pourparlers, qu'un inventaire se fît, pour constater et évaluer les dégâts. Tous ces incidents avaient déjà apporté quelque aigreur dans les rapports entre Voltaire et de Brosses, quand une nouvelle contestation surgit, étrange par la futilité du motif qui la fit naître et par la gravité des conséquences qu'elle entraîna.

Avant de prendre possession de la terre de Tourney, Voltaire avait demandé à de Brosses de lui abandonner une coupe de bois déjà abattue, bien qu'une clause expresse de contrat l'eût exclue de la vente; de Brosses n'avait pas répondu à cette requête. Le bois était déjà vendu à un de ses vassaux, un paysan du Chambésy, qui en réclama le paiement à Voltaire; celui-ci prétendit avoir reçu en cadeau du président de Brosses les quatorze *moules* de bois dont se composait la coupe; de Brosses répondit qu'il n'avait point entendu les donner et que les quatorze louis, valeur du bois en question, restaient dus par Voltaire à Charlot Baudy et par Charlot Baudy à lui de Brosses, alléguant avec raison l'étrangeté d'un tel cadeau : « Je ne pense pas qu'on ait jamais ouï dire « qu'on ait fait à personne un présent de quatorze moules « de bois, si ce n'est à un couvent de capucins. » Cette mordante raillerie aurait dû faire réfléchir Voltaire et l'empêcher de prolonger un débat aussi indigne de lui et de son adversaire.

Il s'obstina cependant, et aggravant ses torts, ne craignit pas de recourir à la calomnie, menaça de soulever contre de Brosses le chancelier, les ministres et tout Paris s'il le fallait : « Qu'il tremble, il ne s'agit pas de le » rendre ridicule, il s'agit de le déshonorer! » osa-t-il écrire, alors que le Président était en droit, comme il le

lui fit observer, de lui intenter un procès criminel pour
la fraude commise par lui dans le second marché conclu
à propos de la terre de Tourney. De Brosses lui répondit
par une lettre dont le ton ferme et énergique montrait
qu'il savait dire la vérité, non seulement à la cour et aux
ministres, mais ce qui était plus rare alors, au dictateur
de la République des lettres :

« Souvenez-vous, Monsieur, des avis prudents que je
« vous ai donnés en conversation lorsqu'en me racon-
» tant les traverses de votre vie vous ajoutâtes que vous
» étiez d'un caractère naturellement insolent. Je vous ai
» donné mon amitié. Une preuve que je ne l'ai pas retirée,
» c'est l'avertissement que je vous donne encore de ne
» jamais écrire dans vos moments d'aliénation d'esprit
» pour n'avoir pas à rougir dans votre bon sens de ce
» que vous avez fait pendant le délire.

» J'ai mis mes affaires avec vous dans la règle ordi-
» naire et commune. Je n'en suis venu là, malgré l'abus
» que vous faisiez du pouvoir que je vous ai laissé par
» le bail, qu'après que vous avez cherché à me jouer par
» un second marché illusoire et sans bonne foi de votre
» part. Quoique j'aie en main de quoi vous mener fort
» loin à la Table de marbre, je ne l'ai pas fait jusqu'à
» présent, mon dessein ayant été seulement de vous con-
» tenir.

« Je vous aurais à coup sûr donné comme présent quel-
» ques voies de bois de chauffage, si je n'eusse cru vous
» insulter par une offre de cette espèce. Mais enfin, puisque
» vous ne les dédaignez pas, je vous les donne, et j'en
» tiendrai compte à Baudy, en par vous m'envoyant la
» déclaration suivante :

» Je soussigné, François Marie Arouet de Voltaire, che-
» valier, seigneur de Ferney, gentilhomme ordinaire de la
» chambre du Roi, reconnais que M. de Brosses m'a fait
» présent de quatorze voies de bois, pour mon chauffage,
» dont je le remercie.

» A cela près, je n'ai aucune affaire avec vous. Je
» vous ai seulement prévenu que je me ferais infaillible-

» ment payer de Baudy, qui se ferait infailliblement payer
» de vous. Je l'ai fait assigner, il vous a fait assigner à
» son tour, voilà l'ordre et voilà tout..... Nos amis com-
» muns ne peuvent s'empêcher de lever les épaules en
› voyant un homme si riche et si illustre se tourmenter à
» tel excès pour ne point payer à un paysan 250 livres
» pour du bois de chauffage que ce paysan lui a fourni.
» Voulez-vous donc faire ici le second tome de l'histoire
› de M. de Gauffecourt, à qui vous ne vouliez point payer
» une chaise de poste que vous aviez achetée de lui ?

« En vérité, je gémis pour l'humanité de voir un si
» grand génie avoir un cœur si petit, sans cesse tiraillé
» par des misères de jalousie et de lésine....

» Vous voyez, Monsieur, que je suis encore assez de
› vos amis pour faire en marge de votre lettre une ré-
› ponse longue et détaillée à ce qui n'en méritait point.
» Tenez-vous pour dit de ne plus m'écrire sur cette ma-
» tière, ni surtout de ce ton. Je vous fais, Monsieur,
» le souhait de Perse : *Mens sana in copore sano.* »

Des amis communs, M. de Fargès et le Président Richard de Ruffey s'interposèrent. De Brosses sut jusqu'à
la fin, non-seulement maintenir ses droits et sauvegarder
sa dignité, mais ce qui était moins facile ayant affaire à
Voltaire, mettre les rieurs de son côté, et se contenta
d'en tirer la vengeance la plus équitable et la plus spirituelle en offrant de donner quittance à Charlot Baudy à
condition que Voltaire remettrait la somme au curé de
Tourney, pour les pauvres.

Mais Voltaire n'était pas homme à pardonner une bles-
sure faite à son amour-propre; depuis lors, De Brosses le
trouva sans cesse prêt à lui nuire de tout son pouvoir.
En 1766, un fauteuil devint vacant à l'Académie française,
par la mort de Hardion, qui était aussi de l'Académie des
Inscriptions; de Brosses posa sa candidature, mais on
lui opposa celle de Thomas; il se retira sans affronter
une lutte qu'il sentait devoir être inégale, ayant contre lui
Voltaire et son parti. Il laissa successivement remplacer
l'abbé d'Olivet par Condillac en 1768, l'abbé Trublet par

Saint-Lambert, et le duc de Villars par Loménie de Brienne en 1770, sans songer à mettre ses titres littéraires en parallèle avec ceux des deux premiers, ni avec la haute situation du dernier. Mais en 1770, trois fauteuils devinrent vacants presque en même temps, ceux de Moncrif, du Président Hénaut et de l'abbé Alary. De Brosses sollicita la place du président Hénaut, dont il devait sembler digne, qu'on le comparât à celui qu'il aspirait à remplacer ou aux concurrents qu'on lui opposa. Ses partisans étaient nombreux : le maréchal de Richelieu, les ducs de Saint-Aignan et de Nivernais, le marquis de Paulmy d'Argenson, le comte de Bissy, de Montazet, archevêque de Lyon, Buffon, Foncemagne, Sainte-Palaye, Mairan, Chateaubrun, Thomas lui promettaient leur suffrage et leur appui. Mais Voltaire et d'Alembert patronnaient Gaillard, l'historien de François 1er; Duclos objecta contre de Brosses l'obligation de résider à Paris, dont les règlements de l'Académie ne dispensaient que les évêques, oubliant l'exemple du Président Bouhier. Voltaire se multiplia et mit en campagne tous ses amis pour chercher des candidats à opposer à De Brosses; on en trouva de toutes sortes, Laharpe, Delille, Collé, Malesherbes, jusqu'à Marin, l'infortuné gazetier qui dut à Beaumarchais l'immortalité du ridicule. En même temps Voltaire accusait de Brosses de l'avoir menacé d'une dénonciation et d'avoir voulu le signaler comme l'auteur d'ouvrages anonymes condamnés par les tribunaux ; cette calomnie, sans être prise au sérieux par personne, ôta à de Brosses les voix de quelques académiciens qui craignaient le déplaisir du parti encyclopédiste. Le fauteuil de Moncrif fut donné au duc de Roquelaure, celui d'Alary a Gaillard, et celui du président Hénaut au prince de Beauvau.

La mort de Mairan en 1771, fournit une occasion nouvelle. M. de Montazet se chargeait d'obtenir du roi la dispense de l'obligation de résider à Paris; Buffon déclarait que personne n'avait des titres comparables à ceux de son compatriote; l'abbé François Arnaud, qui lui fut préféré, ne pouvait en aucune façon lui être comparé et ne l'emporta que par les intrigues de Voltaire et de d'Alembert. Il était surtout connu dans le monde littéraire par l'ardeur avec laquelle il avait soutenu la musique de Gluck contre celle de Piccini, et s'était déjà trouvé en opposition avec de Brosses, fervent partisan de la musique italienne. D'Alembert avait promis à Voltaire dans sa lettre du 21 Décembre 1770, non-seulement d'écarter de Brosses, mais de le dégoûter pour toujours. Il put se vanter d'y avoir réussi : malgré le bon vouloir de Montazet et de ses autres amis, de Brosses renonça à solliciter de nouveau les suffrages ; il vit arriver successivement à l'Académie, en 1771 le poète tragique de Belloy l'heureux auteur du *Siége de Calais* ; en 1772 Bréquigny, son collègue de l'Académie des Inscriptions, et le grammairien Beauzée ; en 1774 Suard et Delille ; en 1775 le marquis de Chastellux, auteur d'un livre aujourd'hui oublié, de la *Félicité publique* que Voltaire n'avait pas craint de mettre au-dessus de l'*Esprit des lois ;* mais peut être de Brosses lui pardonna-t-il d'être arrivé par l'appui des encyclopédistes à l'Académie à laquelle lui-même avait renoncé, en faveur de sa traduction de l'*Essai sur l'Opéra,* d'Algarotti et de son enthousiasme pour la musique italienne. Mais il ne pardonna pas à Voltaire ; il laissa sans réponse une lettre que celui-ci lui adressa, le 28 Novembre 1776, et dans laquelle il lui écrivait qu'il n'avait d'autre intérêt que de mourir dans ses bonnes grâces ; à plusieurs reprises, particulièrement dans les notes de son *Histoire romaine,* il releva vivement ses erreurs historiques et géographiques et ses attaques injustes contre Saumaise et Buffon. Il avait eu trop peu à se louer de ses relations avec Voltaire pour qu'on le blâme d'avoir négligé, en ne répondant pas à ses avances, l'occasion de les renouer ; les critiques qu'il lui adresse paraissent inspirées moins par le souvenir de ses griefs personnels que par l'amour de la vérité, et surtout par le désir de venger ses compatriotes. C'est un trait à noter dans le caractère du Président de Brosses que ce patriotisme de clocher qui se fait sentir souvent dans ses écrits ; les attaques de Voltaire contre Saumaise, par exemple, avaient, outre le tort grave de s'adresser à un érudit d'un grand mérite, celui plus grave encore à ses

yeux, de tourner en ridicule un Bourguignon. Comme le
fait remarquer avec raison son biographe, Bourguignon
lui-même, ses compatriotes furent presque tous parmi les
ennemis de Voltaire; témoins Piron, Crébillon, Buffon,
Clément, auteur des mordantes *Lettres à Voltaire*, qui le
surnomma *l'inclément*; Larcher, auteur du *Supplément à
la Philosophie de l'histoire* et de la *Réponse à la défense de
mon oncle*, attaqué par Voltaire avec une persistance et
une acrimonie qui prouvent que ses coups avaient quelquefois porté juste; Cazotte, auteur de la *Voltairiade* et
du septième chant de la *guerre de Genève*; Montillet,
archevêque d'Auch, et la plus fréquemment, sinon la
plus justement raillée de ses victimes, le jésuite Patouillet.

Les dernières années du Président de Brosses furent
remplies par des préoccupations suffisantes pour lui faire
oublier les mécomptes de sa candidature académique.
Ce fut d'abord la lutte des Parlements contre la Cour et
le chancelier Maupeou, dont les péripéties ne l'empêchèrent pas de continuer assidument ses travaux de littérature et d'érudition. Il lut à l'Académie de Dijon, le
16 mars 1770, son mémoire sur le 50e verset de Sanchoniaton; le 18 août 1771, le mémoire sur un peuple nain
de l'Afrique, (les Quimos de Madagascar), et les 18 décembre 1772 et 8 janvier 1773 un Essai de géographie
étymologique, sur les noms donnés aux peuples Scythes
anciens et modernes, imprimé dans les mémoires de
l'Académie (TOME II, page 447).

Il employa les loisirs de son second exil à terminer sa
traduction et sa restitution de Salluste. Déjà il avait lu
à l'Académie des Inscriptions le 6 mai 1768, un fragment restitué d'après un manuscrit récemment découvert, et contenant le récit de la deuxième guerre servile
ou de la révolte de Spartacus en Campanie. Son rappel,
sa nomination à la première présidence du Parlement de
Bourgogne, qui ne fut sans doute pas étrangère à la
tentative faite par Voltaire pour se réconcilier avec lui,
ne l'empêchèrent pas de mener son travail à bonne fin.
La vie de Salluste, qui devait le terminer, fut lu à l'Académie de Dijon les 29 février, 7, 14 mars et 18 août 1776;

enfin, en 1777, l'année même de sa mort, fut publiée à Dijon : l'Histoire de la République romaine dans le cours du VIIe siècle, par Salluste, en partie traduite du latin sur l'original, en partie rétablie et composée sur les fragments qui sont restés de ses livres perdus, remis en ordre dans leur place véritable ou le plus vraisemblable : avec cette épigraphe :

Crispus Romana primus in Historiâ.

MARTIAL XIV, 91

à Dijon, chez L.-N. Frantin, imprimeur libraire du Roi, M. D CC. LXXVII. 3 volumes in-4°, contenant outre la restitution de l'*Histoire romaine* de Salluste, deux préfaces du Président, la vie de Salluste, la traduction du *Jugurtha* et du *Catilina* et des discours politiques.

De Brosses n'aurait pas eu le temps de jouir de as gloire si ses contemporains avaient attendu, pour l'apprécier à sa juste valeur, de pouvoir lire dans son ensemble cet ouvrage auquel il avait consacré la meilleure part de son temps et de ses soins, et qui devait donner la mesure de son génie. Heureusement les fragments déjà publiés dans les mémoires de l'Académie des Inscriptions et dans ceux de l'Académie de Dijon, ou communiqués à ses amis lui avaient valu de justes éloges, et l'approbation des gens de goût l'avait soutenu jusqu'à la fin dans un labeur si vaste et parfois si ingrat.

Il laissait inédits de nombreux manuscrits, se rapportant pour la plupart à ses recherches sur l'étymologie et le mécanisme du langage. Deux surtout sont importants ; l'un est intitulé : « de la parole comme signe des percep- « tions et des idées, *sive de analogiâ libri septem :* contenant « sous la forme d'un essai de vocabulaire de la langue organique et primitive, un traité de la correspondance entre l'esprit et la voix, où l'on découvre les rapports généraux, établis par la nature entre les premiers sons organiques et la voix humaine et les conceptions idéales de l'esprit humain ; rapports fondés sur :

L'action que les objets naturels ont sur les sens extérieurs, de là sur les sens intérieurs de l'homme.

« Et la réaction des sens intérieurs sur les organes
vocaux. »

Quæ singula non prosunt multa juvant.

L'autre a pour titre : *Specimen étymologicon*, avec cette
épigraphe tirée de Quintilien :

« Non, cum primum fingerentur homines, analogia de-
» missa cœlo formam loquendi dedit ; sed inventa est post-
» quam loquebantur, et notatum in sermone quid quomodo
» caderet ; itaque non ratione nititur sed exemplo ; nec lex
» est loquendi, sed observatio, ut ipsam analogiam nulla
» res alia faciat quam consuetudo. »

Ils n'ont point été publiés bien qu'ils fussent propres à
compléter utilement le *Traité de la formation méchanique
des langues ;* le second surtout présenterait un grand intérêt : de Brosses, conformément à l'habitude qu'il avait
en indiquant une méthode nouvelle qu'il avait de l'expliquer par un exemple, avait voulu donner un spécimen
de l'*Archéologue* ou recueil de racines primitives communes à toutes les langues, dont il est question dans son
traité, et dont nous aurons à parler en examinant cet
ouvrage.

D'autres se rapportent à ses études sur les temps primitifs, comme ses mémoires sur les fragments de Sanchoniaton, sa dissertation sur l'origine de la nation et
de la langue grecque, et son histoire des temps incertains et fabuleux, simple recueil de matériaux non encore mis en œuvre et disposés par ordre alphabétique,
ou enfin à ses travaux géographiques, comme ses mémoires sur le détroit d'Anian et sur les Quimos de Madagascar. Tous ont été conservés, sauf un seul qui est
perdu, par la famille de l'auteur, ou par des compatriotes, parmi lesquels le biographe nomme M. Joliet,
notaire à Dijon, qui lui en ont fait connaître l'existence.

Enfin le Président de Brosses laissait inédit un autre
ouvrage déjà connu de la plupart de ses amis, dont ceux-
ci appréciaient singulièrement le mérite, et qui, publié
longtemps après sa mort, devait contribuer plus que tout
autre à rendre son nom populaire.

C'étaient ses lettres écrites d'Italie.

Recueillies par son fils René de Brosses, elles furent confisquées avec les autres papiers de celui-ci lorsqu'il émigra pour aller prendre du service dans l'armée des princes.

Un certain Antoine Sérieys, gardien de l'un des dépôts où étaient enfermés les papiers des émigrés, commit de nombreux détournements et publia sans l'aveu des auteurs ou des détenteurs beaucoup de manuscrits qui n'étaient point destinés à la publicité, entre autres la correspondance du Président de Brosses, qui parut sous ce titre : « *Lettres historiques et critiques sur l'Italie*, de Charles « de Brosses, avec des notes relatives à la situation actuelle « de l'Italie, et la liste raisonnée des tableaux et autres « monuments qui ont été apportés à Paris, de Milan, de « Rome, de Venise, etc. ; Paris, Ponthieu, an VII, 3 vol. « in-8°. »

Cette édition était des plus incorrectes et l'œuvre du Président y était grossièrement défigurée, sans que son fils pût réclamer ni contre la publication ni contre la falsification.

La mauvaise foi et la maladresse de l'éditeur n'empêchèrent pas qu'il n'eût rendu un grand service au public, car il fit connaître quel intérêt avait cette correspondance, et il fut cause que plus tard le comte René de Brosses consentit à une nouvelle publication, qu'il n'aurait jamais permise sans la nécessité de justifier son père des bévues dont Sérieys avait rempli ses lettres. C'est avec son concours que M. Colomb, auteur d'un journal d'un voyage en Italie fait en 1828, entreprit la première édition publiée d'après les manuscrits autographes, et il mourut avant qu'elle fût prête à paraître. Son fils, le comte Ernest de Brosses, fournit à M. Colomb une notice sur son aïeul composée au moyen des renseignements donnés par M. Th. Foisset et la correspondance parut en 1836 sous ce titre : « L'Italie, il y a cent ans, ou lettres « écrites d'Italie à quelques amis en 1739 et 1740, par « Charles de Brosses, publiées pour la première fois sur

« les manuscrits autographes par M. R. Colomb » avec cette épigraphe qui malheureusement tronque les vers de Virgile de manière à ne leur laisser aucun sens :

..... *Saturnia tellus,*

Magna virûm; tibi res antiquæ laudis et artis.

Ingredior....

Virg. Géorg. 2,173.

2 volumes, in 8°. — Paris 1836.

Cette rapide énumération des ouvrages du Président de Brosses suffit pour donner une idée de l'activité et de la fécondité prodigieuse de son esprit, mais non pour permettre d'apprécier la valeur de chacun d'eux. Il en est cinq surtout, *l'histoire romaine,* le *traité de la formation méchanique des langues, l'histoire des navigations aux terres australes, le traité du culte des dieux fétiches* et *les lettres écrites d'Italie* dont chacun, fût-il son œuvre unique, suffirait presque à lui mériter l'attention et l'estime de la postérité. Aussi convient-il, après avoir vu dans quelles circonstances ils furent produits, de les examiner en eux-mêmes ; mais avant d'aborder cette étude, il faut s'arrêter sur un événement qui fut d'une importance capitale dans la carrière littéraire du Président et dont il est indispensable de bien connaître les conséquences pour apprécier exactement la valeur de ses ouvrages, c'est-à-dire son voyage en Italie.

DEUXIÈME PARTIE
Voyage en Italie.

CHAPITRE PREMIER

ITINÉRAIRE DE CHARLES DE BROSSES. SA CORRESPONDANCE.

Si le voyage que le Président de Brosses fit en Italie pendant les années 1739 et 1740 doit être considéré comme l'événement principal de sa vie, ce n'est pas seulement à cause du profit qu'il en tira pour son ouvrage sur Salluste et ses autres grands travaux d'érudition, ni à cause des relations fécondes qu'il établit avec les savants et les écrivains de ce pays, c'est aussi parce qu'il y trouva, sans la chercher, l'occasion de produire celle de toutes ses œuvres qui est la plus propre à rendre son nom justement populaire, c'est-à-dire sa correspondance avec ses amis. Ce n'est pas sans raison que cette relation de son voyage est plus connue que ses autres écrits ; d'abord elle est mieux faite pour être goûtée par le plus grand nombre des lecteurs, et aux yeux de ceux-là même qui peuvent apprécier ses plus savants travaux d'érudition, ses lettres écrites d'Italie, dans leur genre, approchent bien plus de la perfection.

Cette relation n'est pas un travail suivi, exécuté sur un plan arrêté d'avance, mais une série de lettres familières, adressées par de Brosses à ses amis de Dijon, renfermant mille détails curieux et piquants sur les incidents du voyage, les villes, les monuments de l'art, les mœurs, la société des pays qu'il a visités. La variété des objets, l'observation ingénieuse et perspicace, le goût sûr et éclairé dont elles témoignent à chaque page donnent à cette correspondance le plus vif intérêt. La simplicité et la vivacité du style n'en sont pas le moindre charme ; dès les premières lignes, une comparaison se présente à l'esprit, et chaque page nouvelle la justifie de plus en plus : rien ne ressemble davantage aux lettres de Mme de Sévigné.

C'est la même allure franche et rapide d'une plume courant « la bride sur le cou », la même familiarité affectueuse, la même simplicité sans apprêt et sans recherche ; peut-être même sur ce dernier point la comparaison tournerait-elle à l'avantage du Président de Brosses. Bien qu'il sût que ses lettres, comme celles de Mme de Sévigné, passaient de main en main pour l'amusement d'une société spirituelle et raffinée, on peut défier le critique le plus attentif et le plus délicat d'y trouver un seul mot qui sente l'affectation. Quelques libertés de langage qu'on y rencontre çà et là ne dépassent en rien ce que permettaient les habitudes de l'époque ; et sous la plume du Président de Brosses la forme vive et piquante fait accepter des plaisanteries qui, de nos jours, paraîtraient un peu libres. Peut-être serait-ce exagérer le mérite des deux petits volumes qui renferment cette correspondance que de les placer au premier rang des chefs-d'œuvre de notre littérature ; mais si on la compare aux ouvrages du même genre, à ceux auxquels on ne demande ni le mérite de la composition, ni la profondeur de la pensée, ni la perfection du style, mais seulement la correction et la vivacité de la forme, la pureté du goût, l'attrait du sujet et des pensées fines et ingénieuses sous une apparence légère, on ne peut hésiter à la placer au même rang que la correspondance de Voltaire et bien près des *Lettres persanes* de Montesquieu.

Outre le mérite de la forme, les lettres du Président de Brosses en ont un autre, qui en fait un précieux document pour l'histoire de son temps. Il est difficile d'imaginer, avant de les avoir lues, quelle lumière elles jettent sur l'Italie, telle qu'elle était vers le milieu du XVIIIe siècle, et à quel point elles justifient le titre sous lequel les a réunies l'éditeur : l'Italie il y a cent ans. C'est bien l'Italie toute entière qu'elles nous dépeignent en nous montrant à la fois ce qui en elle a changé depuis, le gouvernement, les mœurs, la société, et ce qui en est resté, ce qui subsiste, et, il faut l'espérer, subsistera longtemps encore, le climat, le sol, les paysages, les monuments de l'art, les souvenirs de l'histoire et de la poésie.

C'est le tableau le plus exact et le plus vivant où l'historien puisse revoir Venise au dernier âge de son aristocratie, la Toscane aux commencements de la maison de Lorraine - Habsbourg, Rome à l'époque où les papes avaient à défendre leur autorité temporelle contre l'empire, leur autorité spirituelle contre les jansénistes, Naples au début de la dynastie des Bourbons; c'est aussi le meilleur guide que puisse consulter un voyageur en Italie, car, de toutes les choses vraiment dignes de l'admiration d'un esprit cultivé, il n'en est aucune qui n'existât alors et que de Brosses n'ait mentionnée et, le plus souvent, appréciée avec une grande sûreté de goût.

Les qualités et les goûts divers des personnes auxquelles il écrivait contribuèrent beaucoup à donner à ses lettres cette variété de ton et de sujets qui en font l'attrait principal. A chacun de ses correspondants il parle des choses les plus propres à l'intéresser, de façon à montrer sa compétence en toutes sortes de matières et à parler de chacune d'elles de la manière qui convient le mieux.

M. de Blancey, auquel sont adressées les lettres 1, 2 3, 4, 5, 9, 14, 18, 21, 23, 26, 27, 28, 37, était secrétaire en chef des Etats de Bourgogne, c'est-à-dire le véritable gouverneur de la province lors des fréquentes absences du prince du sang qui en portait le titre; il était renommé pour sa conversation vive et enjouée; aussi est-ce à lui que de Brosses raconte les aventures du voyage, les incidents piquants de la route, enfin ce que le langage moderne appellerait la partie humoristique du sujet.

M. de Quintin, auquel sont adressées les lettres 6, 16, 22, 24, 39, 41, 43, 45, 47, 49, procureur général au Parlement de Dijon, était un des hommes les plus lettrés de son temps; ami des arts, il fut l'un des directeurs de l'Académie, fondée par Le Gouz de Gerland; aussi lui adresse-t-on de préférence les renseignements relatifs aux musées et aux collections de toutes sortes.

M. de Neuilly, auquel sont adressées les lettres 7, 13, 15, 20, 25, 29, 30, 31, 32, 36, 38, 43, conseiller au Parlement, puis ambassadeur à Gênes, avait, par son caractère aimable et bienveillant, conquis l'amitié de tous ceux qui l'approchaient. Les lettres qui lui sont adressées, montrent bien, par leur ton particulièrement affectueux, que de Brosses était du nombre de ceux qui avaient subi ce charme ; outre quelques récits de voyage, il lui parle surtout de ce qui concerne la littérature et les arts.

M. Jean Louis Maleteste de Villey, conseiller au Parlement, à son goût pour l'histoire et la philosophie qu'il montra en faisant une analyse de l'*Esprit des Lois*, joignait un goût très-vif pour la musique et les spectacles ; c'est de ce sujet que l'entretient la seconde des deux lettres qui lui sont adressées (19, 50) et qui renferme les renseignements les plus curieux sur la musique italienne au XVIIIe siècle.

Au Président Bouhier et à Buffon, de Brosses parle de ce qui faisait l'objet de leurs études ; au premier, des collections et des bibliothèques de Milan (lettre 10) et des antiquités d'Herculanum (lettre 23), dont il entretient aussi l'Académie des Inscriptions (lettre 25) ; au second, des éruptions du Vésuve (lettre 24).

L'abbé Cortois de Quincey, qui parvint dans la suite à l'évêché de Belley, passait pour avoir une certaine aptitude aux affaires politiques. Les trois lettres qui lui sont adressées (38, 42, 51) renferment des détails pleins d'intérêt sur le gouvernement temporel du Saint-Siége et les affaires de Rome, sujet alors mal connu en France ; celle qui raconte les obsèques de Clément XII et le conclave d'où sortit l'élection de Benoît XIV est une des plus curieuses de tout le recueil.

Enfin une lettre (44) est adressée à Mme Cortois de Quincey, belle-sœur de l'abbé et femme d'un conseiller au Parlement. Elle renferme de piquants détails sur les sujets les plus propres à exciter la curiosité féminine, et c'est une de celles où la liberté du langage est poussée le plus loin. Il en est peu, en revanche, où l'on trouve autant d'esprit et de gaieté ; la haute société du XVIIIe siècle ne considérait pas la pruderie comme une condition indispensable de la vertu, de même que, comme le prouve l'anecdote racontée dans cette même lettre sur le grave le Gouz de Gerland, une certaine gaieté ne lui paraissait pas inconciliable avec le mérite et le savoir.

Une autre leçon à tirer de la lecture de cette correspondance s'adresse à ceux qui nient obstinément le progrès. Quand on voit au prix de quelles dépenses, de quelles fatigues, de quels dangers parfois il accomplit son voyage, malgré les ressources exceptionnelles dont il disposait, il faut bien convenir que l'état actuel des choses vaut mieux.

A laisser de côté tout ce qui ne touche qu'au bien-être matériel, et à ne considérer que les intérêts de l'art et le choses de l'esprit, personne ne songera à regretter les temps où ce voyage était réservé à un petit nombre de privilégiés. Les incidents ont bien leur charme sans doute

« *Forsan et hœc olim meminisse juvabit.* »

mais quand ils sont passés à l'état de souvenirs, et ceux qui les regrettent peuvent trouver ailleurs qu'en Italie de quoi satisfaire leur goût. Personne non plus, expérience faite, ne contredira ce què dit de Brosses sur l'impression finale laissée par les ennuis d'un voyage : « Quand » on a de la peine, on enrage d'être venu ; quand on a un » moment de plaisir, on ne songe plus à la peine, et ainsi » alternativement. Mais, me direz-vous, duquel a-t-on le » plus, du plaisir de ou la peine ? Ma foi ! cela serait » bien égal, si ce n'est que la peine finie s'efface absolu- » ment de la mémoire, au lieu que le plaisir dont on a joui » occupe toujours agréablement. »

Il est utile, pour achever de bien connaître le voyageur lui-même, de le comparer à deux autres Français presque contemporains ; l'un le précéda d'un demi-siècle, et sa relation, souvent citée par de Brosses, était alors le guide le plus fréquemment consulté ; l'autre fit le voyage quarante-cinq ans après de Brosses, à une époque où l'Italie n'avait pas encore beaucoup changé, et ses lettres ont été longtemps considérées comme l'ouvrage le plus propre à la faire bien connaître.

Maximilien Misson, comme de Brosses, appartenait à la magistrature ; il était conseiller au Parlement de Paris, mais protestant, et à la révocation de l'édit de Nantes, se réfugia en Angleterre ; puis il visita la Hollande, l'Allemagne et l'Italie en 1688, et publia la relation de son voyage en 1702, à La Haye.

Misson possédait un grand talent d'observation : son livre renferme des détails que beaucoup de ses contemporains auraient jugés indignes d'être rapportés et que nous sommes aujourd'hui très-heureux d'y trouver ; les costumes, les mœurs, les institutions des petits États de l'Allemagne et de l'Italie sont décrits avec une fidélité qui touche parfois à la minutie, mais qu'on ne songe point à lui reprocher, car chacun des renseignements qu'il donne est utile pour la connaissance de l'état politique et social de ces pays. Il ne faut point chercher dans Misson l'agrément du style : sa plume est correcte, mais lourde et souvent prétentieuse, surtout quand il s'essaie à manier l'ironie.

Il ne faut point lui demander davantage des jugements éclairés sur les œuvres de l'art catholique ; il est trop de son siècle pour apprécier l'architecture gothique, et trop de sa secte pour goûter les œuvres de la Renaissance, trop occupé à tourner en ridicule les reliques suspectes et les miracles apocryphes pour rendre justice aux artistes qui s'en sont inspirés. Son ardeur à combattre les superstitions romaines l'entraîne parfois à des erreurs singulières. Il s'efforce, par exemple, de démontrer l'authenticité de l'histoire de la papesse Jeanne, moins éclairé et moins impartial en cela que ses coreligionnaires Bayle et Basnage, et que de Brosses, qui obtint communication du prétendu manuscrit d'Anastase le bibliothécaire, conservé à la bibliothèque ambrosienne à Milan, et qui transcrivit le passage interpolé (lettre X, à M. le Président Bouhier, t. Ier p. 120).

En revanche, la relation de Misson est un document

historique d'un grand intérêt pour qui veut connaître l'effet produit en Europe par la révocation de l'édit de Nantes.

Tout en faisant la part des colères et des rancunes, assez légitimes d'ailleurs, qui ont pu égarer son jugement, il faut avouer qu'il a compris la grandeur de la faute commise par Louis XIV. Il est curieux de voir comment ce calviniste ardent, qui ne cherchait aucunement à dissimuler ses croyances ni même ses passions religieuses, trouva, alors qu'il était proscrit en France, un accueil bienveillant dans les États catholiques, même dans ceux du roi d'Espagne et du pape, et quelle indignation y excitait le récit des excès commis par les missionnaires bottés de Louvois.

En comparant l'état des esprits en Angleterre, en Hollande, en Allemagne et en Italie, en voyant de près les inquiétudes que causait partout l'ambition de Louis XIV, Misson fut aisément prophète et prévit que la révocation de l'édit de Nantes ne tarderait pas à provoquer une revanche. Il vit clairement comment était jugée à la cour de Rome la politique de Jacques II et les renseignements qu'il nous donne expliquent comment le pape Innocent XI, d'ailleurs grand ennemi de la France, fit des vœux pour le succès de Guillaume d'Orange et applaudit à la chute du dernier roi catholique de l'Angleterre.

Les trois volumes de Misson sont suivis, dans l'édition qui parut à La Haye en 1702 et qui passe pour la meilleure, d'un quatrième volume renfermant des remarques d'Addison, qui fit le voyage d'Italie en 1699; on n'y reconnaît guère le futur homme d'État, et on y chercherait en vain des observations intéressantes sur les mœurs et les gouvernements.

Sa religion et sa nationalité ne le rendaient guère plus compétent que Misson pour juger les œuvres d'art, et il en est peu question dans ses souvenirs de voyage. En revanche, à chaque instant reparaît le poète latin, l'érudit, le *scholar* familiarisé avec la littérature antique.

Son livre est le répertoire le plus complet qu'on puisse imaginer de tous les passages de Virgile, d'Horace, d'Ovide, de Lucain et des autres poëtes latins qui se rapportent à chacune des rivières, des montagnes, des villes de l'Italie. On songe involontairement au *touriste* anglais, tel que se le figure la malice française, tellement absorbé par la lecture de son guide qu'il oublie de regarder autour de lui.

Mieux vaut du reste voyager de cette manière que de ne point voyager du tout, et quand le guide consulté est l'*Énéide* ou le voyage d'Horace à Brindes, on peut excuser le voyageur de s'y complaire et de nous en entretenir plus longuement que des pays qu'il a visités.

Charles-Marguerite-Mercier Dupaty, avocat général, puis président à mortier au Parlement de Bordeaux, visita l'Italie en 1785. Il publia à Paris en 1788 une édition anonyme de ses lettres sur l'Italie qui eurent un très-grand succès. Leur mérite littéraire a été surfait : le style de Dupaty a tous les défauts de son époque ; il est affecté et déclamatoire ; l'on sent à chaque ligne que ses lettres étaient destinées à être données à un public dont l'auteur flatte les travers, et non à être montrées seulement, comme celles de Mme de Sévigné et du Président de Brosses, à quelques gens d'esprit et de goût. Rien de plus froid que les pages où il épanche son enthousiasme de commande en présence des œuvres d'art et des tableaux de la nature qu'il était de mode d'admirer alors ; et l'on n'est pas surpris, après les avoir lues, d'apprendre par sa correspondance intime, qui n'était pas destinée à la publicité, que rien de tout cela n'était sincère chez lui. Un sentiment qui paraît avoir été plus vrai, mais qui est gâté par l'expression, comme il arrive toujours quand la mode s'en mêle, c'est l'humanité. On lui sait gré de s'être occupé de certaines questions qui avaient été jusque-là trop négligées, et que le XVIIIe siècle a eu l'honneur d'agiter, c'est-à-dire d'avoir examiné les misères de ces sociétés dont les autres, de Brosses en particulier, n'avaient voulu voir que les côtés brillants ; en lisant les pages que Dupaty consacre aux bagnes, aux prisons, aux hôpitaux, on lui pardonne presque le ton déclamatoire avec lequel il exprime de nobles pensées. Il a d'ailleurs fait preuve de clairvoyance en signalant les abus des gouvernements aristocratiques de Gênes et de Venise et du gouvernement temporel du Saint-Siége; ses critiques amères, qui contrastent avec l'optimisme satisfait du Président de Brosses, ne manquent pas de justesse; les passages es plus remarquables de ses lettres sont ceux où il touche en passant ce que nous appellerions aujourd'hui les questions sociales, et souvent, sous une forme ingénieuse, il exprime des idées assez profondes, comme dans ces deux tableaux de la République de Gênes et du gouvernement romain :

« A Gênes, écrit-il après un trait un peu vif pour être » cité, mais que de Brosses n'eût pas hésité à transcrire, » il y a tant de prêtres qu'il n'y a pas de religion, tant de » gens qui gouvernent qu'il n'y a pas de gouvernement, » tant d'aumônes que les pauvres y fourmillent. » (Lettre XX, t. I, p. 85).

« Le plus grand tort que les papes puissent avoir » avec les Romains, c'est de vivre trop longtemps, de » retarder le tirage d'une loterie où tout le monde a des » billets, et qui a des lots pour tout le monde. Les » cardinaux y ont des billets de pape, les prélats des » billets de cardinaux, les abbés des billets de prélats, » la noblesse des billets de crédit, certaines personnes » des billets d'emplois, les marchands des billets de » vente, les artisans des billets d'ouvrage, les mendiants » des billets d'aumônes, tous des billets de changements, » de spectacles et de fêtes. » (Lettre LXXIX, t. II, p. 101).

De Brosses, auquel son esprit pénétrant et son instruction étendue et variée donnaient tant de raisons de bien voir et de bien juger, en avait encore d'autres, dues à un singulier concours de circonstances favorables. D'abord rien ne pouvait mieux contribuer à l'agrément et à l'utilité d'un pareil voyage que la compagnie dans laquelle il l'entreprenait. C'est surtout pour le voyageur que semble avoir été dite la parole de l'Ecriture: « *Væ soli !* »

Que de choses échappent à celui qui n'est point aidé

dans ses observations! De même que pour saisir le relief
des objets matériels il est nécessaire que chacun des deux
yeux les voie sous un aspect un peu différent, de même
rien n'est plus utile pour l'appréciation des choses de l'art
que le concours de plusieurs esprits, inspirés par des
goûts et des pensées communes, mais différant quelque
peu par la manière de voir et de juger. L'expérience seule
peut faire sentir à quel point la faculté d'admirer se lasse
et s'émousse, surtout dans une revue trop rapide de
chefs-d'œuvre trop nombreux, à moins d'être soutenue
et aiguisée, pour ainsi dire, par la manifestation exté-
rieure des sentiments.

Au besoin le journal de voyage ou la correspondance
peut remplir l'office des roseaux de la fable, mais rien ne
vaut, pour le caractère français surtout, l'échange au
moyen de la parole, des impressions et des jugements.

La société dont faisait partie de Brosses semblait composée à plaisir pour réunir les goûts et les talents les
plus divers. A son départ de Dijon, il était accompagné
de son cousin Loppin de Gémeaux, habile géomètre et
professant néanmoins, comme la plupart des savants de
cette époque, le goût de la littérature et des beaux-arts;
à Avignon il rejoignit Edmond de la Curne et Jean-Bap-
tiste de Sainte-Palaye, frères jumeaux dont l'amitié faisait l'admiration de la société dijonnaise; le premier
grand amateur de musique, le second membre de l'Académie des Inscriptions et belles lettres et plus tard de
l'Académie française, curieux des manuscrits du moyen-
âge qu'il connaissait et appréciait comme peu de ses
contemporains savaient le faire, et dans lesquels il
cherchait les matériaux de son *Histoire des Troubadours*;
tous deux devaient trouver en Italie, chacun de son côté,
d'amples satisfactions. Enfin à Rome les attendaient deux
nouveaux compagnons : Abraham Guy de Migieu, conseiller au Parlement de Dijon, et Benigne le Gouz de Gerland, grand bailli d'épée du Dijonnais, et l'un des hommes qui rendirent le plus de services aux sciences et aux
arts dans sa ville natale. Nos six Bourguignons représentaient donc à peu près toutes les branches des con-

naissances humaines, et, ce qui achevait d'en faire la société la plus désirable qu'on pût imaginer, chez aucun d'entre eux le savoir n'excluait les qualités qui sont le plus indispensable viatique du voyageur, c'est-à-dire la bonne humeur et la gaieté.

De plus, la naissance du futur Président et de ses compagnons leur ouvrait toutes les portes. La noblesse d'épée, tant en France qu'en Italie, ne professait pas pour la noblesse de robe le même dédain que Saint-Simon, qui lui-même n'eût pas tant affecté de la mépriser s'il l'eût moins crainte.

Toutes les aristocraties italiennes, les princes souverains eux-mêmes, leur firent fête; au XVIIIe siècle, la société italienne était, avec la société française, celle de l'Europe, où le mérite personnel, surtout le goût des lettres et des arts, eût le plus facilement abaissé, au besoin, les barrières qui séparaient les classes; aussi de Brosses et ses amis devaient-ils, à double titre, y trouver bon accueil. Le même accès que leur naissance leur procurait dans le grand monde, leurs connaissances le leur ouvrirent dans le monde savant. Il en résulta pour eux non-seulement des rapports passagers avec l'un et l'autre, mais des relations durables avec beaucoup de grands personnages et de savants dont ils avaient su se faire apprécier.

En revenant en France, de Brosses pouvait compter parmi ses amis bien des hommes éminents par leur rang ou par leur mérite, entre autres, le premier de tous par l'un et par l'autre, le pape Benoît XIV qu'il avait connu à Bologne et dont il avait prédit l'élection.

Parti de Dijon le 30 mai 1739, de Brosses y revint en mai 1740. Dans cet intervalle de près d'une année, il visita à loisir l'Italie presque toute entière. L'itinéraire qu'il suivit, tant à l'aller qu'au retour, le choix des pays, des villes et des monuments qu'il visita, le temps qu'il consacra à chacun de ces objets, peuvent être proposés pour exemple à celui qui voudrait faire en Italie le voyage le plus agréable et le plus fructueux; et sa correspondance n'eût-elle d'autre intérêt, qu'elle mériterait d'être consultée comme le meilleur guide du voyageur en Italie qu'il soit possible d'imaginer.

Après une visite à sa sœur, chanoinesse du chapitre de Neuville, il se rendit à Avignon par le coche du Rhône. Cette ville, alors possession dn Saint-Siége, et la Provence sont, pour le Français du Nord, une sorte de préface de l'Italie par l'aspect nouveau du ciel et du pays, et par l'abondance des monuments romains. Il ne fit que traverser Aix, Marseille, Toulon avec une hâte qu'explique son impatience d'arriver en Italie, mais cette impatience excuse à peine un voyageur aussi curieux d'antiquités romaines d'avoir laissé de côté Arles et Nîmes. La route de la Corniche n'existant pas encore, il dut faire par mer la route d'Antibes à Savone, non sans bien des retards, et arriva à Gênes le 23 juin. Après Gênes il visita Alexandrie, Pavie, la Chartreuse, Milan, le lac Majeur et les îles Borromées, Crémone, Mantoue, Vérone, Vicence, Padoue et Venise où il fit un séjour de près d'un mois. Arrivé à Bologne par Padoue et Ferrare, il franchit les Apennins par Pietra Mala et Scarpiera, et s'arrêta à Florence une douzaine de jours, temps insuffisant, si bien employé qu'il fût, pour voir à loisir les merveilles qu'elle renferme. Puis, traversant rapidement, trop rapidement même, Pise, Livourne et Sienne, il arriva à Rome le 19 octobre, et, réservant pour le retour un séjour plus long, partit au bout de dix jours pour Naples. Après avoir passé un mois à visiter la ville, ses environs, le Vésuve et les antiquités d'Herculanum, il revint à Rome et y resta trois mois, du commencement de décembre 1739 à la fin de février 1740; ce fut pendant ce séjour qu'eut lieu l'élection de Benoît XIV. Au retour il s'arrêta à Ancône, à Bologne, à Modène, à Parme, à Plaisance, à Milan et à Turin et rentra en France par le Mont-Cenis. Il avait visité à peu près tout ce qui mérite d'être vu dans l'Italie proprement dite, l'Italie romaine, mais laissé de côté la Grande Grèce, alors à peine connue : les ruines de Pæstum furent découvertes par hasard, comme le raconte Dupaty, par un chasseur égaré à la poursuite d'un sanglier, seulement en 1745, cinq ans après le voyage de Charles de Brosses; et c'est seulement de nos jours que la véritable architecture grecque a été sérieusement étudiée et dignement appréciée après les grands travaux accomplis sur les antiquités des deux Siciles, Pæstum, Métaponte, Agrigente et Taormine.

Mœurs, politique, science, littérature, beaux-arts, rien n'est oublié dans sa correspondance; aussi pour comprendre les nombreuses allusions qu'elle renferme et juger de la clairvoyance du voyageur, est-il nécessaire de connaître la situation politique de l'Italie vers le milieu du XVIIIe siècle et l'état des arts et de la littérature, et en particulier des deux sciences qui faisaient l'objet particulier de ses études, l'archéologie et l'érudition.

CHAPITRE II

ÉTAT POLITIQUE DE L'ITALIE EN 1739 ET 1740.

Parmi les circonstances heureuses qui ajoutèrent au plaisir du voyage entrepris par de Brosses et ses amis, il faut compter l'état politique de l'Italie à cette époque, la gloire et l'influence légitime que la France venait d'y acquérir par les armes et par la diplomatie.

Rien n'est moins indifférent au voyageur que la situation de sa patrie et les sentiments qu'elle inspire aux habitants des pays qu'il visite : ne fît-il que les traverser, sans s'y mêler à la société, sans même y former des relations passagères, il lui est impossible de ne pas sentir s'il est dans un milieu amical ou hostile, de ne pas éprouver, en quelque sorte, le contre-coup des prospérités ou des malheurs de son pays. On goûte plus vivement à l'étranger la joie et l'orgueil de ses triomphes; c'est là aussi qu'on ressent plus amèrement la douleur de ses désastres; il est déjà pénible, en visitant des nations amies, d'avoir à subir leur pitié; combien ne l'est-il pas de porter parmi celles qui se réjouissent de ces désastres ce que M. de Ségur appelle « l'insupportable poids d'un malheur haï »!

Heureusement pour de Brosses et sès compagnons de voyage, au moment où ils parcoururent l'Italie, le nom français y jouissait d'un grand prestige et d'une juste popularité. Le gouvernement du cardinal de Fleury venait de terminer une guerre qui n'avait pas été sans gloire : la maison de Bourbon avait acquis assez de puissance pour contrebalancer l'influence de la maison d'Autriche et assurer ainsi l'indépendance de la Péninsule, sans être devenue assez forte pour la menacer à son tour.

Les traités d'Utrecht, de Rastadt et de Bade, s'ils avaient rétabli l'équilibre général de l'Europe, avaient gravement compromis l'équilibre particulier de l'Italie.

En transférant le Milanais et le royaume de Naples, c'est-à-dire plus d'un tiers du territoire et de la population de la Péninsule, de la monarchie espagnole, affaiblie et épuisée, à la branche allemande de la maison d'Autriche, déjà puissante par l'étendue de ses domaines et la force de ses armées, et enrichie encore par l'acquisition des Pays-Bas catholiques, la diplomatie européenne avait rendu celle-ci toute puissante au-delà des Alpes. Le seul Etat qui parût capable de lui servir de contrepoids était le nouveau royaume formé par la réunion de la riche et fertile Sicile avec les pays où s'était le mieux conservé l'esprit militaire, la Savoie et le Piémont; mais cet État lui-même ne pouvait tenir tète à l'Empereur qu'avec l'appui de la France, et la France avait besoin d'un long repos avant d'être prête à lui fournir cet appui.

Les autres princes et les républiques étaient ou soumis à l'influence de la maison d'Autriche, ou incapables de lui résister. La maison d'Este, réduite aux duchés de Modène et de Reggio, était moins l'alliée que la vassale de l'Empereur, qui lui avait rendu en 1707 ses domaines enlevés par les Français en 1703, et auquel elle avait acheté en 1718 le duché de la Mirandole. La puissance impériale ne pouvait être tenue en échec ni par Venise, obligée d'abandonner aux Turcs ses conquêtes en Morée et dans l'Archipel, et menacée jusque dans ses possessions de la Dalmatie, ni par Gênes, déjà dépouillée de ses établissements dans la Méditerranée orientale et menacée de perdre encore la Corse, où elle ne maintint son pouvoir qu'avec l'aide des troupes autrichiennes. Le duché de Parme et le grand duché de Toscane, loin de compter parmi les puissances, n'étaient plus qu'une proie disputée d'avance entre l'Empereur, le Saint-Siége et les Bourbons d'Espagne, aux convoitises desquels les offrait l'extinction prochaine des Farnèse et des Médicis.

Le Saint-Siége essayait en vain de renouveler ses prétentions sur les anciens fiefs de l'Eglise, Parme, la Sicile et la Sardaigne, et ne pouvait même faire respecter la neutralité de son territoire par les armées qui envahissaient le royaume de Naples.

La branche allemande de la maison d'Autriche exerçait donc en Italie une domination plus absolue que n'avait fait la branche espagnole, étant à la fois plus puissante et plus voisine. Cependant, la torpeur où l'Italie été restée durant tout le XVIIe siècle avait été secouée par les grands événements dont elle fut le théâtre depuis le commencement de la guerre de la succession d'Espagne; le complet renouvellement de l'Europe occidentale aux traités d'Utrecht et de Rastadt ne s'était pas accompli sans ouvrir une nouvelle carrière à l'ambition des souverains et aux espérances des peuples.

Ce qui changeait surtout la situation, c'est qu'à l'étroite alliance des deux branches de la maison d'Autriche, toujours unies pour combattre l'influence française et les désirs d'indépendance des Etats secondaires, avait succédé l'antagonisme entre les Hapsbourg, investis de la domination sur la Péninsule, et les Bourbons nouvellement installés sur le trône d'Espagne; ceux-ci ne pouvaient manquer de vouloir reconstituer à leur profit la monarchie de Philippe II, et de compter sur l'aide de la France pour rendre la lutte plus égale.

Si les Bourbons d'Espagne ne furent pas soutenus par la France dans leur première entreprise sur l'Italie, la faute n'en fut pas seulement à la faiblesse du régent et à la vénalité de Dubois.

Sans chercher à excuser l'empressement avec lequel

ceux-ci se mirent aux ordres de l'Angleterre pour détruire la marine renaissante de l'Espagne, il faut reconnaître combien il eût été téméraire de braver la coalition des puissances signataires des traités d'Utrecht, et combien était prématurée l'aggression tentée par Philippe V contre les possessions autrichiennes en Italie. C'est à tort, suivant un historien de notre temps (1), qu'on rend généralement responsable de cette imprudence le cardinal Alberoni : bien que son esprit aventureux ne sût guère proportionner ses desseins à ses ressources, bien qu'il songeât plutôt à l'indépendance de l'Italie qu'à la grandeur de l'Espagne, il comprenait cependant la nécessité d'attendre que les réformes commencées par lui eussent porté leurs fruits. Il fut entraîné malgré lui à cette précipitation funeste par la volonté de Philippe V et surtout par celle d'Elisabeth qui, impatiente de recueillir pour ses fils la succession des Farnèse et des Médicis, et de s'assurer un refuge contre la triste condition imposée par l'étiquette espagnole aux reines douairières, ne sut pas attendre l'occasion favorable. La destruction de la marine espagnole ajourna pour longtemps les espérances de l'Italie ; l'échange de la Sicile contre la Sardaigne diminua la puissance de la maison de Savoie, augmenta celle de l'Autriche et aggrava encore la situation faite à la Péninsule par les traités d'Utrecht et de Rastadt.

Le conflit entre les maisons de Bourbon et de Hapsbourg recommença à propos des successions de Parme et de Toscane. L'Empereur consentait à les laisser au second fils de Philippe V, à condition que les droits de suzeraineté de l'Empire seraient reconnus.

Don Carlos prêta hommage pour le duché de Parme, occupé déjà par les troupes autrichiennes et, du consentement de l'Empereur, débarqua en Toscane, où il se fit reconnaître comme l'héritier présomptif de Jean-Gaston, en ajournant la question de suzeraineté de l'Empire sur le grand-duché.

C'est alors qu'une cause bien lointaine décida des destinées de l'Italie. Fleury, entraîné malgré lui à revendi-

(1) M. de Carné, Revue des Deux-Mondes des 1er et 15 juin 1858.

quer pour le beau-père de Louis XV la couronne de Pologne, ne pouvant ou n'osant attaquer en Pologne même la Russie et l'Autriche, se décida à opérer contre celle-ci une diversion en soulevant contre elle l'Italie, avec le concours de l'Espagne. Cette fois, le moment était bien choisi : la domination autrichienne était devenue tout-à-fait odieuse aux Napolitains et aux Siciliens. L'économie de Fleury avait rendu à la France une partie de ses forces ; l'Espagne n'était pas ce que disait Alberoni, « un » cadavre qu'il avait ranimé pour un moment et qui, après » lui, s'était recouché dans sa tombe » ; la meilleure partie de ses projets avait été reprise par José Patino, et l'Espagne pouvait sans témérité affronter en Italie la puissance impériale ; enfin le roi de Sardaigne avait un intérêt assez manifeste à se dédommager aux dépens de l'Autriche de l'échange désavantageux qu'elle lui avait imposé en 1720, pour que la France et l'Espagne crussent pouvoir compter sur sa fidélité.

Un concours de circonstances aussi favorables avait accru les prétentions des Bourbons ; Chauvelin, ministre des affaires étrangères en France, concevait des projets plus vastes que ceux d'Alberoni et d'Elisabeth Farnèse ; il ne s'agissait plus seulement de réclamer deux petits États de l'Italie, en laissant la plus belle part aux Hapsbourg, mais d'extirper totalement la domination autrichienne. Le royaume des Deux-Siciles devait être donné à don Carlos, qui céderait Parme et la Toscane à son frère cadet don Philippe ; le Milanais serait le partage du roi de Sardaigne qui céderait la Savoie à la France. Cette combinaison avait été inspirée à Chauvelin moins par des intérêts dynastiques que par le désir d'assurer l'indépendance italienne, plus utile, selon lui, à la France, qu'un accroissement de territoire. Par son plan, non-seulement la Péninsule était soustraite à la domination de l'étranger, mais elle avait une garantie pour l'avenir dans la constitution de deux États trop faibles pour que l'un d'eux pût menacer la liberté des autres, assez puissants pour que leur union pût opposer un obstacle sérieux aux aggressions de l'Autriche ; de plus, séparés l'un de l'autre par tous les petits États, ils n'avaient guère de motifs de conflit. Les rois de Naples, malgré leur origine étrangère, n'en seraient pas moins des souverains nationaux et indépendants ; les rois de Sardaigne, devenus exclusivement Italiens, débarrassés de tout sujet de querelle avec la France, se trouveraient, par l'acquisition du Milanais, directement intéressés à défendre la Péninsule contre le retour de la domination autrichienne.

Ce plan, dont la simplicité égalait la grandeur, eût pu être complétement réalisé si Villars et Berwick, morts tous deux après une brillante campagne, avaient été dignement remplacés ; si leurs successeurs avaient su profiter des victoires de Parme et de Guastalla, dues à la bravoure des soldats ; si du moins les deux armées française et espagnole eussent agi de concert, et si l'aveugle ambition d'Elisabeth Farnèse, qui faillit encore une fois tout perdre, n'eût contraint le marquis de Montemar à méconnaître cette vérité déjà tant de fois démontrée par l'événement que la vallée du Pô est la clef de l'Italie et que celui qui en est le maître dispose de la Péninsule. D'heureuses circonstances empêchèrent les généraux des deux maisons de Bourbon de subir les conséquences de leurs fautes ; Coigny et de Broglie eurent le bonheur de trouver en face d'eux des troupes inférieures aux leurs, et Montemar d'entrer dans un pays où la domination autrichienne était détestée ; pendant que les Français s'emparaient du Milanais et du duché de Parme, les Espagnols voyaient s'ouvrir devant eux toutes les villes, depuis Naples, toujours la première à faire un accueil enthousiaste aux dynasties nouvelles, jusqu'à Gaëte, dernier refuge de celles qui s'en vont. La Sicile reçut don Carlos avec le même empressement qu'elle avait montré en 1717 aux troupes envoyées par Alberoni.

D'aussi rapides succès inquiétèrent le roi de Sardaigne qui craignit de voir les Bourbons devenir trop puissants en Italie ; déjà la cour d'Espagne réclamait pour don Carlos le Mantouan, distinct du Milanais, que la maison d'Autriche ne possédait pas avant 1708, et que les conventions entre les alliés avaient promis à la maison de Savoie. Charles-Emmanuel III refusa d'envoyer son artillerie au siége de Mantoue; les troupes autrichiennes se maintinrent dans cette forteresse et l'Empereur peut discuter les conditions de la paix au lieu de les subir et attendre la médiation des puissances signataires des traités d'Utrecht.

La Hollande et l'Angleterre intervinrent en effet, et proposèrent un projet de transaction bien différent du plan de Chauvelin : l'Empereur devait, il est vrai, céder les Deux-Siciles à l'infant don Carlos, Novare et Tortone au roi de Sardaigne ; en revanche, non-seulement il gardait le reste du Milanais, mais il acquérait Parme et la Toscane. C'était, comme le firent observer les alliés dans la déclaration du 20 juillet 1735, inspirée par Chauvelin, plutôt augmenter la puissance de l'Empereur en Italie que la diminuer, car si les duchés de Parme et de Plaisance n'avaient pas l'étendue et la population du royaume de Naples, en revanche ils formaient avec le Milanais un territoire presque continu. Mais Charles VI était décidé à tirer parti des fautes de ses adversaires; l'occasion d'expulser les Autrichiens de l'Italie, manquée par le mauvais vouloir du roi de Sardaigne, ne devait plus se retrouver. La guerre menaçait de gagner toute l'Europe; la Russie renouvelait une alliance avec l'Empereur; le Danemark et le Portugal se rapprochaient de l'Angleterre; la Porte Ottomane s'efforçait de faire la paix avec la Perse pour ramener ses armées sur le Danube et la Save; la Suède traitait avec la France. Heureusement l'Angleterre et la Hollande voulaient la paix. L'Empereur ouvrit des négociations directes avec la France, espérant trouver Fleury plus accommodant que ses alliés. L'empressement excessif avec lequel celui-ci répondit à des avances qui étaient une sorte de piége empêcha Chauvelin d'atteindre le véritable but de la guerre, l'indépendance de l'Italie. Inaugurant cette diplomatie secrète qui devait, pendant tout le régne de Louis XV, contribuer pour beaucoup à l'abaissement de la France en Europe, Fleury fit entendre à l'Empereur que, moyennant quelques satisfactions accordées au roi et à son beau-père, la maison d'Autriche pourrait obtenir des conditions favorables en Italie. Chauvelin voyant qu'il n'était plus temps de songer à l'affranchissement de la Péninsule, voulut du moins maintenir les intérêts et l'honneur de la France, et y réussit en stipulant l'échange du duché de Lorraine, qui devait être cédé à Stanislas et revenir à la France après sa mort, contre le grand-duché de Toscane donné à François-Etienne de Lorraine, futur gendre de Charles VI. Les préliminaires signés à Vienne le 3 octobrre 1735, entre l'Empereur et le roi de France, donnaient en outre le royaume des Deux-Siciles avec les Présides de Toscane à l'infant don Carlos; Tortone, Navare et les *Langhe* en Ligurie au roi de Sardaigne, et l'Empereur recevait en échange les duchés de Parme et de Plaisance.

Ainsi était abandonné en partie le plan de Chauvelin, par lequel l'Italie devait être entièrement soustraite à la domination étrangère. Mais si l'Empereur continuait à régner directement sur Milan, Mantoue, Parme et Plaisance, indirectement sur Florence et Livourne, du moins les Deux-Siciles, pour la première fois depuis la fin du XVe siècle, avaient enfin une dynastie nationale, que son origine étrangère n'empêcha pas d'être populaire dès les premiers jours de son règne.

Toutefois les modifications apportées aux projets primitifs avaient déçu des espérances et excité des mécontentements. Elisabeth Farnèse, obligée de se contenter d'un royaume pour l'un de ses fils, après avoir en outre espéré pour l'autre deux duchés, Charles Emmanuel, privé du Milanais par sa faute, pour n'avoir pas su se résigner au sacrifice du Mantouan, se montraient peu satisfaits, la première surtout, qui accusait Fleury et Chauvelin de trahison. Les Toscans avaient appris avec étonnement quel souverain leur donnait la diplomatie européenne. Bien que depuis longtemps les Médicis fussent complétement inféodés à la maison d'Autriche, cependant les souvenirs que rappelaient leur nom et le goût des arts resté héréditaire dans leur famille, avaient maintenu jusqu'à la fin leur popularité. Il fallut quelque temps avant que la dynastie nouvelle arrivât à la même popularité par des qualités semblables.

Ces mécomptes ne pouvaient être imputés à la France, et si l'Italie n'avait recouvré qu'une indépendance incomplète, la faute en était en grande partie au roi de Sardaigne et au gouvernement espagnol. Secondées plus loyalement par Charles Emmanuel et Montemar, les armées françaises auraient certainement chassé les impériaux au delà des Alpes, et Chauvelin, triomphant de la pusillanimité de Fleury, l'eût décidé à exiger davantage pour l'Italie. D'ailleurs les évènements postérieurs montrèrent, beaucoup mieux que ne pouvait le faire la situation de l'Italie à l'époque où de Brosses la visita, les heureux changements apportés par la guerre de 1733 et les traités de Vienne. Non-seulement la France défendit encore contre les impériaux, pendant la guerre de la succession d'Autriche, l'indépendance de la Péninsule, et lui donna une nouvelle garantie en détachant des domaines de Marie-Thérèse le duché de Parme, mais encore elle fit mieux : elle réveilla chez les Italiens l'esprit militaire et leur apprit à se défendre eux mêmes, comme le montra l'héroïque résistance de Gênes en 1747, enfin, à ce bienfait de l'indépendance nationale, acquis par les armes et la diplomatie de la France, l'influence de ses philosophes ajouta celui des réformes politiques ; les princes installés par Chauvelin prirent pour conseillers et pour ministres des disciples de Montesquieu et de Voltaire. De Brosses ne vit pas commencer ses réformes ; à l'époque de son voyage les nouveaux souverains ne faisaient que prendre possession de leurs Etats, où substituaient encore tous les abus que devaient extirper Firmian, Beccaria et Tanucci.

Bien qu'il ne se fût pas proposé de faire une étude spéciale du gouvernement, des lois et des mœurs politiques des pays qu'il visitait, et qu'il y séjournât trop peu de temps pour les bien connaître, cependant son esprit observateur ne pouvait manquer d'en noter au passage les traits principaux ; sa correspondance peint en termes piquants l'esprit mercantile des Génois, la distinction entre la grande et la petite noblesse, et la faible autorité du doge ; l'aristocratie vénitienne, que de Brosses observa de plus près et plus longtemps, s'y retrouve avec son esprit d'intrigue, un reste de l'ancienne sagesse transformée en artifices subtils et appliquée à la satisfaction d'ambitions mesquines, et la licence des mœurs érigée en moyen de gouvernement. A Florence, de Brosses nous montre l'impopularité de la nouvelle dynastie grand-ducale de Hapsbourg-Lorraine, et le prestige dont jouissaient là comme dans le reste de l'Italie la France et la maison de Bourbon; ces sentiments des Italiens eûssent puissamment aidé Chauvelin, s'il eût été dignement secondé, à renverser la domination autrichienne; peut-être même, après les traités de Vienne, eût-il pu reprendre et achever l'œuvre interrompue si la jalousie de Fleury ne l'eût condamnée à l'inaction.

« C'était une famille bien recommandable à mon sens, » écrit de Brosses (t. ii, p. 303), par son amour pour les » bonnes choses, que celle des Médicis. Rien ne fait mieux » son éloge que de voir combien, après avoir usurpé la » souveraineté sur un peuple libre, elle est parvenue à » s'en faire aimer et regretter. Réellement Florence a fait » une furieuse perte en la perdant. Les Toscans sont tel- » lement persuadés de cette vérité, qu'il n'y en a presque » point qui ne donnassent un tiers de leurs biens pour la » voir revivre, et un autre tiers pour n'avoir pas les Lor- » rains; je ne crois pas que rien égale le mépris qu'ils » ont pour eux, si ce n'est la haine que les gens de Mi- » lan portent aux Piémontais. Dans le temps de la der- » nière guerre, les Français étaient reçus à bras ouverts, » et les Piémontais exclus de partout.

» De même à Florence, nous avons accès dans toutes » les maisons, et les Lorrains n'entrent nulle part; enfin » je me suis aperçu que les Florentins ne vivent que dans » l'espérance d'avoir le gendre du roi (l'infant don Phi- » lippe) pour grand-duc; et même ils s'étonnent fort que » le roi n'ait pas fait déjà ce cadeau à sa fille, sans trop » s'embarrasser du dédommagement qu'on pourrait don- » ner au duc de Lorraine, dont ils n'ont pas les intérêts » fort à cœur. Il est vrai que les Lorrains les ont mal- » traités, et qui, pis est, méprisés. M de Raigecourt de Lor- » raine, qui a tout pouvoir de la part de son maître, est

» homme d'esprit et a du talent, on en convient, mais on
» assure qu'il fait peu de cas des ménagements qui font
» goûter une domination nouvelle. On dirait que les Lor-
» rains ne regardent la Toscane que comme une terre de
» passage, où il faut prendre tout ce qu'on pourra sans
» se soucier de l'avenir. »

» Pour un pays qui a eu ses souverains propres, dis-
» tribuant aux nationaux les grâces et les dignités, et
» dépensant dans l'Etat même les revenus de l'Etat, il n'y
» a rien de si dur que de devenir province étrangère. Le
» goût dominant de la nation serait pour un prince de la
» branche d'Espagne. Ils ont vu don Carlos, arriver en
» qualité de successeur, répandre à pleines mains l'ar-
» gent du Pérou que lui fournissait Mme Farnèse, et ne
» rien demander à personne parce qu'alors il n'était pas
» en position de rien exiger. Ce premier début leur a
» fait quelque illusion; mais si don Carlos fût resté en
» Toscane, les sujets auraient payé à leur tour, comme
» de raison. Il vient de se répandre ici un bruit sans
» fondement, c'est qu'un gros corps de troupes fran-
» çaises marchait pour passer les Alpes. Là dessus le
» marquis *** m'a demandé tout haut ce qu'on m'écri-
» vait de France à ce sujet, et si ces troupes ne
» seraient pas destinées à assurer la succession des
» Médicis à l'infant don Philippe. Cependant un homme
» de beaucoup d'esprit me disait l'autre jour qu'il pré-
» férait encore les Lorrains aux Espagnols, parce que,
» dit-il, les premiers m'ôteront bien jusqu'à ma chemise,
» mais ils me laisseront ma peau, (c'est-à-dire ma liberté
» de penser) que m'arracheront les seconds en ne me
» laissant pas le reste. En général, continua-t-il, tout
» maître trouvera le secret de nous contenter, pourvu
» qu'il reste à Florence, qu'il protége les sciences et qu'il
» ait le goût des arts; car c'est un vice capital ici que
» d'en manquer. Le même homme me disait une autre fois
» qu'il avait été longtemps sans comprendre ce que vou-
» lait dire ce proverbe de la langue française : *Lorrain
» vilain*, mais qu'il en avait depuis peu une ample expli-
» cation. Cependant, ajouta-t-il, ils nous traitent nous

» mêmes de vilains, parce que nous ne sommes pas ici
» dans l'habitude d'avoir une table ouverte; mais je leur
» demande quel est celui qui est le plus vilain, de celui
» qui ne donne pas à manger ou de celui qui veut manger
» aux dépens d'autrui. »

A Naples il retrouva la même popularité acquise aux
Bourbons par l'empressement du peuple napolitain à bien
augurer de tout gouvernement nouveau, par sa haine
contre les Allemands, qui rendit facile la conquête des
Deux-Siciles, enfin par l'habileté avec laquelle don Carlos
sut flatter les sentiments nationaux : « A bon compte, Saint
» Janvier est le seigneur suzerain du pays; et le roi vient
» d'instituer en son honneur un ordre de chevalerie dont
» le cordon est cramoisi. Cette institution a plu au peuple
» et attache la noblesse à don Carlos chose dont a besoin
» tout nouveau conquérant. »

» A vrai dire, la conquête de ce royaume n'a pas coûté
» beaucoup de peine aux Espagnols. Le Montemar a acquis
» à bon marché sa réputation et son titre, puisque sa vic-
» toire de Bitonto ne fut autre chose que la rencontre de
» quelques troupes allemandes qui abandonnaient le royaume
» de Naples, selon l'ordre qu'elles en avaient reçu de l'Em-
» pereur; cependant cette victoire l'a fait regarder en
» France et en Europe comme un grand homme de guerre,
» tandis que je ne vois pas que ceux qui l'ont connu en
» Italie soient fort prévenus de son mérite. Entre nous,
» il passe ici pour un homme qui n'a pas grande tête. Ce
» royaume-ci sera toujours la proie du premier occupant,
» pour peu que l'attaquant ait l'avantage sur son adver-
» saire. » (T. I. p. 371.)

De Brosses juge sévèrement le gouvernement romain
et n'a pas saisi moins vivement que Dupaty le trait caractéristique du peuple romain, c'est-à-dire le goût de la
loterie et des gains aléatoires, aussi profond chez lui
que celui des spectacles (TOME II, page 6) : « Le gouver-
» nement est aussi mauvais qu'il soit possible de s'en
» figurer un à plaisir. Imaginez ce que c'est qu'un peuple
» dont le tiers est de prêtres, le tiers de gens qui ne tra-
» vaillent guère, et le tiers de gens qui ne font rien du

» tout ; où il n'y a ni agriculture, ni commerce, ni fa-
» brique, au milieu d'une campagne fertile et sur un
» fleuve navigable ; où le prince, toujours vieux, de peu
» de durée, et souvent incapable de rien faire par lui-
» même, est environné de parents qui n'ont d'autre idée
» que de faire promptement leur main, tandis qu'ils en
» ont le temps, et où, à chaque mutation, on voit arriver
» des voleurs frais, qui prennent la place de ceux qui
» n'avaient plus besoin de prendre ; où l'impunité est
» assurée à quiconque veut troubler la société, pourvu
» qu'il soit connu d'un grand ou voisin d'un asile ; où tout
» l'argent nécessaire pour les besoins de la vie ne se tire
» que des pays étrangers : contribution qui va toujours
» en diminuant ; où enfin est perpétuellement établi le
» *système* que nous avons eu en France, non pas à la
» vérité avec la même fureur. »

En revanche, il rend justice au gouvernement spirituel
du Saint-Siége, et réfute le reproche que lui adressaient
les jansénistes et les philosophes, de jeter volontaire
ment le trouble dans les États catholiques et surtout en
France par les querelles théologiques. (TOME II, page 149.)

« Rien n'est plus singulier que la façon dont on a parlé ici
» de notre jansénisme, soit d'État, soit de religion, et des
» sentiments tantôt hauts, tantôt bas, que nous avons sur
» le pouvoir du Pape. Il faut, puisque je suis sur ce cha-
» pitre, que je vous donne l'extrait d'une conversation
» que j'avais en dernier lieu avec un homme qui a infini-
» ment d'esprit et de connaissances : Vos Français, me
» disait-il, sont d'étranges gens. Nulle nation catholique
» n'affecte plus de mépriser l'autorité du Pape, et nulle
» ne lui en attribue davantage, quand elle en a besoin.
» Si vous venez demander à la cour de Rome quelque
» ordonnance qu'elle n'aurait pas songé à rendre, on a
» beau vous faire des objections, vous portez sur le pinacle
» le pouvoir du Vicaire de Jésus-Christ. Il faut vous expé-
» dier tout de suite ; rien n'est plus simple. Qu'est-ce que
» le Pape ne peut point ? C'est la *furia francese.*

» Et puis, quand l'ordonnance est rendue, vous la portez
» à vos Parlements qui nous font mille avanies. Cependant,

» quand l'éclat est fait, nous sommes, en quelque façon,
» engagés d'honneur à soutenir ce que nous avons fait ;
» ne serait-ce pas à vous à savoir si ce que vous demandez
» est conforme ou non aux lois de votre État ? Mais, en
» même temps que vous refusez dans votre pays d'avoir
» la moindre déférence pour ce qui nous émane de l'auto-
» rité papale en matière spirituelle, il semble que vous
» vouliez en attribuer une sans bornes sur ce même point
» soit à votre roi, soit à votre clergé. Celui-ci vient nous
» demander des condamnations contre des choses sur les-
» quelles nous eussions gardé le silence ; et, quand nous
» les avons données, vous vous en prenez à nous, vous
» nous accusez d'être les auteurs de vos dissensions dont
» vous-mêmes êtes seuls la cause. Vous avez tort ; faites
» qu'on ne demande point ces choses, si vous n'êtes point
» d'accord entre vous qu'elles soient bonnes ; ou, après
» qu'elles sont données, si vous ne les approuvez pas, faites
» qu'on ne les publie point. Imitez les Allemands, qui gar-
» dent le silence sur ce que nous leur envoyons, quand il
» n'est pas de leur goût. Je puis vous citer pour exemple
» la légende de Grégoire VII. Le feu pape Benoît XIII était
» un bonhomme fort pieux, fort faible et fort sot ; il n'avait
» pas de plus grand amusement au monde que de faire des
» saints. On lui proposa Grégoire VII qu'il adopta tout
» aussitôt. Il fallut faire un office au nouveau saint dans le
» bréviaire.

» Il y avait deux légendes déjà faites anciennement à
» l'usage de ceux qu'on béatifiait ; on donna, sans plus
» d'examen, la préférence à celle des Bénédictins parce
» que, Grégoire ayant été bénédictin, on les crut mieux
» instruits de ses gestes et faits. Malheureusement c'est
» celle où se sont trouvées les choses choquantes que
» vous savez sur le pouvoir des rois. Le nouvel office
» fut envoyé dans toute l'étendue des pays catholiques.
» L'Empereur, que la chose regardait plus personnellement
» que nul autre, ayant été informé de ce qu'il contenait, en-
» voya défense à tous les évêques d'Allemagne d'en per-
» mettre la récitation ; ce qui fut exécuté sans que per-
» sonne en fît désormais la moindre mention. L'on ignora

» ou l'on fit semblant d'ignorer à Rome l'ordre donné par
» l'Empereur.

» En France le Parlement fit un éclat ; cet éclat attira
» quelques nouveaux mouvements de la part de la cour
» de Rome, qui, en effet, ne peut pas trop rester dans
» l'inaction quand elle voit condamner les choses éma-
» nées d'elle par le tribunal le plus considérable d'un
» royaume.

» Détachez-vous de croire que vos prélats, ni vos jésuites
» soient nos émissaires, ni que nous leur sachions grand
» gré quand ils font certaines démarches qui paraissent fa-
» vorables à notre cour ; encore moins que le cardinalat
» soit là tout prêt pour les récompenser. Ce n'est pas qu'ils
» n'agissent peut-être bien dans cette vue, aussi bien que
» par le penchant naturel qu'on a pour augmenter l'auto-
» rité de son corps : c'est l'esprit naturel de chaque Etat ;
» mais s'ils viennent nous demander la récompense de ces
» prétendus services, nous savons fort bien leur répondre :
» Qui vous en avait priés ? Je dirais au contraire que c'est
» plutôt la faveur de votre cour qu'ils semblent capter par
» ces démarches. N'est-ce pas sur la nomination de
» Louis XIV que vos cardinaux de Rohan et de Bissy ont
» obtenu cette dignité ? Quant aux autres cardinaux fran-
» çais, il n'y en a point qui ne soient de la nomination
» de quelque couronne ; et, sans le roi d'Angleterre, il n'y
» a pas d'apparence que le concile d'Embrun eût servi de
» beaucoup à celui qui vient d'être nommé. Concluez de
» là que les brûlots dont vous vous plaignez ne sont point
» d'une manière particulière sous la protection de la cour
» de Rome, et que, si on voulait punir sévèrement chez
» vous un de ces esprits remuants pour s'être donné des
» libertés, selon vous préjudiciables à l'Etat, on n'y trou-
» verait nulle opposition de la part de la cour de Rome. »

Il n'est pas jusqu'à l'Etat politique de l'Angleterre que
de Brosses n'ait jugé fort sainement, à propos d'une
visite faite au prétendant Jacques III (TOME II. page 97) :

« Il n'est pas possible de renoncer à l'espérance de
» recouvrer la couronne dans un pays si sujet aux révo-
» lutions, et parmi une nation autant et plus vénale

« qu'aucune autre de l'Europe, malgré la fierté républi
» caine dont elle se pique. Que cette espérance soit bien
» fondée, c'est autre chose : j'ai toujours ouï dire à ceux
» qui connaissent l'intérieur de l'Angleterre, que le parti
» des jacobites n'y était qu'un vain épouvantail et que
» tout projet fondé sur ce parti s'en irait en fumée.
» L'esprit de la nation est de haïr le roi qu'elle a, quel
» qu'il soit ; cela est fort différent d'aimer les Stuarts.
» Ceux qui sont dans le parti de l'opposition, c'est-à-dire
» tous ceux qui veulent se faire acheter par la cour, sont
» bien aises qu'il subsiste une faction en faveur de la
» maison détrônée, mais faible et telle qu'elle puisse seule-
» ment servir à leurs fins dans quelque occasion, sans
» être en état d'aller plus loin. C'est à cause de cela que tant
» de gens appuient en secret cette faction, moins pour la
» soutenir que pour l'empêcher de tomber, et qu'ils seraient
» fâchés, si la maison des Stuarts venait à s'éteindre, de
» n'avoir plus à la montrer de loin au roi régnant. On as-
» sure qu'il y a un peu plus de bonne foi parmi les partisans
» du roi Jacques en Ecosse et que l'Irlande lui est fort dé-
» vouée dans le fond, mais les Irlandais sont sans pouvoir
» et les esclaves du reste de la nation. » Les événements
de 1745 et 1746 devaient montrer combien étaient exacts
les renseignements fournis à de Brosses sur l'état de l'opinion dans les trois royaumes.

Enfin de Brosses nous donne un récit détaillé du conclave qui se tint à la mort du pape Clément XII et où
fut élu le cardinal Lambertini, dont il avait prédit l'élection.

Si le ton du récit n'a pas toujours la gravité qui conviendrait au sujet, en revanche, on ne saurait imaginer un
tableau plus vivant des intrigues des partis, des ressorts
qu'ils font mouvoir, des scrutins par lesquels ils essaient
leurs forces, des manœuvres qui ruinèrent les candidatures
des cardinaux Porzia et Aldovrandi, jusqu'à ce que la savante tactique du terrible camerlingue le cardinal Albani, qui
déploya dans ce conclave les plus grands talents diploma-
ques, eut rallié politiques et *zelanti* à la candidature de
l'archevêque de Bologne, qui fut du reste, sous le nom

de Benoît XIV, le pape le plus éclairé de son siècle. Là encore l'influence de la France se fit sentir, par le prestige de ses armes, par l'alliance du parti espagnol et par l'habileté et l'énergie du cardinal de Tennci : « dur, écrit » de Brosses (t. II, p. 404), haineux et vindicatif par tem- » pérament, grave et politique par état, souple et ambi- » tieux à la cour de France, fier et hautain à celle de » Rome ; représentant bien et tenant un plus grand état » que nul autre, très-redouté, très-considéré, très-accrédité. » On a ici une opinion de sa capacité au moins égale « à tout ce qu'il en peut avoir.

» Joignez à cela que le nom du roi de France est tout » puissant en Italie depuis la dernière guerre : par cette » raison et par le pouvoir qu'a le génie français sur la » faction d'Espagne très-puissante en nombre, on est per- » suadé que ce sera le cardinal de Tencin qui fera le » Pape, et cela doit être. Son métier au prochain con- » clave est de faire tète au camerlingue (le cardinal An- » nibal Albani, neveu de Clément XI, chef du parti des » *zelan'i* et ennemi de la France) de mener le Corsini (neveu de Clément XII, influent par le nombre des cardinaux de la nomination de son oncle), et de se conserver étroitement uni avec Aquaviva (archevêque de Monreale, protecteur d'Espagne et de Naples, et chef du parti espagnol dans le conclave). TOME II, p. 422. « C'est » un sentiment presque généralement répandu que Tencin » porte le Saint-Esprit dans sa poche et qu'il décidera » seul de l'élection. En conversant avec lui durant la » procession nous entendions, non sans plaisir, les as » sistants raisonner sur ce ton. J'en ai vu plus d'un le » montrer au doigt en disant : « *Sarà questo che farà il* « *Papa.* »

L'influence française se maintint en Italie pendant quelques années, tant que la politique de Fleury fut suivie par ses successeurs ; le vieux cardinal n'avait pas compris les grands desseins de Chauvelin, mais du moins il sentait la nécessité de contrebalancer dans la Péninsule la domination autrichienne avec l'alliance de l'Espagne. La guerre de la succession d'Autriche était conforme à cette politique : les armes françaises obtinrent en Lombardie des succès au moins égaux à ceux qu'elles obtenaient dans les Pays-Bas.

La victoire de Bassignano est comparable par les talents des généraux, la bravoure des troupes et l'importance des résultats obtenus à celle de Fontenoy ; il ne lui manqua, pour devenir aussi populaire en France, que la présence du roi et les flatteries de Voltaire. En punissant sévèrement le roi de Sardaigne de sa défection, elle montra que la France et l'Espagne réunies n'avaient pas besoin de son alliance pour disputer victorieusement à l'Autriche la domination de l'Italie. Une nouvelle couronne, celle de Parme, fut acquise à la maison de Bourbon par le traité d'Aix-la-Chapelle. Plus tard, lors de la guerre de sept ans, le prestige de la France fut singulièrement diminué au-delà des Alpes moins par ses défaites que par le renversement de sa politique traditionnelle et son alliance contre nature avec l'Autriche. Il fut rétabli lorsque Choiseul, en signant le *pacte de famille*, revint aux traditions de Chauvelin, mais non tel que de Brosses l'avait vu après les résultats, incomplets cependant, obtenus par la France aux traités de Vienne.

Du moins le Président, resté en correspondance assidue avec les hommes les plus éminents de l'Italie, put voir se développer les conséquences les plus heureuses de l'intervention française, c'est-à-dire les réformes politiques des différents États, préparées par les armes et la diplomatie de la France et accomplies par l'influence de sa littérature et de sa philosophie.

CHAPITRE III

LES ARTS, LA LITTÉRATURE ET L'ÉRUDITION EN ITALIE VERS LE MILIEU DU XVIIIe SIÈCLE.

Le principal attrait du voyage d'Italie était, pour de Brosses et ses compagnons, le spectacle des innombrables chefs-d'œuvre qui remplissent la patrie des arts. Les mo-

numents de l'antiquité et de la Renaissance, les sculptures antiques et modernes, les tableaux de toutes les
écoles, tels sont les sujets qui tiennent la plus grande part
dans sa correspondance; il n'est aucune œuvre remarquable qui n'y soit mentionnée et, le plus souvent, dignement appréciée. De Brosses sentait vivement les beaux-
arts, dont l'amour avait été développé chez lui par la fré-
quentation de son ami le Gouz de Gerland : son jugement
était des plus éclairés et des plus sûrs, quand il n'était
pas égaré par deux préjugés communs à la plupart de
ses contemporains : une admiration excessive pour l'école
bolonaise et un dédain injuste pour le moyen-âge et les écoles
primitives. Mais l'Italie du XVIIIᵉ siècle n'offrait à son admiration que les œuvres du passé ; la peinture, la sculpture
et l'architecture y étaient en pleine décadence : non-seulement les écoles de Florence, de Parme, de Rome étaient épui-
sées depuis plus d'un siècle, mais celle des Carrache et du Ber-
nin, après avoir ranimé les arts par une seconde Renaissance,
d'une inspiration moins haute et moins pure que la première,
mais puissante et féconde encore, n'était plus représentée
par un seul artiste digne d'être nommé. Celle de Venise
seule y jetait encore un dernier éclat avec Tiepolo et
Canaletti, dont la réputation naissante n'attira guère l'attention de nos voyageurs dans une ville remplie des chefs-
d'œuvre de Titien, du Tintoret et de Paul Véronèse. Le
seul peintre contemporain mentionné par de Brosses est
Francesco Solimena, élève de Lanfranc et de Carlo Ma-
ratta, et il s'indigne avec raison de la facilité avec laquelle
ce médiocre représentant d'une école dégénérée était arrivé
à la réputation et à la fortune. Malheureusement de Brosses
ne trouvait guère à admirer davantage parmi ses compatriotes : l'Académie française était dirigée par Jean-François
Detroy, auquel il reproche avec raison son dessin mou et
incorrect, et moins justement son admiration pour Paul
Véronèse ; le moment n'était pas encore venu où l'école
française allait se régénérer par une étude plus approfondie de l'antiquité.

En revanche la musique italienne était dans son âge d'or ;
de Brosses et La Curne, passionnés tous deux pour cet

art, purent amplement satisfaire leur goût. La grande
école fondée à Naples par Scarlatti et dirigée après lui
par Porpora, Leo et Durante, avait déjà produit une pléiade
de chanteurs et de compositeurs dont la réputation rem-
plissait toute l'Europe ; Farinelli parmi les uns, Jomelli et
Vinci parmi les autres, étaient dans tout l'éclat de leur
talent. Pergolèse venait de mourir au moment où sa gloire
commençait à égaler son génie ; l'Allemand Hasse, *il Sas-
sone*, était venu se former à l'école de Porpora, et semblait justifier la préférence accordée par de Brosses et la
plupart de ses contemporains à la musique italienne ; la
même école s'illustra encore dans la seconde moitié du
siècle par la gloire de Sarti, de Sacchini et de Piccini, le
rival de Gluck. Mais, dès l'époque où de Brosses visita
l'Italie, d'autres grands musiciens commençaient à se faire
connaître ; Marcello avait donné ses premiers psaumes,
et Tartini, après les traverses de sa jeunesse aventureuse,
révélait les qualités de compositeur et d'exécutant, par
lesquelles il devint le fondateur d'une école nouvelle. De
Brosses, malgré sa légitime admiration pour son compatriote Rameau, regardait la musique française comme très-
inférieure à la musique italienne et attribuait cette infériorité à la différence des langues. D'abord on peut contester que la langue française soit moins musicale que
l'italienne, et Gluck la déclarait beaucoup plus propre au
récitatif dramatique qu'il porta à une si haute perfection ;
mais, en admettant cette infériorité de la langue française,
ne devrait-elle pas être considérée non comme la cause
de l'infériorité de notre musique, mais comme un effet
produit par la même cause, la différence entre le génie
et les aptitudes des Français et des Italiens ? Si réellement ceux-ci sont doués d'une oreille plus délicate, cet
avantage n'aura-t-il pas déterminé la manière plus harmo-
nieuse dont ils ont prononcé et transformé le latin, aussi
bien que la supériorité de leur musique ? Quant à la musique allemande, elle était alors complétement inconnue à
de Brosses comme à presque tous les Français et à tous
les Italiens, malgré la gloire déjà acquise en Angleterre
par Hœndel et en Allemagne par l'illustre chef de la dynastie des Bach.

La popularité acquise par la musique italienne au commencement du XVIIIe siècle exerça une grande influence sur la littérature : les deux poètes les plus célèbres de cette époque furent deux auteurs d'opéras, deux *librettistes*, Apostolo Zeno et Métastase. C'était par amour de la musique que de Brosses s'était mis à étudier et à traduire Métastase ; ce fut par un sentiment pareil que l'Italie le porta aux nues, lui et Apostolo Zeno, et que ses suffrages leur firent donner à tous deux par l'empereur Charles VI le titre de *poeta cesareo*.

L'exemple des philosophes français n'avait pas encore amené les écrivains italiens à aborder les grands sujets ; deux seulement devancèrent leur époque, Giannone, qui publia en 1723 son *Histoire civile du royaume de Naples*, et Vico, dont la *Scienza nuova* parut en 1725 ; le premier subit de cruelles persécutions dès que la protection de l'empereur Charles VI lui manqua ; le second fut méconnu de ses contemporains et n'eut de disciples que longtemps après sa mort.

La torpeur où l'Italie s'était endormie pendant tout le XVIIe siècle, sans autre mouvement intellectuel que les puériles discussions des Académies, avait rendu les esprits trop frivoles pour goûter une poésie plus virile : à peine Dante avait-il encore quelques lecteurs ; le Tasse était moins admiré pour sa Jérusalem délivrée que pour son *Aminta ;* le sentiment patriotique manquait à une littérature qui recherchait le patronage d'un souverain étranger.

Cependant le goût s'était épuré, et Métastase, bien supérieur aux fades rimeurs de sonnets et de pastorales du siècle précédent, n'est pas indigne de l'admiration que lui vouèrent ses contemporains ; en 1739 il avait déjà donné la pleine mesure de son génie, et produit ses principaux chefs-d'œuvre, entre autres l'*Olimpiade*, dont la musique est due à Pergolèse, et que toute l'Italie surnomma la *Divina*. Déjà aussi une inspiration plus mâle et plus fière s'était manifestée chez un homme que de Brosses compta parmi ses amis ; le marquis Scipion Maffei avait, en 1713, donné sa tragédie de Mérope justement admirée par Voltaire, et qui ne fut point égalée sur le théâtre italien jusqu'à l'apparition des premières œuvres d'Alfieri.

De Brosses eut l'occasion de voir à Sienne un curieux échantillon d'un genre de talent de tout temps fort goûté des Italiens, un poète improvisateur, le chevalier Perfetti; tout en appréciant le mérite de la difficulté vaincue, il jugea à leur véritable valeur ces frivoles productions sur lesquelles du reste l'auteur lui-même avait le bon goût de ne pas s'abuser : « Vous devez croire, écrit-il à M. de » Blancey (TOME I, page 38), qu'il y a là-dessous beau- » coup plus de mots que de choses. Il est impossible que » la construction ne soit souvent estropiée et le remplis- » sage composé d'un pompeux galimathias ; aussi le che- » valier Perfetti n'a-t-il jamais rien voulu écrire et les » pièces qu'on lui a volées tandis qu'il récitait n'ont pu » tenir à la lecture ce qu'elles promettaient à la déclamation. »

Il y avait, dès le commencement du XVIIIe siècle, entre la littérature française et la littérature italienne, un trait de ressemblance qui devait particulièrement plaire à de Brosses; c'était la faveur dont jouissaient auprès des écrivains et des beaux esprits les sciences mathémati- ques et naturelles, et aussi les sciences que fournissent à l'histoire ses matériaux, l'archéologie et l'érudition. Non-seulement l'Italie comptait alors des savants d'un grand mérite, comme les astronomes Buscovitch, Poleni et Zanotti, le mathématicien Galiani, oncle du célèbre auteur des *Dialogues sur le commerce des blés*, l'économiste Genovesi, mais elle eut son Fontenelle dans le Vénitien François Algarotti, qui se fit une réputation européenne par ses vastes connaissances, ses pastorales et ses ou- vrages destinés à vulgariser les sciences, dont le plus célèbre est son *Newtonianismo per le dame* publié en 1752; il partagea avec les plus illustres des philosophes fran- çais la faveur des souverains italiens et étrangers, de Frédéric II, du roi de Pologne Auguste III, du pape Benoît XIV, du roi de Sardaigne et du duc de Parme.

La même variété de connaissances se retrouve dans

l'auteur de Mérope, le marquis François Scipion Mafféi :
après avoir porté les armes au service de l'électeur de
Bavière, allié de la France, dans la funeste campagne de
1704, il entreprit d'écrire l'histoire de Vérone, sa patrie,
et, par l'étude des antiquités de sa ville natale, arriva
à produire de remarquables travaux d'archéologie. Sa
Mérope et son *Histoire de Vérone* le firent connaître du
public : il acquit l'estime des savants par son *Istoria
diplomatica*, publiée à Mantoue en 1727, à la suite de
laquelle se trouvait une dissertation sur le même sujet
que Fréret, à la même époque, éclairait par sa critique
sagace et érudite, l'origine des populations primitives de
l'Italie. Il donna ensuite son traité « *degli anfiteatri e sin-
golarmente del Veronese* publié en 1728, et son ouvrage capital, *Verona illustrata* qui parut en 1731 et 1732 et qu'il com-
pléta en 1749 par le recueil d'inscriptions antiques intitulé : *Musœum veronense*. Il visita la France, l'Angleterre
et la Hollande et revint en Italie joignant à son titre de
doyen de l'Académie de la *Crusca* ceux de membre des
Académies royales de Londres et de Berlin et d'associé
étranger de l'Académie des Inscriptions. Il avait formé
un cabinet de médailles auquel de Brosses emprunta plus
d'une pièce curieuse pour illustrer son Salluste.

Apostolo Zeno, comme Scipion Maffei, fut à la fois poète
et érudit ; au titre de *poeta cesareo,* il joignit celui d'his-
toriographe de l'Empereur Charles VI, mérité par ses travaux historiques, ses *dissertazioni Vossiane,* et sa critique
éclairée et impartiale ; enfin son principal mérite est d'avoir
compris la nécessité de remonter aux sources de l'histoire
et conçu l'idée d'une collection des chroniqueurs italiens :
précurseur de Métastase, il eut encore la gloire d'être celui
de Muratori.

Les travaux de Louis-Antoine Muratori forment un des
monuments les plus prodigieux qu'ait élevés l'érudition ;
par l'immensité et la difficulté de sa tâche, par la critique
éclairée de l'auteur, ils ont mérité à celui-ci le premier
rang parmi ceux qui ont rendu aux sciences historiques
les plus éminents services. A l'époque où de Brosses le
vit, Muratori avait parcouru la plus grande partie de sa

laborieuse carrière, et la publication de ses principaux ouvrages lui avait conquis la légitime admiration du monde savant. Il avait été, à l'âge de 22 ans, nommé conservateur de la bibliothèque Ambrosienne à Milan, où l'avait appelé le comte Charles Borromeo, et les espérances que donnait son érudition précoce furent dépassées par ses premiers travaux, la publication d'un grand nombre de manuscrits inédits de la célèbre bibliothèque.

Le duc de Modène le réclama, et en 1700 il vint occuper les fonctions de conservateur de la bibliothèque ducale, qu'il conserva jusqu'à sa mort, pendant 50 ans, et qui lui permirent de poursuivre sans relâche l'accomplissement de son œuvre gigantesque. En 1717 il paya sa dette de reconnaissance à son souverain en publiant les *Antichità Estensi*, c'est-à-dire les lettres de noblesse de la maison ducale de Modène. Ce sont en quelque sorte celles de l'Italie elle-même qu'il se proposa de retrouver quand il entreprit, à l'exemple d'Apostolo Zeno, de recueillir les œuvres des chroniqueurs et des historiens italiens du moyen-âge.

L'entreprise paraissait étrange à la plupart de ses contemporains, qui, ne voyant dans le moyen-âge que chaos et barbarie, trouvaient l'utilité d'une telle œuvre bien peu en rapport avec sa difficulté. Dans sa préface, Muratori s'excuse presque de l'entreprendre, en alléguant l'exemple des savants étrangers qui ont doté leur pays de collections semblables, et en plaidant la cause d'une époque mal connue, qui fut barbare, mais qui ne le fut pas plus que certains siècles de l'antiquité classique, regardés cependant par les érudits comme dignes d'un grand intérêt, et qui offre de grands exemples de piété et de toutes les vertus. Il explique le but de son œuvre en disant pourquoi il s'est borné aux écrivains postérieurs à l'an 500 et antérieurs à l'an 1500, laissant de côté ceux qui ont précédé le VIe siècle comme appartenant à la littérature classique, et trop répandus pour avoir besoin d'une édition nouvelle, et ceux qui ont suivi la fin du XVe siècle, comme trop nombreux; il s'agissait de renouveler l'histoire en lui ouvrant des sources nouvelles, ou plutôt l'histoire du moyen-âge italien n'était pas à renouveler, elle était à créer.

C'était une assez étrange anomalie qu'il n'existât encore aucun recueil complet des sources de l'histoire d'Italie, du pays qui avait devancé tous les autres dans les travaux d'érudition, tandis que. d'autres en étaient déjà pourvus depuis longtemps, qui n'étaient sortis de l'ignorance que bien après elle. Un grand nombre de collections semblables sont mentionnées dans la préface de Muratori et dans celle de son collaborateur Philippe Argellati. Le pays le mieux partagé, et de beaucoup, était la France ; elle possédait les *Formules de Marculfe*, publiées en 1613 par Jérôme Bignon ; les documents édités en 1629 par le jésuite Jacques Sirmond, les œuvres d'Ennodius, les chroniques d'Idace et de Marcelin, Anastase le biblothécaire, Théodoret, l'*Histoire de Reims* par Flodoard, et les *Concilia antiquœ Galliœ* ; les *Historiœ Normannorum scriptores antiqui* publiés par André Duchesne en 1619, et les *Historiœ Francorum scriptores*, commencés par lui et achevés par son fils François Duchesne de 1636 à 1649 ; le recueil publié de 1653 à 1677 par le bénédictin dom Jean-Luc d'Achéry et intitulé : *Veterum aliquot scriptorum qui in Galliœ bibliothecis, maxime Benedictinorum, latuerunt, spicilegium* ; le *Grégoire de Tours* et le *Frédégaire* édités par dom Ruinart en 1699 ; les *Regum Francorum capitularia* recueillis par Etienne Baluze et publiés en 1677 ; les *Monuments de la monarchie française*, vaste ouvrage alors commencé par le bénédictin Bernard de Montfaucon, mais qui ne parut qu'après celui de Muratori en 1729.

A ces travaux mentionnés par l'érudit Italien, des savants français ses contemporains en ajoutaient d'autres destinés à les compléter : l'oratorien Jacques Lelong publiait en 1719 sa *Bibliothèque historique de la France*, à laquelle un volume fut ajouté beaucoup plus tard, en 1768, par Febvret de Fontette, parent et ami du président de Brosses ; le P. Lelong rassemblait aussi les matériaux que mit en œuvre dom Bouquet lorsqu'il commença en 1738 la publication des *Rerum gallicarum et francicarum scriptores*. Eusèbe

Jacob de Laurière commençait en 1723 son recueil des *Ordonnances des rois de France de la troisième race* continué en 1728 par Denis-François Secousse, que le chancelier Daguesseau désigna pour cette tâche laborieuse, et plus tard par Bréquigny.

Après la France, c'étaient l'Allemagne et les Etats du Nord qui comptaient le plus de collections de ce genre : Dès 1580 Reineck publiait la *Chronique des margraves de Brandebourg,* et en 1594, *Annalium de gestis Caroli magni imperatoris libri V, opus auctoris incerti;* en 1582, Jean Pistorius commençait le recueil intitulé : *Rerum germanicarum scriptores,* terminé en 1607, et un autre : *Rerum polonicarum scriptores ;* en 1595, Erpold Lindenbrog donnait les *Scriptores rerum germanicarum septentrionales ;* de 1600 à 1611 paraissaient les *Germanicarum rerum scriptores,* *Rerum Moscovitarum scriptores et Rerum Bohemicarum scriptores,* recueillis par Marquard Freher; de 1605 à 1613, le suisse Melchior Goldast de Heiminsfeld éditait successivement *Scriptores aliquot rerum Suevicarum, Alamannicarum rerum scriptores, Constitutionum imperialium collectio,* enfin une œuvre que l'érudition française n'aurait pas dû laisser à un étranger, une collection de chroniques relatives à Jeanne d'Arc sous le titre *Sibylla francica, seu de admirabili puellâ Johannâ scriptores aliquot.* En 1688, Henri Meibom donnait un nouveau recueil des *Scriptores rerum germanicarum.* Enfin le grand Leibnitz, au milieu de ses recherches sur les problèmes les plus ardus de la philosophie et des mathématiques, n'avait pas regardé comme une occupation indigne de son vaste génie de rassembler les œuvres d'obscurs chroniqueurs, et avait commencé en 1707 la publication des *Scriptores rerum Brunsvicensium.*

L'Angleterre avait sa part de ces richesses : outre de belles éitions de Bède le Vénérable et de Mathieu Paris, elle pouvait citer le recueil publié dès 1596 par Henry Savile : *Rerum anglicarum scriptores post Bedam prœcipui;* les *Anglica, Normannica, Cambrica, a veteribus scripta,* édités par William Camden en 1603 et les deux collections de Thomas Gale publiées, la première en 1687, *Historiœ an-*

glicanæ scriptores quinque, la seconde en 1691, *Historiæ Bri-
tannicæ Saxonicæ, Anglicæ, Danicæ scriptores qnindecim.*

L'Espagne, beaucoup moins bien pourvue, ne possédait
qu'un seul recueil de ses antiquités nationales, et encore
était-ce l'œuvre d'un Flamand, le jésuite André Schott,
qui avait publié à Francfort, de 1603 à 1608, son *Hispania
illustrata, seu rerum urbiumque Hispaniæ Lusitaniæ Æthiopiæ
et Indiæ scriptores varii.*

Enfin l'histoire ecclésiastique comptait deux vastes collections, toutes deux justement célèbres : *la collection des
Conciles,* commencée par le jésuite français Philippe Labbe,
éditeur des historiens byzantins Olympiodore et Hesychius,
et continuée par son confrère Gabriel Cossart, qui la
publia en 1674, et les *Acta Sanctorum,* entrepris par le
jésuite Heribert Rosweyde, commencés par Jean Bolland,
en 1630, et continués sans relâche par les membres de
leur ordre à Anvers.

L'histoire d'Italie était donc à peu près la seule dont les
sources n'eussent point été recueillies ; quelques-unes seulement des chroniques qui s'y rattachent avaient été
publiées, et l'avaient été hors de l'Italie par des étrangers.
Pierre Pithou avait édité vers 1570 l'*Histoire Longobardorum*
et l'*Historia Miscella* de Paul Diacre, *la Chronique et l'Histoire
de Frédéric Barbrousse* d'Othon de Freisingen ; en 1610,
Frédéric Lindenbrog avait rassemblé sous le titre : *Diver-
sarum gentium historiæ antiquæ scriptores tres* les œuvres de
Jornandès, d'Isidore de Séville et de Paul Diacre.

Cependant, au moment même ou Muratori se mettait à
l'œuvre, un travail semblable était entrepris par le Saxon
Jean-Georges Grævius, professeur à l'Université d'Utrecht,
qui commença la collection des écrivains de l'histoire
d'Italie, continuée après lui par Pierre Burmann et éditée à
Leyde, de 1704 à 1723 par Van der Aa, sous ce titre : *Thesaurus antiquitatum et historiarum Italiæ.*

Muratori et Argellati craignirent un moment que leur collection ne fît double emploi avec celle de Grævius ; mais
s'étant mis en relation avec Burmann et Van der Aa, et
ayant pris connaissance de la liste des auteurs dont Græ-

vius et son continuateur avaient entrepris la publication,
ils purent se convaincre qu'un très-petit nombre de ceux-ci
se retrouveraient dans leur propre recueil, et que les deux
collections, loin de se nuire, se compléteraient utilement
l'une par l'autre.

Philippe Argellati, né et élevé dans la savante Bologne,
s'était préparé à collaborer au grand ouvrage de Muratori
en éditant les œuvres de Sigonius et de Mezzabarba. A
la difficulté de rassembler les matériaux et de les mettre
en œuvre, s'en joignait une autre : Il n'y avait en Italie
aucune imprimerie qui pût se charger d'une aussi vaste
publication, et Argellati, comme il le déclare lui-même
dans sa préface, voulait que son pays cessât d'être tributaire de l'étranger et que l'ouvrage de Muratori fût imprimé par des presses italiennes, avec un luxe typographique qui ne laissât rien à envier aux imprimeries françaises et allemandes. La ville de Milan, dont sa préface
renferme un éloge enthousiaste, lui parut fournir les
ressources les plus abondantes; les grandes familles de
l'aristocratie lombarde professaient le culte des lettres,
à l'exemple de celle des Borromée, dont le représentant
actuel avait été le premier protecteur de Muratori et l'a-
vait appelé aux fonctions de conservateur de la Bibliothèque ambrosienne, fondée par un de ses aïeux. Le
comte Charles Archinto, grand d'Espagne et chevalier de
la Toison d'or, créa la *Société Palatine*, à laquelle se joi-
gnirent beaucoup de grands seigneurs du Milanais et
des autres contrées de l'Italie. Muratori et Argellati se
mirent à l'œuvre au moment où la Lombardie servait de champ de bataille aux armées françaises et autrichiennes; quand les traités eurent soumis le Milanais à la domination impériale, Charles VI accorda sa
protection à la *Société Palatine* qui obtint aussi le patronage du comte Jérôme Colloredo et de l'archevêque de
Valence, Antoine Folch de Cardona. Pendant qu'Argellati
et la *Société Palatine* faisaient les préparatifs de l'impression, Muratori explora les bibliothèques de l'Italie, particulièrement l'Ambrosienne et celle du duc de Modène,
secondé surtout par Orazio Bianchi, Joseph-Antoine Sassi,

recteur du collége Ambrosien et conservateur de la bibliothèque Borromée, et son frère François-Jérôme Sassi, métropolitain du chapitre de Milan. En 1723, parut le premier volume de la collection sous le titre :

Rerum Italicarum scriptores ab anno œræ christianæ quingentesimo ad millesimum quingentesimum quorum potissima pars nunc primum in lucem prodit, ex Ambrosianæ, Estensis aliarumque insignium bibliothecarum codicibus, etc., avec une dédicace à l'Empereur Charles VI et deux préfaces, l'une de Philippe Argellati, racontant la formation de la Société Palatine, l'autre de Muratori, expliquant le but et le plan de son ouvrage.

Le premier volume contenait l'*Historia miscella,* de Paul Diacre, continué par Landulfe, l'*Histoire des Goths,* de Jernandès, et les *Guerres contre les Goths,* de Procope. Muratori continua cette publication jusqu'à sa mort, en 1750, et fit paraître successivement 27 volumes, renfermant, entre autres documents, les traductions des historiens arabes Aboulféda et Hazi Mustapha, les œuvres de l'évêque Luitprand, l'*Histoire ecclésiastique* d'Anastase le Bibliothécaire, les *Lettres du Pape Innocent III* et la *Collection des Conciles* de Baluze, la *Chronique et l'Histoire de Frédéric Barberousse,* d'Othon de Freisingen, la *Chronique* de Dino Compagni et l'*Histoire de Florence,* de Giovanni Villani.

Argellati et ses collègues de la société palatine purent se glorifier d'avoir utilement secondé Muratori dans son vaste labeur. L'exécution typographique est digne du mérite de l'ouvrage, les figures qui accompagnent le texte et surtout les *fac-simile* des manuscrits originaux sont des chefs-d'œuvre de la gravure, et la collection des *Rerum Italicorum scriptores* est une de ces œuvres d'art qui charment les bibliophiles, en même temps qu'un monument presque unique de l'érudition.

Un complément indispensable y fut ajouté par la publication des *Antiquitates Italiæ medii œvi,* recueil de chartres, diplômes, etc., qui sont en quelque sorte les pièces justificatives de la collection des historiens et jettent une vive lumière sur les siècles les plus obscurs du moyen-âge italien. L'impression de ce nouvel ouvrage fut menée de front par la société palatine avec celle du premier, et de 1738 à 1742 parurent, avec une dédicace au roi de Pologne Frédéric-Auguste III, les six volumes de ce prodigieux travail, dont il suffit de transcrire le titre pour en faire connaître la grandeur et l'utilité :

Antiquitates Italiæ medii ævi sive dissertationes de moribus, ritibus, religione, regimine, magistratibus, studiis litterarum, artibus, linguâ, militiâ, nummis, principibus, libertate, servitute, fœderibus, aliisque faciem et mores Italici populi referentibus post declinationem Romani imperii ad annum usque MD. Omnia illustrantur et confirmantur ingenti copiâ diplomatum et chartarum veterum, nunc primum ex archivis Italiæ depromptarum, additis etiam nummis, chronicis, aliisque monumentis nunquàm anteà editis.

A peine eut-il rassemblé les matériaux de l'histoire d'Italie qu'il entreprit de montrer par son exemple l'art de les mettre en œuvre : étendant même ses recherches aux époques antérieures et postérieures à celles qu'éclaircissaient les documents rassemblés par lui, il publia de 1744 à 1749 ses *Annali d'Italia d'all'era volgare all' anno* 1749, simple recueil de faits et de documents rangés par ordre chronologique; il n'eut point la prétention d'en faire une histoire véritable; ce n'est pas une histoire générale d'Italie, c'est la collection des histoires particulières de chacune des villes et des petites principautés italiennes : l'idée de l'unité italienne était trop étrangère aux préoccupations des politiques du XVIIIe siècle pour que les historiens songeâssent à en chercher les traces dans le passé.

Au milieu de ces immenses travaux, Muratori trouva encore le temps de continuer les recherches épigraphiques de Gruter et de Grævius et de publier un recueil d'inscriptions latines plus complet que tous les précédents. C'est dans le premier volume de cet ouvrage, publié en 1739 à Milan sous le titre : *Novus thesaurus inscriptionum veterum,* qu'il inséra les pages inédites d'un manuscrit de Salluste retrouvées dans la bibliothèque de M. de Chevannes à Dijon et déchiffrées par Joseph de Bimard, baron de la Bastie.

Chose étrange, et qui montre l'abaissement intellectuel dans lequel était tombée l'Italie pendant le XVIIe siècle et dont elle se relevait à grand-peine depuis le commencement du XVIIIe, Muratori fut en butte à une accusation d'hérésie dont ne purent le préserver ni l'austère simplicité de sa vie, ni la scrupuleuse exactitude de ses recherches, ni la parfaite sincérité de ses assertions, ni l'impartialité de ses jugements, ni même l'empressement avec lequel il avait reconnu ce qu'il devait aux travaux érudits des différents ordres religieux et particulièrement des Jésuites. Ceux-ci, dont il avait été l'élève, relevèrent dans ses ouvrages des passages qui infirmaient les droits temporels revendiqués par le Saint-Siège sur quelques villes et quelques territoires de l'Italie. Comme l'autorité spirituelle était respectée et qu'aucun dogme n'était attaqué, il fallut désigner par un nom nouveau une hérésie qui n'avait point d'antécédents et peu s'en fallut que le *muratorianisme* ne fût censuré par l'Eglise. Heureusement le pape Benoît XIV qui, avant d'occuper la chaire de saint Pierre avait cultivé les lettres et n'avait point cessé de les aimer, prit la défense de l'illustre érudit et empêcha un procès plus dangereux pour les juges que pour l'accusé.

De Brosses, au moment où il visita Milan, trouva les travaux de Muratori en cours d'exécution et put voir à l'œuvre la Société Palatine. Il admira l'ordre merveilleux dans lequel étaient rangés les manuscrits de la bibliothèque Ambrosienne, l'érudition du P. Georgi qui avait succédé à Muratori dans les fonctions de conservateur de cette bibliothèque et qu'il appelle « le Mabillon de notre siècle. »

Il visita la bibliothèque du comte Archinto et la trouva digne, par sa richesse et par son arrangement, du fondateur de la Société Palatine ; il noua des relations durables avec Argellati ; celui-ci l'accueillit comme un confrère en érudition et lui fit connaître une émule de Pic. de la Mirandole, Mᶦˡᵉ Agnesi, qui, à l'âge de neuf ans, parlait sept langues, à dix-neuf soutenait des thèses sur tous les sujets de mathématiques et de philosophie, et à trente-deux ans obtint du pape Benoît XIV l'autorisation de remplacer son père, professeur à l'Université de Bologne.

En passant par Modène à son retour de Rome, il vit Muratori lui-même, et le récit qu'il fait de sa visite laisse percer, sous le ton de raillerie qu'il affecte, une admiration sincère : « L'heure de notre dîner, écrit-il à M. de Blancey » (TOME II, page 465), faisant une lacune dans notre jour- » née, nous la donnâmes à la bibliothèque et à Muratori. » Nous trouvâmes ce bon vieillard, avec ses quatre che- » veux blancs et sa tête chauve, travaillant, malgré le » froid extrême, sans feu et nu-tête dans cette galerie « glaciale, au milieu d'un tas d'antiquités ou plutôt de » vieilleries italiennes ; car en vérité je ne puis me résoudre » à donner le nom d'antiquité à tout ce qui concerne ces » vilains siècles d'ignorance.

» Je n'imagine pas qu'hormis la théologie polémique, il » y ait rien d'aussi rebutant que cette étude. Il est heu- » reux que quelques gens veuillent s'y adonner et je loue » fort les Ducange et Muratori qui, se dévouant comme » Curtius, se sont précipités dans ce gouffre ; mais je » serais peu curieux de les imiter. Sainte-Palaye, au con- » traire, s'extasiait de voir ensemble tant de paperasses » du dixième siècle. Nous y fîmes diversion par quelques » inscriptions romaines ; car notre Muratori est un homme » à plusieurs mains. Il nous dit qu'il s'était habitué à tra- » vailler ainsi tous les jours de sa vie sans se soucier » des précautions qu'on prend contre le froid ou le chaud. » Il nous fit des plaintes amères de ce que *tutti i danari* » *si spendevano in soldatesca, che andava rovinando affatto le* » *lettere.*

» Enfin, après deux heures de conversation, où ne fut » pas oublié le chapitre de notre ami le président Bouhier, » dont le nom se trouve toujours naturellement dans la » bouche des gens de lettres de tous pays, nous nous » séparâmes du bonhomme fort contents de sa simpli- » cité et de sa vaste doctrine. »

Les réflexions qu'inspirent à de Brosses les paroles de
Muratori sont aussi justes que piquantes :

« Chemin faisant, nous faisions des réflexions sur cette
» fantaisie du duc de Modène, qui met le plus beau et le
» plus clair de son revenu à entretenir deux mille hom-
» mes qui ne lui servent, durant la paix, que de recrues
» pour les autres souverains, auxquels ils ne cessent de
» déserter, et qui, pendant les guerres, ne lui sont d'au-
» cun secours pour sa propre défense vis-à-vis des grosses
» armées qui se chamaillent en Lombardie. Mais que vou-
» lez-vous ? Tout marquis veut avoir des pages. Il faut
» cependant qu'à chaque guerre d'Italie il endure, faute
» de pouvoir faire mieux, que son Etat devienne la proie
» du premier venu. C'est ce que le feu duc éprouva assez
» durement dans la dernière guerre, de la part du maré-
» chal de Villars, qui lui fit dire de lui remettre les clefs
» de Modène. Le duc ne les refusait pas, mais il deman-
» dait seulement que, pour l'honneur et parce qu'il est
» feudataire de l'Empire, on fît approcher du canon ou
» au moins quelques troupes ; ce que le maréchal n'eut ja-
» mais la complaisance de faire. Ce fait m'a été rapporté par
» le gentilhomme même qui alla traiter avec le maréchal de
» Villars ; il était encore tout scandalisé de cette dureté.
» Voilà le grand inconvénient de ce petit Etat, le seul
» qui reste de cette espèce en Lombardie. Il a bien perdu
» de sa valeur depuis qu'il a pour voisins, non plus ses
» égaux comme ci-devant, mais des puissances telles que
» celles de Bourbon ou d'Autriche. Du reste, c'est une
» très-jolie souveraineté, qui vaut deux millions de rente,
» et n'est pas sujette à cette infinité de chapitres de dé-
» penses qui accablent les grands royaumes. J'ai fait sou-
» vent cette remarque, que les petits princes sont à pro-
» portion plus riches que les grands. L'appareil d'une grande
» monarchie, et surtout le militaire, épuise ceux-ci ; les
» autres, quand ils sont sages, n'ont de dépenses de luxe
» à faire qu'en bâtiments et en objets d'art : aussi se voient-
» ils en état d'acquérir des collections souvent de plus
» grande valeur que celles des rois, comme ont fait les
» Farnèse et les Médicis. Si le pape tirait de ses sujets

» autant qu'un autre souverain, et que ses finances fus-
» sent passablement administrées, ce serait, toute dépense
» défalquée, le plus riche potentat de l'Europe. »·

Au moment où de Brosses écrivait ces lignes il achevait son voyage et avait visité tous les Etats de l'Italie.
Il avait vu partout les princes encourager les arts et
la littérature, surtout l'érudition : outre les travaux de
Muratori, qui suffiraient pour illustrer son époque, d'au-
tres encore se poursuivaient ; il semblait qu'on vît re-
commencer le grand mouvement intellectuel de la fin du
XVe siècle. Pendant qu'à Modène le duc François III
continuait les traditions de la maison d'Este, et qu'à
Milan la société Palatine reprenait celles des Visconti, à
Florence la maison de Lorraine commençait à imiter les
Médicis par politique et devait plus tard les imiter par
goût ; la Cour de Rome semblait faire revivre celle de
Léon X avec moins d'éclat, mais avec plus de décence
et de gravité. Le sacré Collége comptait parmi ses membres des hommes dont de Brosses appuya l'érudition et
qui restèrent ses amis.

Le cardinal Prospero Lambertini était né, comme Argellati, à Bologne, *Bologna la dotta*. Il avait cultivé, non sans
succès, la poésie latine et la poésie italienne, et connaissait à fond le droit civil et le droit canonique ; il se lia
avec le P. Montfaucon, lors du voyage que celui-ci fit en
1698 pour visiter les bibliothèques de l'Italie, et publia
des ouvrages de théologie où il fit preuve d'une profonde
connaissance de l'histoire et de la philosophie. Elu par
le conclave auquel assista de Brosses en 1740 et devenu
pape sous le nom de Benoît XIV, il se distingua par sa
tolérance. La longueur de son règne qui dura dix-huit
ans fut un des plus grands bonheurs de l'Italie. Il resta
en bonne intelligence avec toutes les puissances. Il eût
terminé la querelle du jansénisme s'il eût trouvé dans le
clergé et dans les Parlements français le même esprit de
conciliation dont il était animé. Il fut pour les savants italiens
non-seulement un protecteur, mais un ami ; outre Muratori,
qu'il sauva d'une accusation d'hérésie, il combla de ses
faveurs le cardinal de Polignac, l'habile diplomate et l'élé-

gant auteur de l'*Anti-Lucrèce*, l'astronome Boscovitch et le naturaliste Galiani; il enrichit la bibliothèque du Vatican, en fit dresser le catalogue et rendit aux arts un service signalé en achevant un travail que de Brosses avait vu commencer, c'est-à-dire en faisant copier en mosaïque les tableaux de Saint-Pierre et placer les originaux au Musée du Vatican, à l'abri des causes de destruction auxquelles ils étaient exposés dans la basilique.

Son collègue le cardinal Domenico Passionei, tout en remplissant avec honneur les missions diplomatiques les plus délicates, en qualité de légat du Saint-Siége aux congrès d'Utrecht et de Bade, et de nonce en Suisse et à la Cour de Vienne, s'était fait un nom parmi les savants européens par ses travaux sur l'épigraphie. Nommé secrétaire des brefs par Clément XII, Il fut élevé par Benoît XIV aux fonctions de conservateur en chef de la bibliothèque du Vatican, et en dressa le catalogue. Son recueil d'inscription : *Iscrizioni antiche disposte per ordine di varie classi ed illustrate, con alcune annotazioni*, ne fut publié qu'après sa mort en 1763. Bien que très-attaché au parti allemand, et l'ayant montré en composant l'oraison funèbre du prince Eugène, il fit grand accueil à de Brosses, et lui plut par la brusque franchise de ses manières autant que par ses vastes connaissances et son amour des lettres.

Le cardinal Angelo Maria Querini avait été à bonne école pour se former aux recherches érudites, étant entré à l'âge de 18 ans dans l'ordre des Bénédictins, ayant voyagé en Allemagne et en Hollande, passé deux ans à l'abbaye de Saint-Germain-des-Prés et entretenu des relations avec Montfaucon et Magliabecchi. Il avait entrepris de continuer les annales de l'ordre de St-Benoît, de Mabillon, lorsque sa nomination à l'évêché de Brescia lui fournit l'occasion de recueillir les œuvres de ses prédécesseurs les évêques de Brescia au moyen âge, qu'il publia en 1738.

La république de Venise, dont il était sujet, lui fit donner l'archevêché de Corfou; il profita de son séjour dans cette île pour en étudier les antiquités, et, de retour en Italie, publia à Brescia, en 1738, *Primordia Corcyrœ ex antiquissimis monumentis illustrata*. Il fut aussi un des plus habiles orientalistes de son temps, et donna une édition grecque, latine et syriaque des œuvres de saint Ephrem, en collaboration avec Joseph-Simon Assemani, auteur de la *Bibliotheca orientalis*. En 1730, il devint conservateur de la bibliothèque du Vatican et l'enrichit en lui donnant ses livres et sa collection de médailles, une des plus belles de l'Europe. Aux titres d'associé des Académies de Bologne, de Vienne, de Berlin et de Saint-Pétersbourg il ajouta, en 1743, celui qui était le plus recherché des savants, et fut nommé associé étranger de l'Académie des Inscriptions et Belles-Lettres. Son mérite n'était pas, comme celui de ses collègues Lambertini et Passionei, rehaussé par la vivacité des manières et de la conversation, si l'on en croit de Brosses, qui le trouva « pieux et savant, » mais d'une science lourde. » (TOME II, page 400).

C'est à Rome que de Brosses fut retenu le plus longtemps par ses recherches qui le mirent en relation avec un grand nombre d'antiquaires et d'érudits. A la bibliothèque du Vatican, où il alla collationner les manuscrits de Salluste, il rencontra, outre le cardinal Querini, son collaborateur l'orientaliste Assemani et un autre sous-bibliothécaire, le Florentin Jean Bottari ; celui-ci, déjà célèbre pour avoir refondu le vocabulaire de l'Académie de la Crusca, et édité le Virgile du Vatican, travaillait alors à son Musée Capitolin qui parut de 1741 à 1750, et à son grand ouvrage sur les catacombes, intitulé : *Sculptures et peintures sacrées des cimetières* de Rome, pour lequel il utilisa la *Roma Sotterranea* d'Antonio Bosio, et les additions et corrections si utiles qu'y avait faites dans sa traduction latine l'oratorien Pietro Aringhi.

Le musée du Capitole, récemment enrichi de la collection du cardinal Alexandre Albani, avait pour conservateur l'abbé Marchesini et le marquis Alexandre Grégoire Capponi, qui mit en ordre et catalogua ces acquisitions nouvelles ; mais ce travail était à peine commencé au moment où de Brosses visita Rome, et peut-être, s'il eût pu le voir achevé, eût-il évité quelques-unes des erreurs qu'il commit dans l'iconographie de son Salluste.

Parmi les antiquaires qu'il vit à Rome, il vante beaucoup Borioni et sa curieuse collection de lampes, bronzes, camées, etc. Mais il apprécia peu un homme dont le nom est cependant plus connu aujourd'hui, Fràncesco Ficoroni; celui-ci s'était fait une certaine réputation par ses trois traités sur les bulles d'or, les jeux des Romains et les masques du théâtre; malgré son grand âge il exerçait le métier de démonstrateur d'antiquités, de *cicerone* à gages et la manière dont il s'en acquittait empêcha de Brosses de concevoir une grande estime pour sa science archéologique : « C'est le démonstrateur ordinaire » suivant la Cour, écrit-il à M. de Quintin (TOME II, page 103); » on lui donne un sequin par jour... On le dit habile anti- » quaire; en effet, il a publié quelques ouvrages passables » en ce genre; il se donne ici pour être membre de notre » Académie des Belles-Lettres. Jugez comme il s'adressait » bien pour prendre ce titre. Sainte-Palaye se contenta » de faire un peu la mine, et grâce à notre indulgente » réticence, il est demeuré en possession de son titre. » Tout ce qu'il m'a le mieux appris, c'est qu'il est très- » vieux et sourd comme un pot. Plût à Dieu qu'il fût éga- » lement muet! Ces sortes de gens, quand on les mène » avec soi, vous disent d'un même dactyle toute la » ratelée de ce qu'ils savent ou ne savent pas, » comme le moine qui montre le trésor de Saint-Denis, » sans s'embarrasser si l'on est curieux ou non de les » entendre, si l'on n'est pas plus pressé d'aller ailleurs » sans s'interrompre. Le bonhomme Ficoroni eut bientôt » lassé ma patience. »

Bien qu'il eût fait à Rome un séjour beaucoup plus long qu'à Florence, ce fut parmi les Florentins que de Brosses noua les relations les plus durables. La Toscane, qui avait toujours occupé le premier rang parmi les diverses contrées de l'Italie dans la littérature, possédait encore des hommes dignes de son glorieux passé.

Entre les archéologues et les érudits se distinguait d'abord

François - Antoine Gori, prêtre attaché au Baptistère de St.-Jean; il avait entrepris de doter l'épigraphie grecque d'un recueil semblable à ceux qu'avaient consacrés à l'épigraphie latine Gruter, Grævius et Muratori, et il publia de 1726 à 1744 son : *Corpus inscriptionum græcarum quæ in urbibus Etruriæ exstant.* Puis il éleva à sa ville natale un monument semblable à celui que Scipion Maffei avait élevé à la sienne et donna de 1737 à 1743 les neuf volumes de son *Musœum florentinum*, complété de 1737 à 1743 par le *Musée étrusque* et en 1755 par la *Toscane illustrée.* Malgré sa grande réputation et l'analogie de ses travaux avec ceux du président de Brosses, celui-ci n'en fait pas mention dans sa correspondance, et ne semble pas avoir établi de relations avec lui. Mais, jusqu'à la fin de sa vie, de Brosses resta en correspondance assidue avec le collaborateur de Gori, le savant abbé Niccolini, mathématicien, érudit et antiquaire qui, au moment même où de Brosses arrivait à Florence, reprenait la publication, interrompue pendant quelque temps, du *Musœum florentinum.*

A Pise, de Brosses se lia avec Gaspard Cerati, proviseur de l'Université. Celui-ci, presque compatriote de Muratori, était né à Parme et avait étudié au collége de Modène. Entré dans la studieuse congrégation de l'Oratoire, il s'y distingua par ses talents et devint précepteur de l'infant don Carlos, l'aîné des fils de Philippe V et d'Elisabeth Farnèse, qui fut successivement duc de Parme, roi des Deux-Siciles et roi d'Espagne. Le dernier grand-duc de la famille des Médicis, Jean Gaston, nomma Cerati proviseur de l'Université de Pise, qu'il dirigea jusqu'à sa mort en 1769. Ses fonctions ne l'empêchèrent pas de voyager en France, en Angleterre, en Hollande et en Allemagne; il resta en correspondance avec les savants de ces pays, rapporta en Italie et y propagea une des plus utiles découvertes du XVIIIᵉ siècle, l'inoculation.

Une des chaires de l'Université de Pise était occupée par Odoardo Corsini, compatriote de Muratori, qu'il refusa de remplacer dans les fonctions de bibliothécaire du duc de Modène.

Corsini, outre les antiquités grecques et romaines qu'il éclaircit en publiant à Florence de 1744 à 1761, ses *Fasti Attici,* en 1747 ses *Dissertationes IV agonisticæ,* en 1749 ses *Notæ Græcorum,* en 1751 sa *Series præfectorum Urbis,* étudia un sujet encore peu connu et dont le seul Vaillant s'était occupé, la numismatique des rois Arsacides, à propos de laquelle il engagea une discussion assez vive avec le jésuite autrichien Erasme Frœlich. Mais comme tous ces travaux sont postérieurs à l'époque où de Brosses visita Pise, celui-ci ne parle point de Corsini; en revanche il rendit visite au P. Grandi, qui passait en France pour le plus savant mathématicien de l'Italie, et sut apprécier le mérite du jeune Jean-Claude Fromond, encore inconnu, qui s'illustra plus tard par ses travaux sur la mécanique et sur la physiologie, science dans laquelle il devança les plus belles découvertes du célèbre naturaliste bernois Albert de Haller.

De Brosses resta trop peu de temps à Florence, où d'ailleurs il fut contrarié par le mauvais temps et la maladie, pour goûter le charme inexprimable de cette ville qui n'a ni la magnificence de Venise, ni la grandeur sévère de Rome, ni la gaieté bruyante de Naples, mais se distingue entre toutes par cette élégante simplicité particulière à la cité, qui fut toujours, depuis le milieu du moyen-âge, l'Athènes de l'Italie. Il apprécia le caractère affable et hospitalier des habitants, et ce goût des plaisirs de l'esprit plus vif et plus commun parmi eux que parmi tous les autres Italiens; les autres villes avaient déjà possédé et possédaient encore au XVIIIe siècle beaucoup de savants, d'artistes et d'écrivains; mais aucune ne pouvait et ne peut encore aujourd'hui se comparer à Florence pour la délicatese du goût et l'espèce de culte que rendent les Florentins à leurs monuments, aux œuvres et à la mémoire de leurs grands hommes. Aussi de Brosses, injuste envers Florence, rendit-il justice aux Florentins.

« La ville, écrit-il à M. de Neuilly (TOME I, page 308), ne » m'a pas plu en gros autant que d'autres. Il y a cepen-

» dant plus de curiosités d'un certain genre qu'on n'en
» trouve ailleurs et à coup sûr plus de gens d'esprit et
» de mérite. Nul autre peuple d'Italie n'égale les Floren-
» tins à cet égard, ce sont mêmes eux qui en fournissent
» les autres contrées... ».

» La littérature, la philosophie, les mathématiques et les
» arts sont encore aujourd'hui entièrement cultivés dans
» cette ville. Je l'ai trouvée remplie de gens de lettres,
» soit parmi les personnes de qualité, soit parmi les lit-
» térateurs de profession. Non-seulement ils sont fort au
» fait de l'état de la littérature dans leur propre pays,
» mais ils m'ont paru instruits de celle de France et
» d'Angleterre. Ils font surtout cas des gens dont les re-
» cherches ont pour but quelque utilité publique profitable
» à toute la nation, et j'ai vu que, parmi nos savants,
» ceux dont ils parlaient avec le plus d'estime étaient
» l'abbé de Saint-Pierre pour la morale et Réaumur pour
» la physique et les arts. Il faut avouer que les Florentins
» ont plus de facilité pour cultiver les lettres qu'aucun
» autre peuple de l'Italie ; ils sont aisés dans leurs for-
» tunes, ils ont du loisir ; ils n'ont ni militaire, ni intri-
» gue, ni affaires d'Etat. Toutes leurs occupations doivent
» donc se réduire au commerce ou à l'étude ; et à ce
» dernier égard, les habitants de Florence ne peuvent
» manquer de se ressentir de toutes les commodités
» qu'on y rassemblées pour eux pendant plusieurs siè-
» cles, principalement en monuments de l'antiquité, biblio-
» thèques et manuscrits. »

Les relations qu'il conserva avec ses amis de Florence
le maintinrent toujours dans cette bonne opinion qu'il
avait d'eux, lorsque, ayant rencontré à Naples un savant
physicien, l'abbé Entieri, il écrivait : « Si vous voyez
» quelque part un Italien qui ait de l'esprit et de la science,
» pariez que c'est un Florentin. Voilà ce que c'est que
» d'avoir eu des Médicis ! »

Cependant il ne faudrait pas croire qu'en dehors de la
Toscane on ne trouvât plus qu'ignorance et barbarie. Deux
villes surtout avaient conservé depuis le moyen-âge une

grande réputation de doctrine et possédaient des Universités justement célèbres, Padoue dans les Etats Vénitiens, et Bologne dans les Etats de l'Eglise.

A Padoue, de Brosses connut un des savants avec lesquels il lia les relations les plus intimes et les plus durables, le marquis Giovanni Poleni qui, nommé professeur d'astronomie à l'âge de 26 ans, occupait sa chaire depuis plus de vingt années et la garda jusqu'à sa mort, en 1761. A l'étude des mathématiques, Poleni avait joint celle de l'architecture et publié, en 1722, une édition du livre de Frontin : *de Aquœductibus urbis Romœ*, et, en 1735, des suppléments aux recueils de Gronovius et de Grævius; enfin, de Brosses le trouva occupé à des recherches sur Vitruve, dont il restitua le texte altéré par les architectes du XVIe siècle, et dont il publia, en 1739, un commentaire intitulé : *Exercitationes Vitruvianœ*. L'accueil affable que Poleni fit à de Brosses commença des relations que scellèrent des goûts communs : « On dit, écrit-il à M. de » Neuilly (TOME Ier, page 159), que, malgré le méchant état » où Padoue est réduite, les étrangers qui l'ont connue ne » la quittent qu'à regret. Cela ne peut manquer d'arriver, » si les habitants sont tous du genre du marquis Poleni, » professeur de mathématiques. Sur une simple indication » que nous avions de l'aller voir, il n'y a sorte d'honnêtetés » que nous n'ayons reçues de lui. C'est un homme fort » savant, et en même temps d'une extrême douceur. Il a » une bibliothèque complète de tout ce qui a été écrit en » mathématiques. Elle ne monte pas à moins de cinq mille » volumes, chose peu croyable de la part de gens qui ne » parlent guère. Le marquis Poleni donne maintenant une » édition de Vitruve d'un très-grand travail. Il a restitué » en mille endroits le texte qui a été, dit-on, fort » corrompu par le cordelier Joconde, architecte, auteur de » plusieurs des ponts de Paris » (l'architecte Fra Giocondo, que Louis XII fit venir en France et qui rebâtit le pont Notre-Dame, appartenait à l'ordre des Dominicains et non à celui des Franciscains). « C'est lui qui fit imprimer cet » auteur et qui changea le texte lorsqu'il ne le trouva » pas conforme à ses idées. Le marquis Poleni a rétabli

» le texte véritable sur les anciens manuscrits. On n'a
» encore que le premier volume imprimé ; et ce volume,
» dont il m'a fait présent, ne contient que des disser-
» tations préliminaires ; mais ce qui prouve mieux que
» c'est un galant homme, c'est son inclination pour la
» musique ; il m'a fait entendre M. Negri, un virtuosissime
» joueur d'orgues, dont j'ai été satisfait, et à mon retour
» à Padoue, il m'a promis de me procurer Tartini, célèbre
» violon, et un autre qui ne lui cède pas. »

A Bologne, de Brosses s'extasia devant les magnifiques
collections de l'Université, admira une rivale de Mlle Agnesi,
Mme Laura Bassi, docteur et professeur de philosophie, qui cependant ne lui parut pas égaler la jeune
Milanaise, et eut à se louer de l'accueil qu'il reçut des
savants de cette ville, surtout du chimiste Beccari et de
l'astronome François-Marie Zanotti, secrétaire de l'Institut
de Bologne ; celui-ci, grand partisan des doctrines de
Descartes et des découvertes de Newton, qu'il popularisa
en Italie, était, en outre, un écrivain élégant ; son frère,
Jean-Pierre Zanotti, son aîné de près de vingt ans, peintre
et poéte de quelque mérite, lui avait inspiré le goût des
arts. Cette variété de connaissances, qui offrait à de Brosses
tant de ressemblance avec ses propres aptitudes, lui plut
singulièrement et il garda de son séjour à Bologne le
plus agréable souvenir.

A Naples, la récente découverte d'Herculanum avait
éveillé le goût des recherches archéologiques, jusque-là
peu en faveur parmi cette population nonchalante. Le chevalier Marcello de Venuti, chargé, en 1738, par le roi
Charles IV de diriger les fouilles que le prince d'Elbœuf
avait commencées en 1711, les poussait activement ; il
avait commencé à dégager le théâtre et trouvé quelques
objets d'art d'un grand prix, entre autres des statues et
des fresques, quand de Brosses arriva à Naples et donna
les premières nouvelles de ces découvertes, alors à peine
connues en France, dans une lettre écrite au président
Bouhier. Venuti, à la demande de Charles IV, rédigea en
1740 une relation de ces fouilles destinée au roi d'Es-

pagne, et c'est seulement en 1748 que cette relation fut publiée pour la première fois à Rome , avec des additions nombreuses , exposant les découvertes faites dans l'intervalle , et c'est à l'aide des renseignements communiqués par lui qu'il écrivit la lettre à l'Académie des Inscriptions publiée dans le recueil de ses lettres d'Italie, bien qu'elle soit de 1749 et par conséquent très-postérieure à son retour en France, et ses lettres sur l'état actuel de la ville souterraine d'Herculée, imprimées à Dijon en 1750.

L'activité avec laquelle furent menées les fouilles d'Herculanum et celles de Pompéï, commencées seulement en 1755, contribua beaucoup à rendre le premier roi de la maison de Bourbon populaire parmi les nouveaux sujets; les Napolitains et tous les savants de l'Europe applaudirent à l'honorable exemple qu'il donna, lorsque, quittant le trône des Deux-Siciles pour aller régner en Espagne, il ne voulut point garder un anneau de fer trouvé dans les ruines de Pompéï qu'il portait au doigt, et le déposa au musée ouvert pour recueillir les antiquités retrouvées sous les laves et les cendres du Vésuve.

Les relations que de Brosses noua en Italie ne se bornèrent pas aux écrivains et aux érudits : en même temps que sa réputation d'homme de lettres lui ouvrait les universités et les bibliothèques, sa naissance et sa qualité lui donnaient accès auprès des plus hauts personnages. D'ailleurs le monde savant et le grand monde n'étaient point séparés par des barrières infranchissables; si la noblesse romaine méritait les railleries des Florentins pour son ignorance et pour l'indifférence avec laquelle elle vivait au milieu des chefs-d'œuvre de l'antiquité, elle ne s'en croyait pas moins obligée par son rang de rassembler à grand frais dans ses palais et dans ses villas des tableaux, des statues et des inscriptions; c'étaient surtout les Albani, les Borghèse et les autres familles de noblesse récente qui cherchaient à remplacer par ce genre de luxe ce qui manquait à l'antiquité de leur race; un prince romain ne se souciait guère plus de visiter ses collections qu'un gentilhomme français de déchiffrer ses parchemins, mais il les entretenait pour l'honneur de sa maison, et l'antiquaire qui les faisait admirer aux étrangers valait presque à ses yeux un Chérin ou un d'Hozier. A Florence, à Milan, à Venise, à Naples même les grandes familles s'intéressaient aux antiquités, aux lettres et aux arts ; les érudits et les lettrés comptaient dans l'aristocratie italienne non-seulement des protecteurs comme les comtes milanais Archinto et Borromeo, mais des confrères comme Capponi, Poleni, Scipion Maffei, Algarotti et tant d'autres. De Brosses, admis chez les uns à cause de son nom, les autres à cause de sa réputation d'érudit, se loue de presque tous, et, si sa correspondance le montre satisfait de l'accueil qu'il en reçut, on peut en conclure qu'il ne leur laissa pas une opinion moins favorable de ses talents et de son esprit.

Parmi les grands personnages dont il fut l'hôte, il suffit de citer, à Venise le futur doge Foscarini, auteur d'une *Histoire secrète de la Cour de Vienne*, et d'une remarquable *Histoire de la littérature Vénitienne* qui resta inachevée et parut incomplète à Padoue en 1752 ; à Rome, son compatriote le cardinal de Tencin et le cardinal Aquaviva d'Aragon qui prirent une si grande part à l'élection de Benoît XIV ; le marquis Crescenzi, la princesse Borghèse, sœur du connétable Colonna, et la duchesse de Caserte ; à Milan la princesse Trivulzi et la comtesse Simonetta ; à Naples, le cardinal archevêque Spinelli, le marquis de Montalègre, premier ministre des Deux-Siciles, le duc de Monteleone, le prince Caraffa, la princesse de Pralombrano « qui excelle en géométrie » écrivait-il à M. de Neuilly ; le prince Jacci et Michel Reggio, général des galères du roi de Naples. Ces relations ne furent pas seulement utiles et agréables pour lui ; elles ont tourné au profit de ses lecteurs, en contribuant à lui faire mieux connaître la société, le gouvernement et la politique des pays qu'il visita.

Le voyage d'Italie fut pour de Brosses le point de départ de presque tous ses travaux ; à l'exception de son Histoire des navigations aux terres australes et de

son Traité de la formation méchanique des langues, il
n'en est aucun qui ne soit mentionné et annoncé dans
sa correspondance. Il avait déjà entrepris, avant son départ, l'Histoire des dynasties assyriennes dont les fragments furent un des premiers ouvrages qu'il publia après
son retour; sa visite aux ruines d'Herculanum et ses
relations avec le chevalier Marcello de Venuti l'amenèrent
à écrire les lettres par lesquelles il fit connaître en France
les découvertes faites sous les laves du Vésuve. Son
traité du culte des dieux fétiches lui-même est annoncé
par les réflexions que lui inspire à Rome la vue de la
pierre dite la Bocca della Verità. Mais sa principale préoccupation ce fut son édition de Salluste, pour laquelle
il collationna avec le plus grand soin les manuscrits des
principales bibliothèques, surtout des bibliothèques Ambrosienne et Laurentienne et de celle du Vatican. Il
revint en France ayant presque achevé le premier travail auquel il voulait s'en tenir, une nouvelle édition des
œuvres de Salluste qui nous sont parvenues; c'est par
ce travail qu'il fut amené à en entreprendre un autre
plus vaste et plus nouveau, la restitution de l'histoire de
la République romaine et à produire l'ouvrage qui, après
lui avoir acquis l'estime de ses contemporains, est resté
son principal titre aux yeux de la postérité.

TROISIÈME PARTIE
Histoire Romaine.

CHAPITRE Ier

L'HISTOIRE DE LA RÉPUBLIQUE ROMAINE PENDANT LE COURS DU
VIIe SIÈCLE. — MÉTHODE DE L'AUTEUR. — PLAN DE L'OU-
VRAGE.

L'histoire de la République romaine pendant le cours
du VIIe siècle fut l'œuvre capitale du Président de Brosses ;
c'était pour en rassembler les matériaux qu'i avait entrepris son voyage en Italie ; ce fut son ouvrage de pré-
dilection, « peut-être, dit-il dans sa préface, en raison du travail
» qu'il m'a coûté, le plus grand et le plus pénible que
» j'aie fait de ma vie en matière de littérature. » Il s'en
occupa jusqu'à son dernier jour, et la mort le surprit
avant qu'il en eût terminé la publication. C'est aussi l'ouvrage qui donne le mieux la mesure de son talent et de
son érudition, et il doit prendre dans une étude sur le
Président de Brosses une place proportionnée à celle qu'il
a prise dans sa vie.

« Salluste, nous dit-il dans sa première préface (TOME I,
» page ij), n'avait eu d'autre dessein que d'écrire, pour
» s'occuper dans sa retraite, quelques morceaux de l'his-
» toire de son pays, isolés et mémorables. Il commença
» par l'histoire de la conspiration qu'il avait vu éclore
» dans sa jeunesse... Le séjour qu'il fit en Numidie, dont
» le gouvernement lui était échu à l'expiration de sa pré-
» ture lui donna l'idée d'écrire le récit de la conquête que
» les Romains avaient faite de cette partie de l'Afrique
» sur le roi Jugurtha. Après quoi, prenant un plan plus
» étendu, il composa cinq livres de l'histoire générale des
» événements civils et militaires arrivés de son temps de-
» puis l'époque où finissait son histoire de la conquête de

» Numidie à celle où Catilina forma sa conjuration, rejoi-
» gnant ainsi l'intervalle entre ces deux faits.

» On a jusqu'à présent rangé les divers ouvrages de
» notre auteur à peu près dans l'ordre où il les avait com-
» posés : le Catilina le premier, le Jugurtha le second,
» puis le peu de lambeaux qu'on avait pu recueillir de la
» grande histoire perdue pour nous.

» Tout cet arrangement inverse et défectueux met du
» désordre dans la lecture des faits.

» En le corrigeant ici, en donnant, selon la suite des
» temps, la conquête de la Numidie sur l'original, les cinq
» livres de l'histoire générale, rétablis sur les fragments
» de l'original, puis le Catilina et les mémoires politiques
» sur l'original, je cherche à former en notre langue, par
» le recueil complet des écrits du plus célèbre historien
» de l'antiquité, une suite à peu près complète de l'his-
» toire de la République romaine pendant près d'un siècle,
» depuis les temps qui suivirent les troubles excités par
» les Gracques et les révolutions qu'ils occasionnèrent
» jusqu'à la mort de César le dictateur, c'est-à-dire de
» puis 632 jusqu'à 710 si on y joint la vie de notre auteur
» que j'ai écrite et placée à la suite de ses lettres. Elle
» contient des mémoires assez curieux sur les événe-
» ments publiés auxquels le rang considérable qu'il tenait
» dans l'État, et les grandes places qu'il occupait lui ont
» donné part. »

Le Président de Brosses n'ignorait point ce qui, du
reste, n'a jamais fait doute pour personne, que le Catilina,
le Jugurtha et l'histoire romaine sont trois ouvrages différents, ne se faisant aucunement suite l'un à l'autre et formant chacun un tout complet; à défaut de renseignements
positifs, il suffirait pour s'en convaincre d'examiner le plan
et la composition littéraire du Catilina et du Jugurtha;
chacun de ces ouvrages est un modèle presque irréprochable à le considérer comme formant un tout complet et
isolé; qu'on en fasse des morceaux se rattachant à une
histoire générale et les qualités mêmes qui les recomman-
dent deviennent des défauts impardonnables même à un
historien de second ou troisième ordre. Pourquoi donc

reprocher aux précédents éditeurs de Salluste, tous gens d'érudition et gens de goût pour la plupart, d'avoir suivi l'ordre dans lequel l'auteur a écrit ses ouvrages, ce qui permet au lecteur de suivre les progrès de son génie, déjà si ferme dans le Catilina et arrivant enfin dans le Jugurtha à sa pleine maturité ?

Qui empêche celui qui, en lisant Salluste, se propose surtout d'apprendre les faits, de commencer par le Jugurtha ?

Il est impossible d'admettre que Salluste, après avoir écrit le Catilina et le Jugurtha, les a insérés dans sa grande histoire. Les événements qu'il y raconte ne rentraient pas dans le cadre de ce dernier ouvrage, cela est parfaitement certain pour le Jugurtha et plus que probable pour le Catilina, et s'ils y fussent rentrés on peut affirmer que Salluste en eût refait un autre récit, identique pour le fond, mais tout différent pour la forme.

Sans tomber dans une erreur aussi profonde que de considérer ces deux ouvrages comme faisant partie de la grande histoire, est-ce à juste titre qu'il suppose que Salluste a voulu remplir exactement l'intervalle qui s'étend de l'un à l'autre ? On sait d'une manière certaine, par un fragment conservé (page 568), que son histoire commençait au consulat de Lépidus et de Catulus, l'an 675 de Rome, 78 ans avant J.-C., c'est-à-dire un quart de siècle après la fin de la guerre contre Jugurtha « *grande mortalis œvi spatium* », dit Tacite en parlant d'un espace de temps moins grand, et ces paroles peuvent d'autant mieux s'appliquer à ces vingt-cinq ans, qu'ils furent remplis par de grands événements. De Brosses suppose, il est vrai, que Salluste commençait son ouvrage par un résumé de ces événements ; il n'en reste pas moins établi que le sujet même ne commence qu'à la mort de Sylla. Il se termine, d'après l'hypothèse parfaitement plausible du Président, au moment où Pompée est investi d'un pouvoir absolu sur les mers et sur tout l'Orient par les lois Gabinia et Manilia, sous le consulat de Volcatius Tullus et de Lépidus, l'an de Rome 687, avant J.-C. 66, c'est-à-dire trois années avant le consulat de Cicéron et d'Antoine, sous lequel fut réprimée la conjuration de Catilina. Il n'est donc pas tout à fait juste d'intituler « histoire de la République romaine pendant le cours du VIIe siècle » la série de ces ouvrages ; il est trop évident qu'on n'y trouve pas l'unité de sujet et de plan indispensable à toute histoire digne de ce nom ; mais on n'y trouve même pas le récit complet des événements qui se sont produits depuis le commencement de la guerre contre Jugurtha jusqu'à la fin de la conjuration de Catilina.

C'est par un procédé plus artificiel encore que de Brosses a voulu continuer cette prétendue histoire avec les discours politiques de Salluste, sans parler de la facilité trop grande avec laquelle il en a admis l'authenticité ; il est impossible, à cause de leur forme oratoire, de les rattacher à un récit. Enfin, le plus grave reproche qu'on puisse lui adresser, c'est d'avoir, en continuant le Catilina, commis une faute de goût.

Il faut donc, pour l'honneur même du Président de Brosses, rompre ces liens factices, examiner séparément chacune des œuvres qu'il a eu le tort de réunir sous un titre commun, c'est-à-dire la traduction du Jugurtha, la traduction des fragments et la reconstitution du texte des cinq livres de l'histoire romaine, la traduction du Catilina, celle des discours politiques et la vie de Salluste. En somme, le titre surtout prête à la critique et l'auteur a su éviter la plupart des erreurs que faisait craindre une étiquette heureusement trompeuse.

La plus importante de ces œuvres, c'est l'histoire romaine en cinq livres, dont il ne reste que des fragments, et que le Président de Brosses voulait reconstituer et faire revivre, en la reproduisant, autant que possible, telle que l'auteur l'avait écrite. Il avait songé d'abord à l'écrire en latin, mais il ressentit bientôt la difficulté de se servir d'une langue morte, moins familière aux érudits du XVIIIe siècle qu'à ceux du XVIe qui n'en connaissaient guère d'autre, et surtout de reproduire l'énergique concision de l'historien romain. Il écrivit donc en français, en s'effor-

çant d'imiter le style de son auteur et de donner à son
œuvre l'apparence et la couleur d'une traduction de Salluste. Il voulait y ajouter une édition du texte, avec des
variantes et des commentaires philologiques, et avait tout
préparé pour cette publication quand la mort l'empêcha
de donner suite à son projet. Heureusement l'édition française que nous possédons est la partie la plus intéressante
de l'ouvrage et suffit pour en faire apprécier la valeur.

Le Président de Brosses soumit son projet à l'Académie
des Inscriptions et Belles-lettres par un mémoire lu en 1734.
(Mémoires de l'Académie des Inscriptions, TOME XXV) dans
lequel il expose la méthode qu'il a à suivre, et résume
ainsi les événements racontés par Salluste :

« Il débute, comme dans son Catilina, par un discours
» préliminaire sur le gouvernement et les mœurs, sur les
» causes de l'accroissement extérieur de la puissance ro-
» maine et de sa décadence journalière au-dedans. Il trace
» ensuite un excellent tableau raccourci des troubles ci-
» vils de Marius et de Sylla, nécessaire pour l'intelli-
» gence de ce qui va suivre : après lequel, entrant en
» matière, il raconte comment le consul Lépide, voulant
» succéder à la puissance que Sylla venait d'abdiquer,
» excita dans Rome une nouvelle guerre civile que son col-
» lègue Catulus termina dès la seconde année à l'avan-
» tage du Sénat, ayant contraint Lépide à fuir en Sar-
» daigne avec les débris de son parti vaincu. A cette
» occasion Salluste décrit les antiquités de la Sardaigne. Il
» suit la dernière branche de la guerre civile que le fa-
» meux Sertorius, proscrit par la faction contraire, soutint
» en Espagne pendant huit années, avec tant de valeur
» et d'intelligence de l'art militaire, contre toutes les forces
» des légions romaines commandées par les deux plus
» habiles généraux que la République eût alors, Metellus
» et Pompée. D'un autre côté Curion faisait la conquête
» de la Mœsie. Marc-Antoine tentait celle de l'île de Crète
» dont Salluste donne une description géographique. Ser-
» vilius, employé durant trois ans à détruire les pirates
» de Cilicie, parvint plus aisément à joindre à l'Empire
» quelques provinces au-delà du mont Taurus, 'que les

» Romains n'avaient jamais passé, qu'à purger la mer de
» cet essaim de brigands qui désolait la Méditerranée.

» A Rome, la famine causée par les guerres civiles et
» par une suite de mauvaises récoltes occasionne le mé-
» contentement du peuple.

» On demande le rétablissement de la puissance tribu-
» nitienne, abattue par les lois de Sylla. Licinius attaque
» Octavius, et Curion s'en défait par un assassinat. Des
» prodiges épouvantent les esprits. Pour calmer le peuple
» on cherche à rétablir, par des copies, l'original des
» livres Sibyllins brûlés lors de l'incendie du Capitole,
» oracle qu'on était en usage de consulter lorsque quelque
» malheur semblait menacer la nation. Tous ces faits
» étaient racontés avec toutes leurs circonstances. On les de-
» vine en gros, mais il n'en est pas de même au détail. L'al-
» liance que Mithridate avait faite avec Sertorius, la pro-
» tection qu'il accordait aux pirates de Cilicie, les disputes
» au sujet de la succession de Nicomède, roi de Bithynie,
» renouvellent la guerre en Asie. Elle commence avec
» succès contre les Romains commandés par Cotta. Lu-
» cullus, souhaitant avec passion d'être envoyé contre
» Mithrïdate, et craignant que Pompée, qui menaçait
» depuis longtemps de quitter l'armée d'Espagne, ne revnt
» croiser sa demande, détermine le Sénat à envoyer à
» Pompée un renfort contre Sertorius. Lucullus part pour
» la guerre du Pont, après avoir dissuadé Quinctius de
» rétablir la puissance tribunitienne et de proposer l'abro-
» gation des lois de Sylla. Cette seconde guerre du Pont
» est pleine de morceaux curieux et d'événements inté-
» ressants. Le récit du fameux siége de Cyzique y oc-
» cupe une place considérable, aussi bien que la des-
» cription de toutes les côtes de la mer Noire jusqu'alors
» peu connue des Romains. C'était un des plus curieux
» endroits de tout l'ouvrage. Il nous en reste un bon
» nombre de fragments, très essentiels pour l'ancienne
» géographie. Les disputes de parti continuent dans le
» sein de Rome; Palicanus emploie de nouveaux efforts
» pour rétablir les prérogatives du Tribunat. Le tribun du
» peuple, Licinius Macer, fait une harangue terrible contre

» les grands. Le consul Cotta ramène les esprits du peuple
» par la douceur de sa conduite; il consent à partager,
» comme autrefois, entre les trois ordres, le droit de
» juger les affaires particulières que les lois Cornéliennes
» attribuent au Sénat seul. Enfin, peu après, Pompée,
» revenu d'Espagne avec le projet d'obtenir à tout prix
» la faveur du peuple, rétablit le Tribunat. En Campanie
» les gladiateurs excitent une sédition; les esclaves se
» joignent à eux. Ils mettent Spartacus à leur tête. Ce
» brave gladiateur, par sa bonne conduite et par ses
» talents militaires, mettait l'Empire à deux doigts de sa
» perte et aurait consommé son ouvrage s'il avait eu
» d'autres troupes à sa suite que de misérables brigands,
» sans discipline et sans foi. Après plusieurs défaites des
» généraux Romains, Crassus trouve le moyen de res-
» serrer les rebelles aux extrémités de l'Italie, près du
» détroit de Messine. Spartacus périt, en grand général,
» après une longue résistance.

» Les restes de son parti, échappés à travers l'Apennin,
» sont rencontrés par Pompée revenant d'Espagne qui les
» détruit et s'attribue impudemment tout l'honneur de la vic-
» toire. Marcus Lucullus, frère du général de l'armée
» d'Orient, continue, après Curion, la conquête de la Mœsie,
» et pénètre jusqu'aux Palus Mœotides. Métellus répare en
» Crète les disgrâces de Marc-Antoine et mérite le surnom de
» Crétique par la conquête de l'île. Mithridate vaincu s'enfuit
» vers Tigrane; il écrit à Arsace, roi des Parthes, pour l'en-
» gager dans une ligue et lui dépeint, avec les couleurs les
» plus vives et les plus vraies, l'ambition et l'insatiable ava-
» rice des Romains. Cette lettre, qui porte un caractère ori-
» ginal, est, sans doute, un des plus beaux morceaux de
» l'antiquité. Nouvelle guerre en Arménie. Lucullus, partout
» vainqueur de ses ennemis, trouve la révolte semée contre
» lui dans sa propre armée par Claudius, son beau-frère.
» Pompée cabale de loin pour l'entretenir. Il est tout-puis-
» sant dans Rome avec Crassus. Tous deux parviennent
» ensemble au consulat, et se brouillent dès leur entrée dans
» la magistrature. On les réconcilie. On veut ôter à Lucullus
» le commandement d'Asie. Glabrion est envoyé pour lui
» succéder. Les tribuns proposent une loi qui attribue à

» Pompée un pouvoir absolu contre les pirates de Cilicie,
» contre Mithridate, et sur plus de la moitié de tout l'Empire
» romain. Pompée s'y oppose à l'extérieur, et agit en secret
» pour être forcé d'accepter.

» Le sage Catulus, prince du Sénat, et l'orateur Hortense
» haranguent contre la loi. Clameurs du peuple qui, à la vue
» de ces oppositions, veut augmenter encore le pouvoir
» attribué à Pompée. Cicéron fait enfin passer la loi Manilia.
» Pompée part pour l'Orient, détruit les pirates, s'abouche
» avec Lucullus. Leur entrevue se passe avec une aigreur
» mutuelle. Lucullus lui remet l'armée, revient à Rome,
» triomphe maigré l'opposition des tribuns, et se retire pour
» jamais des affaires. »

Le même mémoire contient ensuite les cinq premiers
chapitres de l'histoire romaine de Salluste, restaurés par
le Président de Brosses. Plus tard il lut encore à l'Académie la description du Pont Euxin, en trois mémoires,
pendant les années 1762 et 1766. L'ouvrage complet ne fut
publié que l'année même de sa mort en 1777, à Dijon. Trois
volumes, grand in-4°, d'une fort belle impression, renferment, outre l'histoire romaine : 1o une préface où de Brosses
expose son plan et sa méthode (TOME I. pages i. à xxix); 2o une
introduction contenant les notes préliminaires et générales
sur les trois ordres, les magistratures et la forme du gouvernement de la République romaine (pages xxx à lxxij);
3o les sommaires des chapitres de Jugurtha, et de ceux
des deux premiers livres de l'histoire romaine contenus
dans le premier volume, (pages lxxij à lxxxij); 4o la liste
des fragments de Salluste, rangés dans l'ordre où ils figurent dans l'ouvrage, (pages 1 à 41); 5o la liste de ces
mêmes fragments dans l'ordre où ils sont cités par les
différents auteurs, avec l'indication du fait auquel ils se
rapportent, (pages 1 à 34); 6o les fastes de l'histoire de
Numidie, et la table généalogique des rois de ce pays;
7o la traduction du *Jugurtha* (pages 1 à 214); 8o une préface
du Président de Brosses, relative plus spécialement à
l'histoire romaine, où il indique les sources et les auteurs
consultés par lui. L'histoire romaine remplit la fin du
premier volume et tout le second. Le troisième renferme :

1° la traduction du *Catilina* précédée des fastes de l'histoire de la conjuration; 2° une suite de cette histoire ajoutée par de Brosses ; 3° les deux discours politiques de Salluste à Jules César sur le gouvernement de l'Etat. 4° la vie de Salluste ; 5° enfin, un discours sur l'art historique et les ouvrages de Salluste, par l'abbé Cassagne, de l'Académie française.

En se bornant d'abord à l'examen du principal de ces ouvrages, de l'histoire romaine, quand on considère quelle tâche s'était imposée le Président de Brosses, quand on en voit la grandeur et les difficultés, plus d'une question se présente à l'esprit.

A-t-il vraiment, par des conjectures suffisamment appuyées, reproduit l'œuvre de Salluste, avec son plan, son étendue véritable, le choix et l'ordre des faits, les jugements sur les hommes et les événements, tels qu'il les eût portés lui-même ? Voilà ce qu'il faut examiner, et après avoir vu si le Président de Brosses a fait une œuvre que Salluste eût reconnue pour la sienne, il reste encore à juger cette œuvre en elle-même, et, s'il y a lieu d'exprimer des critiques, à voir si elles doivent s'adresser à l'historien romain ou à son imitateur.

Ce n'était pas un petit travail que de retrouver et de mettre en ordre les fragments de l'histoire de Salluste. Quelques éditeurs s'en étaient occupés avant le Président de Brosses; lui-même les cite dans une note qui se rattache au texte de la vie de Salluste (TOME III, p. 392). Le premier en date, celui qui découvrit et rassembla les fragments les plus importants, fut Pomponius Lætus, savant italien du XVe siècle; il trouva dans un manuscrit du Vatican six discours complets, et les fit imprimer à Venise, sans nom d'auteur en 1490. Riccoboni en recueillit d'autres et les inséra dans son livre *de Historiâ* imprimé à Venise en 1568 et réimprimé à Bâle en 1579.

Carrion en retrouva quelques autres encore et les imprima avec les précédents à Anvers, en 1573; ce recueil fut réimprimé à Francfort en 1607; d'autres furent encore découverts par Antoine Augustin, archevêque de Tarragone. Ausonius Popma rassembla tous ceux qui étaient déjà connus dans un recueil de fragments d'historiens latins qu'il publia à Amsterdam en 1620.

Douza en ajouta trois autres, retrouvés par Juste Lipse, qui furent complétés plus tard par le baron de la Bastie et publiés par Muratori. Le récit qu'en a tiré de Brosses forme un mémoire lu par lui à l'Académie des inscriptions en 1768. (TOME XXVII, page 23).

Enfin Putsch, dans son édition de Salluste (Leyde, 1603) en ajouta un grand nombre retrouvés par lui dans un manuscrit de Servius que lui prêta Pierre Daniel. Mais aucun n'avait entrepris le travail qu'accomplit le Président de Brosses en cherchant dans tous les grammairiens latins les fragments de Salluste cités par eux. Il fut, du reste, singulièrement aidé dans cette tâche par le soin qu'avait pris Putsch de rassembler les œuvres de 33 grammairiens latins et de les publier en deux volumes imprimés à Hanau en 1605. C'est de ce recueil qu'il put tirer la plupart des 685 fragments de Salluste; il doit donc beaucoup à Putsch, tant pour cet ouvrage que pour son édition de Salluste, et il lui rend hommage en ces termes : « Putschius était un jeune homme qui promettait d'aller fort loin dans la littérature, si la mort ne l'eût prévenu. » Cet éloge ne paraît pas exagéré quand on pense que Putsch n'avait que 25 ans lorsqu'il mourut, après avoir accompli d'aussi grands travaux.

Le président de Brosses recueillit donc tous les fragments de Salluste, au nombre de 685, en les classant d'abord par le rang d'ancienneté des auteurs qui les ont cités. Les six premiers, transcrits par Pomponius Lætus sur un manuscrit du Vatican renfermant une collection de discours tirés des historiens latins, sont les discours de Lépide contre Sylla, de Philippe contre Lépide, la lettre de Pompée au Sénat, le discours de Cotta sur la disette, la lettre de Mithridate à Arsace, roi des Parthes, et le discours de Licinius Macer pour demander le rétablissement des droits du tribunat. Les autres fragments ont été cités par des historiens et des géographes : Pomponius Mela, Suétone, Plutarque, etc., par des compilateurs : Solin le Polyhistor, Macrobe, etc., par les pères de l'Eglise et les apologistes chrétiens : Tertullien, Lactance, saint Augustin, saint Ambroise, saint Jérôme. Mais ce sont les commentateurs, les grammairiens et les lexicographes qui en ont fourni le plus grand nombre.

Donat en cite cinquante-trois; Servius, commentateur de Virgile, cent quatre-vingt-douze; un des fragments cités par Servius a été complété au moyen de six pages de manuscrit, trouvées, les trois premières, dans la bibliothèque du roi de France au XVIe siècle et déchiffrées par Douza; les trois autres, dans celle de M. de Chevannes, à Dijon, en 1738, déchiffrées par Joseph de Bimard, baron de la Bastie, et publiées par Muratori à Milan en 1739 dans le premier volume de son grand recueil d'inscriptions.

Enfin le dernier fragment (685) est cité par Jean de Salisbury, écrivain anglais du XIIe siècle. De Brosses en conc.ut que le texte de la grande histoire de Salluste existait encore à cette époque. Mais il faut remarquer que ce fragment est identique au fragment 44, cité par Végèce, et peut-être est-ce dans Végèce que Jean de Salisbury l'avait trouvé.

C'est donc dans les grammairiens que de Brosses dut rechercher le plus grand nombre des fragments de Salluste. Nul auteur n'a été cité par eux plus fréquemment, à cause de ses archaïsmes, et en particulier des expressions empruntées au vieux Caton dont il se plaît à farcir son style. Pour entreprendre ses recherches, de Brosses dut s'armer d'un courage et d'une patience à toute épreuve :

« Le mérite de ces recherches, dit-il, dans sa seconde
> préface, exige un travail pénible et rebutant. Il n'y en
> avait guère de plus propre à lasser la patience d'un
> écrivain que celui de tirer les fragments mêmes de la
» mine où les avaient enfouis tant d'insipides grammairiens,
» dont la lecture est tout à fait dégoûtante. » Il faut savoir
gré à ce délicat amateur de beau style d'avoir surmonté des

répugnances bien excusables et affronté la latinité barbare et les commentaires arides des grammairiens pour
en extraire, parcelle par parcelle, l'or perdu au milieu
d'un fumier plus rebutant, sans aucun doute, que celui
d'Ennius. Il faut lui en avoir d'autant plus de reconnaissance, qu'il n'ignorait pas combien ce travail était peu
estimé de ses contemporains. Heureusement, son esprit
mordant lui permettait de répondre avec avantage aux
sarcasmes qu'aurait pu lui attirer son érudition, et il
était prêt à se défendre lui-même, au besoin, comme il a
défendu Saumaise contre les injustes railleries de Voltaire
(histoire romaine, TOME II, note de la page 332).

Non-seulement il recueillit, par ce labeur ingrat, les fragments de Salluste, mais il nota, autant que le permettaient
les indications fournies par les citateurs, les faits de son
histoire auquels chacun d'eux pouvait se rattacher.

Il s'occupa ensuite de les mettre en ordre, tâche facile
pour quelques-uns, dont le texte indique, aussi nettement
que possible, la place qu'il leur fallait assigner ; parmi ceux-
ci, il faut citer d'abord les six discours retrouvés par Pomponius Lætus ; puis les fragments qui se rapportent à des
personnages, des villes, des peuples désignés par leur nom
ou faciles à reconnaître, à des faits ou des traits de mœurs
connus. Mais il en est beaucoup qu'il était difficile de placer
autrement que par des conjectures purement arbitraires ;
tous ont été introduits dans le courant de la narration de la
manière la plus vraisemblable et la plus ingénieuse ; le seul
reproche qu'on puisse adresser au Président de Brosses,
c'est d'avoir poussé jusqu'à la munitie le respect de son
auteur, en voulant employer tous les fragments, sans
exception, même ceux qui, composés d'un seul mot, ou
d'une expression de l'usage le plus habituel, pouvaient
trouver mille places différentes, et, par conséquent, ne mé-
ritaient guère d'en obtenir une. Quelques-uns des fragments
ont été employés plusieurs fois, comme le lui reproche
l'éditeur de Salluste de la collection Lemaire. Mais il n'est
aucune de ces répétitions qui altère la vérité historique ou
le style de l'ouvrage ; et si l'on considère que Salluste, avec
cette langue particulière qu'il s'était faite par l'étude des

vieux auteurs, devait se répéter et s'est, en effet, répété souvent, son imitateur paraîtra tout au moins excusable. C'est en se guidant sur des vraisemblances et des conjectures pareilles que de Brosses a distribué les fragments entre les cinq livres; car, ainsi qu'il l'a démontré par des conclusions assez bien appuyées, l'ouvrage n'en comprenait pas un plus grand nombre. Quelques-uns des fragments ont été mis à la suite les uns des autres; la plupart d'entre eux sont séparés par des intervalles plus ou moins longs; les récits qui remplissent ces intervalles sont empruntés, pour le fond, aux historiens anciens, et l'auteur s'est appliqué à imiter le style de Salluste. Le Président de Brosses a résumé, lui-même, dans son mémoire à l'Académie des Inscriptions et belles-lettres, cité plus haut, les événements racontés dans l'histoire de Salluste et qui vont du consulat de Lépide et de Catulus (A. U. c. 675 avant J.-C. 78), c'est-à-dire de l'année marquée par l'abdication et la mort de Sylla, au consulat de Volcatius Tullus et de Lépide (A. U. c. 687, avant J.-C. 66), époque où Pompée, par suite des lois Gabinia et Manilia fut revêtu d'un pouvoir presque égal à celui qu'avait possédé Sylla.

La distribution des faits entre les cinq livres, que de Brosses n'indique pas dans son mémoire, est cependant utile à connaître. Le premier livre contient les considérations sur les premières révolutions de la République romaine, et sur la situation de Rome au VIIe siècle, le récit abrégé des événements qui suivirent la guerre de Jugurtha, et le récit plus détaillé de ceux qui, se produisant après la mort de Sylla, rentrent dans le sujet, c'est-à-dire la tentative de Lépide, sa défaite en Etrurie, et l'expédition d'Appius contre les montagnards de la Macédoine. Dans le second livre sont racontées : la guerre contre Sertorius jusqu'à l'arrivée de Pompée en Espagne, la tentative du parti populaire pour obtenir le rétablissement du tribunat, l'expédition de Servilius contre les pirates, la défaite de Pompée par Sertorius, les agitations produites à Rome par la famine, enfin l'acquisition de la Dardanie, soumise par le consul Curion et celle de la Bithynie et de la Cyrénaïque léguées au peuple romain par leurs rois Nicomède et Ptolémée Apion. Le troisième livre contient : La guerre contre Mithridate, les premières victoires de Lucullus; la révolte des gladiateurs fugitifs, la soumission des Dalmates par Curion et la description de l'Euxin. Le quatrième continue le récit des guerres contre Mithridate, contre Spartacus, contre Sertorius et contre les pirates. Crassus termine la lutte contre les esclaves fugitifs, et Pompée celle contre Sertorius. Le cinquième raconte les expéditions de Lucullus contre Mithridate, contre Tigrane et contre Arsace, la victoire de Métellus sur les pirates, et la popularité de Pompée qui, chargé d'en finir avec les pirates et avec Mithridate, est investi, par les lois Gabinia et Manilia, d'un pouvoir absolu sur les mers et sur l'Orient.

Ce court résumé et celui de l'auteur lui-même semblent accuser dans l'ouvrage un grave défaut, le manque d'unité ; mais ce défaut, que la lecture du résumé fait ressortir beaucoup plus que celle de l'ouvrage lui-même, est plus apparent que réel.

Malgré la multiplicité et la diversité des évènements, l'histoire de cette époque a son unité, très-réelle, surtout si on la borne aux faits racontés par de Brosses. Il est facile d'y retrouver et d'y suivre une action qui se déroule avec son exposition, ses péripétiés, son dénouement; celui-ci, sans être définitif, prépare le dénouement véritable, c'est-à-dire la chute du gouvernement aristocratique et l'établissement du pouvoir d'un seul. En étudiant attentivement l'œuvre du Président de Brosses, on reconnaît qu'il avait conçu un plan digne de Salluste, mais l'exécution n'a pas entièrement répondu à la conception : le récit, remarquable dans le détail, est trop souvent décousu et empêche par là de bien saisir la suite et l'enchaînemeut des faits. Ce qui donne à l'ouvrage du Président de Brosses cette apparence de confusion, c'est la nécessité qu'il s'est imposée de suivre rigoureusement l'ordre chronologique. Au lieu, par exemple, de raconter tout d'une suite la guerre contre Mithridate, la guerre contre Sertorius, la guerre contre Spartacus et contre les pirates, et les évènements intérieurs de la République, il interrompt le récit de

chacun de ces faits lorsque l'année est terminée et passe
à un autre sans transition. Aussi est-il souvent difficile
de rattacher l'un à l'autre des événements qui se suivent
de près, mais dont la suite a été brusquement interrompue; ces intemptions fatiguent la mémoire et refroi-
dissent l'imagination; bien plus, par un singulier effet de
cette recherche d'exactitude, l'ordre chronologique, loin
d'apparaître plus clairement, est embrouillé par l'entas-
sement d'un grand nombre de faits sous la même date
et la nécessité de parcourir de longues pages pour retrouver cette date unique.

L'on peut alléguer pour la défense de l'auteur l'exemple de presque tous les historiens de l'antiquité. Thucydide, par sa division en étés et hivers, avait déjà
suivi cette méthode ; après Salluste, Tite-Live et Tacite firent de même. Salluste, il est vrai, a évité cet
inconvénient dans son Catilina et son Jugurtha. Mais le
sujet même l'en préservait facilement; dans chacun de
ces ouvrages, un récit unique, composé d'événements
successifs et non simultanés se suit sans interruption.
Il n'en est pas de même de son histoire romaine où il
fallait mener de front tant de faits s'accomplissant en
même temps; vraisemblablement Salluste avait suivi
l'exemple de Thucydide qui était, avec le vieux Caton,
son modèle préféré. Seul dans toute l'antiquité, Hérodote
a su remplir un cadre immense, embrasser une multitude d'événements se déroulant à travers de longs siècles,
sans confusion, sans embarras, en maintenant dans son
sujet une action unique comparable à celle de l'Iliade et
de l'Odyssée. Aussi faut-il considérer comme injuste et
superficiel le jugement porté sur lui par de Brosses.
(Première préface, tome i, page xvj.)

« Quand les connaissances s'augmentèrent par la police,
» et que l'art historique eut acquis un peu plus de per-
» fection, on suivit deux méthodes très-opposées, de
» transmettre la connaissance des faits : l'une, comme on
» trace le plan par terre et la distribution d'un bâtiment
» par de simples lignes, c'est-à-dire en marquant simple-
» ment les époques, les changements de dynasties, les

» principales guerres ou conquêtes, les durées et les
» noms des règnes ; en faisant de l'histoire une carcasse
» sèche qui ne présente que l'assemblage sans vie et le
» bâtis des principales parties de son corps.

» L'autre méthode, toute contraire, fut de négliger toutes
» ces parties constitutives pour ne raconter que les faits
» singuliers, agréables à entendre, propres à piquer la
» curiosité ; comme si, dans la description de l'édifice,
» on ne parlait que des appartements ornés et des embel-
» lissements, sans s'attacher à donner le plan ni la distibu-
» tion du bâtiment. Les Orientaux ont certainement suivi la
» première de ces deux manières et la suivent encore. Héro-
» dote adopta la seconde méthode ; aussi les Grecs l'ont-ils
» appelé le Père de l'Histoire ; aussi excelle-t-il à faire des
» récits ou des contes curieux sans s'attacher à l'exacti-
» tude qui marque et fixe la distribution. »

Si les Grecs ont appelé Hérodote le Père de l'Histoire,
ce n'est pas seulement parce qu'il fut un merveilleux
conteur, mais parce qu'il sut concevoir un plan admirable
pour l'histoire du monde entier. C'est à tort que de Brosses
lui refuse ce mérite et Thucydide, auquel il l'accorde, a
peut-être égalé Hérodote par la distribution de son livre,
mais ne l'a certainement pas surpassé.

Cependant, malgré ce reproche qu'on peut adresser à
l'histoire romaine du Président de Brosses, et qui, peut-
être, doit retomber sur Salluste lui-même, l'incohérence
n'est qu'apparente ; l'unité du sujet est respectée, et, en
y regardant de plus près, l'action se développe comme
celle d'un drame bien fait. Le personnage principal, c'est
le peuple romain lui-même, condamné par sa corruption,
par sa turbulence, par son orgueil et ses cruautés envers
les peuples vaincus, par la grandeur même de son empire, à subir tôt ou tard le pouvoir d'un seul ; il ne sort
de la dictature de Sylla que pour retomber dans celle de
Pompée. En vain les lois cornéliennes ont été instituées
pour maintenir le pouvoir du Sénat et de l'aristocratie ;
en vain Sylla, par son abdication a voulu laisser à son
parti l'exercice de l'autorité qu'il lui a rendue ; il lui
lègue une situation fatale. Tous les événements de l'inté-

rieur et du dehors concourent au même résultat, l'établissement du pouvoir d'un seul homme, et cet homme désigné bien plus par sa fortune que par son génie, ce sera Pompée. C'est pour lui que travaillent Métellus Pius en combattant contre Sertorius, Servilius Isauricus et Métellus Creticus en poursuivant les pirates dans leurs repaires ; Lucullus en chassant Mithridate de son royaume, en envahissant celui de Tigrane et l'empire des Parthes, Crassus en exterminant les gladiateurs révoltés, Lépide, Aurelius Cotta, Licinius Macer en réclamant le rétablissement des droits du tribunat ; Pompée arrive à point pour recueillir le fruit de leurs efforts ; par ses faciles triomphes, il devient le génie tutélaire, la providence visible de Rome, et c'est aux applaudissements du peuple entier que les tribuns Gabinius et Manilius obtiennent pour lui le pouvoir absolu. Rome voulait un maître, elle croit enfin l'avoir trouvé. Telle est l'action qui remplit l'intervalle des douze années écoulé entre la mort de Sylla et le vote de la loi Manilia ; l'unité du sujet est donc incontestable, et malgré les défauts, peut-être inévitables, de l'exécution, elle ressort manifestement d'une étude attentive de l'ouvrage. Aussi peut-on affirmer que la composition générale n'est pas indigne de Salluste et que l'imitateur n'est pas resté trop au-dessous de son modèle.

Il est un point par lequel de Brosses a cru avec raison suivre fidèlement l'exemple de son auteur en ornant son ouvrage de nombreuses descriptions géographiques, pour lesquelles il a utilisé ses recherches sur les origines et les antiquités des peuples ; il les a multipliées jusqu'à la profusion. A propos de Sertorius et du projet qu'il forma de se retirer aux îles Fortunées, l'auteur nous décrit ces îles (LIV. II, chap. 5) ; la retraite de Lépidus en Sardaigne lui fournit l'occasion de nous donner sur cette île et sur sa voisine la Corse de curieux détails (LIV. II, chap. 10-12) ; Servilius poursuit les pirates en Isaurie, mais ne peut s'emparer de leur dernier refuge ; il s'en console en visitant la ville de Coryque et son antre merveilleux, et l'auteur oublie l'échec des armées romaines en se donnant le plaisir de décrire ces curiosités (LIV. II, chap. 61).

Au moment où Sertorius et Métellus prennent leurs quartiers d'hiver, viennent quelques considérations générales sur la position de l'Espagne et le caractère des peuples qui l'habitent (LIV. II, chap. 61). Mithridate recommence la guerre, envahit la Bithynie et assiège Cyrique; une description de la ville trouve naturellement sa place ici (LIV. III, chap. 34).

Mithridate vaincu se réfugie chez les barbares qui habitent au delà de l'Euxin; l'auteur nous donne une longue description de cette mer, de ses bords, des fleuves qui s'y jettent et des peuples qui l'entourent (suite du LIV. III, chap. 87-114). Antoine perd une bataille navale près de l'île Dia, voisine de la Crète : nous y gagnons des détails intéressants sur cette île et sur les fables qui s'y rattachent (LIV. IV, chap. 27). Spartacus est enfermé par Crassus dans la forêt Sila et essaie de se réfugier en Sicile, en franchissant le détroit; l'auteur décrit la forêt et le détroit et examine si la Sicile a été autrefois réunie à l'Italie (LIV. IV, chap. 5I, 55, 57). Une nouvelle campagne de Lucullus contre Mithridate amène la description de Sinope (LIV. IV, chap. 84); son invasion en Arménie et chez les Parthes, une description de l'Arménie, de la Mésopotamie et du cours du Tigre et de l'Euphrate (LIV. V, chap. 7-8, 12-14). Chacune de ces descriptions est excellente et recommandable par l'authenticité et l'intérêt des détails qu'elle renferme. Nous retrouverons l'occasion d'examiner leur valeur scientifique, qui est très-grande; pour le moment, il s'agit de la composition littéraire, et, sur ce point, convient-il de les approuver sans réserve? N'y a-t-il pas profusion, et chacune d'elle se trouve-t-elle à sa place véritable?

Il est très-vraisemblable que Salluste ne les avait pas épargnées. La place que tiennent les recherches géographiques et ethnographiques dans un ouvrage aussi court que le Jugurtha ne permet guère d'en douter, et les nombreux fragments qui se rapportent manifestement à des dissertations de ce genre nous en donnent une preuve encore plus certaine.

Quelques-unes, et c'est même le plus grand nombre, sont parfaitement amenées et si bien à leur place qu'on s'étonnerait de ne pas les y trouver; ainsi la description de l'Espagne arrive à point pour nous expliquer les longueurs de l'interminable guerre contre Sertorius; celles de Cyzique et de Sinope sont indispensables pour l'intelligence du récit détaillé des sièges qu'elles subissent. En nous faisant connaître la forêt Sila, l'auteur nous fait comprendre pourquoi Crassus renonce à poursuivre les bandes de Spartacus dans ce refuge impénétrable, et se contente de les y bloquer. Les renseignements qu'il nous donne sur l'Arménie et l'Empire des Parthes nous expliquent les difficultés que devait rencontrer Lucullus en allant attaquer chez eux Tigrane et Arsace quand la révolte de ses troupes le sauva, peut-être, d'une catastrophe semblable à celle de Crassus.

Certainement les autres descriptions se rattachent d'une manière beaucoup moins étroite à l'ensemble du récit; du moins celles des îles Fortunées, de la Sardaigne, de l'antre de Coryque arrivent à certains moments de la narration où l'intérêt est moins fortement soutenu, où l'attention peut se détendre quelques instants et s'arrêter à des tableaux agréables par le sujet et par l'exécution. Il n'en est pas de même de la dissertation sur les causes qui ont amené la séparation de la Sicile et de l'Italie; ce morceau interrompt le récit au moment où Crassus vient de refouler au fond de Bruttium ces esclaves fugitifs qui ont fait trembler Rome; va-t-il enfin, en écrasant Spartacus, la délivrer d'un nouvel Annibal? Le moment est mal choisi, où l'intérêt est si vivement excité, pour s'attacher à une longue description de l'Etna et des trois promontoires de la Sicile. On sent trop que ce brillant morceau est là pour l'ornement; il eût mieux valu se restreindre à la description de Charybde et de Scylla qui, du moins, par un tableau exagéré des dangers de la navigation dans le détroit, nous explique pourquoi les compagnons de Spartacus ne purent le franchir. Le même reproche peut s'adresser à la description du Pont-Euxin.

Plus que tous les autres ce morceau mérite des éloges

pour l'exactitude des faits, la clarté de l'ensemble et l'intérêt des détails. Mais le moment où il coupe, par une interruption si longue, le récit de la guerre contre Mithridate, est juste un de ceux où le lecteur est le plus impatient d'arriver au terme. Mithridate, chassé successivement de la Bithynie et du Pont, se rend chez les peuples barbares qui habitent au-delà du Phase. Il essaie, comme il le fera encore plus tard, de les armer et de les emmener contre Rome. On comprendrait l'intérêt qui s'attache à ce voyage de Mithridate, on serait curieux de connaître ces nouveaux ennemis qu'il va chercher aux Romains si, après les avoir énumérés et décrits, l'auteur nous montrait des résultats qui pûssent justifier une aussi longue digression.

Mais quand il aborde sa description, nous venons d'apprendre que Mithridate en a tiré 40,000 hommes et 4 à 5,000 chevaux; nous sommes impatients de voir le parti qu'il en tire, et c'est plus tard, beaucoup plus tard, que nous l'apprendrons, après avoir suivi jusqu'au bout le récit des guerres contre Sertorius, contre les pirates et contre Spartacus. Nous verrons alors que, profitant de la diversion opérée par Tigrane et Arsace qui ont attiré dans leurs Etats les légions de Lucullus, Mithridate reprend l'offensive, s'empare de presque toute l'Asie-Mineure et cause de sérieuses inquiétudes au peuple Romain, qui envoie Pompée pour le combattre. Certes, de pareils résultats justifient le soin qu'a pris l'historien de nous faire connaître les nouveaux auxiliaires de Mithridate; mais peut-être aurait-il mieux valu nous les montrer à l'œuvre immédiatement; on peut excuser l'auteur en alléguant la nécessité où il s'est cru de s'astreindre rigoureusement à l'ordre chronologique.

Peut-être aussi aurait-il pu abréger sa description et la restreindre à ce qui était strictement nécessaire pour nous faire connaître ces peuples; il a prévenu cette objection en faisant du périple de l'Euxin une sorte d'appendice que le lecteur peut parcourir rapidement ou même négliger sans rien perdre de ce qui fait le fond même du sujet.

En un mot, le périple de l'Euxin ajoute beaucoup au mérite général de l'ouvrage par l'érudition qu'y montre l'auteur ; il en ôte peu par la légère faute de composition qui l'amène et qui n'empêche pas le Président de Brosses de s'être montré, dans ce morceau, digne de son modèle.

Une autre partie de l'art historique dans laquelle Salluste a excellé, et où son imitateur ne pouvait manquer de le suivre, ce sont les portraits et les caractères. Comme dans cette partie le mérite littéraire est étroitement uni à la vérité historique, nous en réservons l'étude pour le chapitre où nous examinerons l'ouvrage à ce point de vue.

Mais on ne peut connaître exactement la manière dont il a conçu l'histoire du VIIe siècle de la République romaine sans avoir examiné les additions qu'il a faites au *Catilina* et à la vie de Salluste.

On a lieu de s'étonner qu'il ait jugé à propos de continuer l'histoire de la conjuration de Catilina, en reprenant le fil du récit, comme s'il eût supposé que l'ouvrage est mutilé, et voulu suppléer la partie perdue. C'est à coup sûr une erreur de goût. Salluste termine son histoire de la manière la plus heureuse par ce tableau pathétique du champ de bataille où le regret du sang versé dans une lutte fratricide se mêle aux joies du triomphe. Désormais tout est fini. Les principaux complices de Catilina ont été exécutés ; lui-même a trouvé, les armes à la main, une mort trop belle pour lui ; comme l'a fait observer de Brosses « cette mort termine l'ouvrage » sur le même plan qu'Homère termine par la mort d'Hector, » et Virgile par celle de Turnus ; » la conjuration dont il était l'âme est complétement réprimée. Que nous importe le sort de quelques complices obscurs que Celer poursuit dans la Cisalpine ou qui sont envoyés en exil par sentence du peuple, et la facile victoire de Pomptinus sur les Allobroges? Nous nous intéressons davantage au sort de Cicéron, aux attaques que lui vaut son dévouement à la République, à son injuste exil, à son retour triomphal. Mais ces derniers faits sont entièrement étrangers à la conjuration de Catilina, unique sujet traité par Salluste ; si de Brosses a jugé avec raison que le lecteur prendrait quelque intérêt à les connaître, mieux valait les présenter résumés dans un court appendice, n'affectant aucune liaison avec le corps de l'ouvrage, aucune prétention de le continuer. Nous lui savons gré de nous apprendre comment Cicéron fut récompensé d'avoir sauvé Rome ; nous lui savons gré aussi de nous donner une traduction de quelques fragments de ses discours. Son tort est d'avoir cherché à imiter Salluste en le faisant parler là où Salluste avait jugé, et avec raison, qu'il était plus à propos de se taire.

Après cette continuation du Catilina, de Brosses a placé deux discours attribués à Salluste, et que l'on suppose avoir été adressés par lui à César, le premier au moment où celui-ci s'embarquait pour se mettre à la poursuite de Pompée en Epire ; le second au moment où, vainqueur d'Alexandrie, il revenait d'Egypte et préparait une expédition en Afrique. Laissons de côté la question de l'authenticité de ces discours : de Brosses l'admet et la considère comme indiscutable en s'appuyant de l'opinion de Douza, sans tenir compte des doutes de Carrion ni de l'affirmation contraire exprimée par Cortius. Ce n'est pas tout à fait sans raison qu'il y reconnaît le style de Salluste ; il n'est pas douteux que ces deux morceaux ne soient d'origine antique ; mais il est téméraire d'en conclure à leur authenticité, et l'opinion la plus probable est exprimée par M. Alexis Pierron : « Il est difficile de
» reconnaître la main de Salluste dans le style des deux
» lettres sur la réforme de la République. Ces lettres ne
» sont probablement que des déclamations, c'est-à-dire
» des sujets traités après coup, comme ceux qu'on donnait dans les écoles aux aspirants orateurs. Seulement
» ici, le déclamateur, rhéteur ou disciple, s'est trouvé un
» homme d'un grand talent ; il a saisi parfaitement le
» caractère de son personnage ; il a très-bien parlé ; il
» eût fait illusion, s'il était possible à un autre qu'à Salluste de retrouver les mots et les tours du Catilina et
» du Jugurtha. »

Ces deux morceaux n'étaient donc point indignes, par le style, de figurer à la suite des œuvres de Salluste. Comme documents historiques, leur valeur est assez

grande, car nous savons que Salluste adressa souvent
à César des conseils écoutés et appréciés ; il est probable qu'il les mit par écrit, sous la forme un peu so-
lennelle où nous les possédons ; on peut en conclure que
l'auteur des discours les fit d'après des indications sûres
et qu'il nous donne la vraie pensée de Salluste. Les opinions qui y sont exprimées s'accordent bien avec ce
que Salluste nous a laissé voir de ses sentiments politiques dans ses autres ouvrages. On n'y trouve, du reste,
aucun renseignement sur les faits contemporains, mais
de très-utiles indications sur les projets de César, et
ces discours peuvent servir de guide pour apprécier
l'exactitude avec laquelle de Brosses a su reproduire,
dans son histoire romaine, les opinions politiques de son
auteur.

La vie de Salluste termine cette série d'ouvrages par
laquelle de Brosses a voulu faire l'histoire de la République romaine au VIIe siècle. Elle renferme, outre tous
les renseignements qu'il est possible d'avoir sur l'histoire
romaine, renseignements recueillis avec une critique ju-
dicieuse et rassemblés avec ordre et clarté, le récit de
quelques événements auxquels Salluste prit une part
grande ou petite, directe ou indirecte; ce sont la querelle de Clodius et de Milon, le meurtre du premier, le
procès et l'exil de l'autre, et l'expédition de César en
Afrique. Il peint vivement le caractère de Salluste, singulier mélange de bassesse et de grandeur, de vices
grossiers et de goûts élevés, étrange contraste qu'on
retrouve dans un autre personnage également méprisable
par son caractère et admirable par son génie, le chancelier Bacon. De Brosses fait un récit piquant des querelles de Salluste et de Cicéron. Il s'étend avec complaisance sur la description de la maison et des jardins de
Salluste, et sur l'énumération des objets d'art qu'il y
avait assemblés, excusant presque le pillage de la Numidie par l'emploi qu'il fit de ces richesses mal acquises.
Evidemment de Brosses s'est plu à montrer, dans son
auteur favori, des goûts si conformes aux siens, et certes on ne peut que le louer de se complaire dans la

description d'une galerie où l'on voyait probablement l'Hermaphrodite de la villa Borghèse, le Faune de la villa Médicis, le groupe du jeune Papirius et de sa mère et le Gladiateur mourant du Capitole (1). Enfin il se montre judicieux critique dans son jugement sur les œuvres de Salluste, la comparaison de son auteur avec Tite-Live et Tacite, et son appréciation des différents éditeurs, traducteurs et commentateurs de Salluste.

Il est peu d'auteurs qui aient été, autant que Salluste, copiés par les anciens et imprimés par les modernes, avantage qu'il doit au mérite et à la juste popularité de ses œuvres, et aussi, sans doute, à leur brièveté. De Brosses, dans sa vie de Salluste, se contente de nous citer les opinions des anciens sur les ouvrages de son auteur ; il ne nous énumère point les manuscrits qu'il consulta, ou fit consulter par les plus habiles humanistes de son temps dans les bibliothèques d'Italie (2), d'Alle-

---

(1) L'emplacement des jardins de Salluste, où se trouvent aujourd'hui les villas Ludovisi et Massimi, est déterminé avec certitude par de nombreux textes des auteurs anciens et des antiquaires modernes ; il suffit de rappeler ceux que cite de Brosses :

Sextus Rufus, de *Regionibus Urbis Romœ.*

P. Victor, de *Regionibus Urbis Romœ*, VI.

Onuphrii Panvinii, *Descriptio Urbis Romœ*, (LIV. IV ch. 23, *ap. Grœvium antiq. Rom.* TOME III, p. 293 B.)

Alexander Donatus, de *Urbe Româ* (LIV. III, ch. 23 ; *ap.* Græv. TOME III, p. 790, A. B. C. D.)

Nardini, *Roma vetus*, (TOME IV, ch. 7, *ap.* Græv., TOME IV, p. 1104.)

G. Pancirolli, *Descriptio Urbis Romœ.* (Ap. Græv. TOME III, p. 315, C. D.)

Olaï Borrichii, *Antiqua Urbis Romœ facies*, (ap Græv. TOME IV, p. 1558.)

Tous s'appuient sur un passage de Suétone (*in-Octav.* c. 70) et sur deux passages de Tite-Live (*Hist.* III, p. 82 ; *Ann.* XIII, 7.)

Mais la description de ces jardins et des objets d'art qu'ils renfermaient est tout à fait conjecturale : en acceptant les autorités citées par de Brosses (Richardson, TOME II, p. 271, 275, Pyrrhus Ligorius, *Manuscr. in Bibliothecâ Vatic., Descr. delle Pitture statue,* etc., *ap.* Winckelmann, TOME I, p. 196). bien qu'une d'entre elles, celle de Pirro Ligorio soit regardée comme insuffisante par beaucoup d'archéologues, en admettant que tous ces objets aient été découverts dans les jardins de Salluste, rien ne prouve qu'ils y aient été placés par l'historien ; ce qui rend cette hypothèse très-douteuse, c'est, comme le fait observer de Brosses lui-même, que les jardins de Salluste furent habités et ornés par plusieurs empereurs, Auguste (*Suet. in-Octav.* c. 70) ; Vespasien (*Dio Cassius*) ; Nerva (*Euseb. chron.*); Aurélien *Vopisc. in Aurel*).

(2) Cette énumération se trouve dans sa correspondance, mais non encore avec toute la précis on qu'on pourrait souhaiter :

« J'ai trouvé ici (à la bibliothèque du Vatican), écrit-il à M. de Neuilly, d'excel-» lents manuscrits, d'une antiquité marquée, un surtout appartenant jadis à Fulvius » Ursinus, et depuis à la reine de Suède. J'en ai fait collationner sept en ma pré-» sence, avec beaucoup de soin, et malgré les plaintes amères que fait ce *gramma-» ticusso* de Wasse, de la négligence extrême avec laquelle les éditeurs nous ont » donné cet auteur, j'ai trouvé, au contraire, que c'était un des plus corrects que » nous eussions ; ce qui n'est pas étonnant ; Salluste est un auteur fort court ; il a » fallu moins de travail pour le conférer exactement que pour dépouiller les énor-» mes manuscrits de Pline ou de Tite-Live. Enfin vous pourrez vous vantez d'avoir » un Salluste vu et revu avec toutes les herbes de la Saint-Jean. J'ai les manuscrits » de Médicis et ceux du Vatican ; on travaille pour moi à Naples, à Venise et à

magne, d'Angleterre et de Hollande pour préparer son édition latine. Tout en renonçant à écrire en latin les cinq livres de l'histoire romaine, il songeait à publier le texte du Jugurtha, du Catilina, des discours politiques et des fragments de l'histoire romaine, texte corrigé d'après la collation de tous les manuscrits examinés par lui ou par ses collaborateurs. La mort l'empêcha d'accomplir son projet. Mais l'on peut considérer comme suppléant à cette perte l'édition de Salluste publiée dans la collection Lemaire par J.-L. Burnouf en 1821; l'éditeur a mis à profit les travaux des prédécesseurs du Président de Brosses, et ceux de ses successeurs, de manière à nous dédommager complétement de ce que nous a enlevé la mort de celui-ci.

CHAPITRE II.

VALEUR HISTORIQUE DE L'OUVRAGE.

Après avoir examiné le mérite littéraire de l'*Histoire de la République romaine*, il reste à en apprécier la valeur historique, en recherchant si de Brosses a été bon imitateur de Salluste et historien exact dans l'exposé des faits, dans ses jugements politiques et dans la peinture des caractères. Dans l'antiquité, aucun historien autre que Salluste n'avait pris pour sujet l'histoire de la République romaine depuis l'année où mourut Sylla jusqu'à celle où fut votée la loi Manilia; en revanche, beaucoup d'écrivains grecs et latins ont parlé de cette époque et fourni d'abondants et utiles renseignements. Le Président de Brosses les a consultés avec fruit, et, si l'on examine les emprunts qu'il leur a faits, il est manifeste qu'il a jugé sainement la valeur et l'autorité de chacun d'eux.

Beaucoup d'historiens proprement dits nous ont laissé

» Milan, à ceux de Farnèse, de Saint-Marc et de l'Ambrosiana. Quand j'aurai ceux
» de la bibliothèque du Roi, ce qui me sera facile, voilà assurément tout ce que
» l'on peut dire de mieux sur l'article. »
L'Italie il y a cent ans, TOME II, page 270, lettre XLVI.

un récit continu des évènements de cette époque. Parmi les Grecs, Appien a raconté les guerres civiles et la guerre contre Mithridate; quelques fragments de Denys d'Halicarnasse, conservés par Constantin Porphyrogénète, se rapportent au même sujet. C'est par fragments aussi que nous avons les parties de la bibliothèque historique de Diodore de Sicile que de Brosses a pu consulter; il en reste un du livre 36 relatif à Saturninus, un du livre 37 relatif à la guerre sociale et au tribun Drusus; d'autres, plus étendus, des livres 38 et 39 racontent la tyrannie de Cinna, les proscriptions de Marius, la révolte des légions de Fimbria, la dictature de Sylla, et la révolte de Spartacus; un du livre 40 nous fournit quelques détails sur la guerre de Crète.

Les livres de Dion Cassius relatifs à cette époque, le 36e et le 37e sont parmi ceux qui nous restent, et de Brosses a utilisé quelques fragments du 35e, recueillis par Henri de Valois.

Parmi les Latins, des cinq dernières décades de Tite-Live, il ne nous reste que l'*Epitome* qui, du reste, contient plus d'une indication utile. Mais des fragments du 91e et du 120e livre subsistent. Velleius Paterculus, dans les chapitres 12 à 34 de son second livre nous rapporte tous les évènements depuis le tribunat de Saturninus jusqu'à la défaite de Catilina. Florus, dans son livre III, raconte successivement, sans s'astreindre à l'ordre chronologique, la guerre contre Mithridate (chapitre V), contre les pirates (VI), contre les Crétois (VII), le tribunat de Saturninus (XVI), celui de Drusus (XVII), la guerre sociale (XVIII), la guerre contre Spartacus (XX), la guerre civile entre Marius et Sylla (XXI), et la révolte de Lépide (XXIII). Justin a consacré aux mêmes événements une partie de ses livres 38, 39, 40 et 43.

Des résumés plus brefs ou de simples tables chronologiques se trouvent dans les *Annales* de Zonaras, *l'Origo gentis romanœ* d'Aurelius Victor (4 derniers chapitres 67 et sqq.), dans le *Breviarium historiœ romanœ* d'Eutrope (v. 2), la *Chronique* d'Isidore de Séville, les *adversus Paga-*

nos historiœ d'Orose (v. 18), le *Breviarium rerum gestarum populi romani* de Rufus Sextus, le livre de Solin le Polyhistor « *De memorabilibus mundi* ».

Enfin de nombreux et importants renseignements nous sont fournis par les discours politiques et les lettres de Cicéron, les vies de Plutarque, particulièrement celles de Marius, de Sylla, de Sertorius, de Pompée, de César et de Cicéron, sur les événements politiques et les caractères des personnages ; par les jurisconsultes Pomponius et Ulpien sur les lois portées , abrogées ou modifiées pendant cette période ; par Varron sur divers points de la législation et de la religion des Romains ; par Frontin, Végèce, Polyen sur les nombreuses guerres qui la remplissent ; par Valère Maxime, Athénée, Aulu-Gelle sur les mœurs, les coutumes et les caractères ; par Julius Obsequens sur les prodiges dont elle fut témoin et qui tiennent une si grande place dans les préoccupations du peuple romain et dans les récits de ses historiens. Le livre de Strabon, le Périple de l'Euxin d'Arrien, le poème de Denys le Périégète, l'ouvrage d'Etienne de Byzance *Ethnica* ou *de Urbibus*, Pomponius Mela ont été mis à contribution pour les descriptions géographiques et les origines des nations. Au milieu de cette abondance de documents, la difficulté n'était pas de recueillir une riche moisson de faits de toute espèce, mais de choisir : d'abord parmi les auteurs, en appréciant la confiance que l'on peut accorder à chacun d'entre eux, la vérité de ses récits, de ses portraits, de ses jugements ; puis dans les auteurs eux-mêmes, en prenant dans chacun les parties de ses ouvrages les plus dignes de foi, en essayant de lui emprunter ses qualités particulières, d'éviter ses erreurs et ses défauts ; enfin de concilier ces autorités diverses et de fondre le tout en une œuvre qui eût le double mérite de ressembler à un livre écrit par Salluste et de satisfaire les lecteurs modernes.

Parmi ces autorités d'inégale valeur, en laissant de côté les simples abréviateurs tels que Orose, Eutrope et Zonaras et les écrivains spéciaux comme Ulpien et Végèce, en se bornant aux historiens vraiment dignes de ce nom, il faut placer au premier rang Cicéron, Tite-Live, Varron, Appien, Plutarque, Arrien et Strabon; au second Diodore de Sicile, Velléius Paterculus, Florus, Denys d'Halicarnasse, Dion Cassius et Justin.

Rien n'est plus propre à faire revivre à nos yeux l'époque agitée dont Salluste avait écrit l'histoire, que les discours de Cicéron et ses lettres qui nous reportent au milieu même des événements dont il fut le témoin le plus sagace et le peintre le plus fidèle. Malheureusement il ne prit une part active qu'à ceux qui précédèrent immédiatement la conjuration de Catilina, et, en ce qui le concerne, de Brosses ne put concilier l'imitation exacte de Salluste avec la vérité historique, étant forcé, ou d'être injuste envers le grand orateur, ou de s'écarter de son modèle en lui rendant justice.

Dans les fragments mutilés de Tite-Live, on retrouve ce mouvement oratoire qui ne l'abandonne jamais, et ce sentiment de la grandeur romaine que Salluste, malgré ses efforts pour en paraître pénétré, n'exprime pas avec la même éloquence. Plutarque, par la vie dont il anime ses personnages, par l'habileté avec laquelle il montre les caractères sans affecter la profondeur philosophique, est un guide précieux pour qui veut s'approprier quelque chose du talent de Salluste à connaître et à peindre les hommes. Varron, Strabon, Arrien, possèdent cette connaissance profonde et perspicace des origines et des antiquités des peuples, dont Salluste était si curieux; enfin, Appien, malgré la sécheresse de son style, mérite d'être comparé à Polybe par la sagacité avec laquelle il comprend et la clarté avec laquelle il expose les révolutions politiques de Rome.

Les autres ne pouvaient être d'une aussi grande utilité. Diodore de Sicile, historien généralement exact et consciencieux, ne nous fournit pour cette époque que des fragments assez rares et assez courts; Dion Cassius ne peut être consulté qu'avec réserve à cause de son extrême crédulité. Justin, outre ses propres défauts, en a d'autres qu'il serait peut-être injuste de lui imputer; c'est proba-

blement d'après Trogue Pompée qu'il rapporte plus d'un
fait controuvé et qu'il commet des erreurs de chronologie.
Florus, avec la pompe souvent emphatique de son style,
est plutôt un panégyriste de Rome qu'un historien véritable ; si l'on ne peut l'accuser d'être inexact dans ses
récits, ce n'est pas chez lui qu'il faut chercher la vraie
couleur et le sentiment juste des époques qu'il raconte.
Velléius Paterculus, bien supérieur par le style, et celui,
peut-être, des historiens de second ordre qui est le moins
indigne d'être comparé à Salluste, inspire de justes mé-
fiances pour les flatteries qu'il adresse à Tibère à Séjan ;
peut-être cependant a-t-il été plus impartial pour les contemporains de Pompée. Enfin, Denys d'Halicarnasse considère l'histoire comme un simple exercice de rhétorique
et l'avoue trop naïvement pour qu'on puisse faire quelque
fond sur ses récits. Aussi ces autorités de second ordre
servent-elles surtout à contrôler et à compléter les autres,
et c'est l'usage qu'en a fait de Brosses.

Dans son histoire romaine, le récit des guerres est
d'une exactitude irréprochable. Tous les renseignements
que fournissent les auteurs anciens ont été mis à profit,
et celui qui a lu avec attention la partie de l'ouvrage
relative aux campagnes de Lucullus contre Mithridate,
Tigrane et Arsace, à celles de Metellus contre Sertorius
et Perperna, de Crassus et de Pompée contre Spartacus
et Publipor, de Servilius et de Metellus contre les pirates
et les Crétois, n'a plus rien à apprendre sur ces événements. Il n'en est pas de même du récit des révolutions intérieures de la République, et c'est un grave reproche à faire à l'historien. C'était là, sans contredit, la
partie la plus importante de son sujet. Malgré la ter-
reur qu'inspirèrent l'approche de Spartacus et la capture
des navires chargés de blé, tombés entre les mains des
pirates, aucune des guerres de cette époque ne fut pour
Rome un danger sérieux et ne compromit gravement
les destinées de la République. Les révolutions politiques,
au contraire, la lutte entre le peuple et le Sénat, la
formation d'un troisième parti par les progrès de l'ordre
équestre décidèrent de son sort, et ce sont précisément

les plus importants parmi les épisodes de cette lutte qui n'ont pas été suffisamment mis en lumière. L'historien s'étend longuement, et avec raison, sur les conséquences de la guerre sociale, les lois cornéliennes et les efforts que fit le parti populaire pour les abolir. Mais, arrivé aux dernières années de l'époque qu'il nous raconte, il passe trop brièvement sur une révolution des plus graves, celle qui enleva aux sénateurs les jugements et les partagea entre les trois ordres. Son récit est incomplet au point de devenir mensonger. Après avoir dit comment Pompée rétablit les droits du tribunat, il arrive à la loi sur les jugements qui était une conséquence naturel e et inévitable de cet acte. Il raconte les scandales qui fournirent l'occasion de la voter, la corruption des juges, dévoilée par le tribun Quinctius dans le procès criminel de la famille d'Oppianicus, la violation des priviléges du citoyen romain, dénoncée par le tribun Lollius Palicanus; il oublie, à dessein sans doute, le fait capital, celui qui entraîna certainement la décision du peuple, le procès de Verrès. Il ne faut pas méconnaître la grandeur de ces débats, ni croire que l'éloquence de Cicéron nous fasse illusion et y attache une importance qu'ils n'eurent pas en réalité. N'oublions pas que sur les sept discours qu'il composa, les deux premiers seulement furent prononcés et que Verrès se reconnut coupable avant qu'on eût pu lire ceux-là même que nous admirons le plus. Aussi ces derniers furent ils dirigés moins contre l'accusé que contre les juges; ce sont des pamphlets politiques et non des réquisitoires judiciaires, et par eux Cicéron gagna également la seconde partie du procès. Pourquoi n'est-il pas même nommé, ni lui ni son adversaire dans une conjoncture aussi grave, quand Verrès est cité quelques pages plus haut (LIV. IV, paragraphe 71) à propos d'un fait insignifiant, quand on trouve quelques lignes plus bas une vague allusion à l'importance que Cicéron donna à l'ordre équestre?

Très-certainement de Brosses a voulu imiter Salluste jusque dans son plus grave défaut, son inexcusable partialité contre Cicéron. Mais n'a-t-il pas dépassé la mesure et outré l'imitation ? Sans doute aucun des fragments qui nous restent ne paraît se rapporter à un récit du procès de Verrès. Mais c'est là certainement un effet du hasard, une preuve insuffisante pour accuser Salluste d'une aussi odieuse injustice. Certes il est loin, dans son *Catilina*, de s'acquitter en conscience de son devoir d'historien et si nous n'avions d'autre témoignage que le sien, nous ne nous ferions pas une idée exacte du grand rôle que joua Cicéron et de la part qu'il prit au salut de la République. Mais encore le nomme-t-il, parle-t-il de son discours, en lui accordant, il est vrai, une louange froide et contrainte, et ne va-t-il pas jusqu'à altérer l'exactitude matérielle des faits par une omission qui eût indigné ses contemporains.

Il faut considérer encore que Cicéron servait une cause qui devint plus tard celle de César et de Salluste, en travaillant à restreindre le pouvoir de l'aristocratie, et à son point de vue, Salluste ne pouvait refuser aux Verrines le double mérite qu'il accorde à la première Catilinaire, celui de l'éloquence et celui de l'utilité publique. On ne peut cependant admettre que Salluste ait poussé l'injustice jusqu'à passer sous silence le rôle de Cicéron dans cette affaire précisément parce qu'il se sentait obligé de l'approuver sans réserve ; c'est déjà trop que, par la partialité qu'il a montrée dans le Catilina, il ait quelque peu mérité l'injure que lui fait son imitateur en le supposant capable d'avoir été plus odieusement partial encore dans son Histoire romaine.

Jugements politiques.

Aucune partie de l'histoire romaine n'a été plus diversement appréciée par les historiens que celle dont Salluste avait entrepris le récit. Non-seulement lui-même et ses contemporains furent entraînés par les passions politiques en parlant des événements dont ils furent témoins et où ils prirent une part active ; non-seulement ceux de la génération suivante et des deux premiers siècles de l'Empire ne purent juger impartialement ces luttes d'où sortit le régime sous lequel ils vivaient ; mais les historiens modernes eux - mêmes, soit par conviction sincère et réfléchie, soit par comparaison avec leur époque, ont porté des jugements bien opposés sur les hommes et les institutions du dernier siècle de la République. On ne fait plus guère aujourd'hui de controverse politique sur la lutte des deux ordres si éloquemment racontée par Tite-Live, qui remplit l'histoire romaine depuis l'expulsion des rois jusqu'à la conquête de l'Italie. Les avis sont déjà plus partagés sur l'époque impériale. Enfin, même en faisant abstraction des jugements inspirés par les préoccupatipns de la politique contemporaine, bien des opinions diverses se produisent sur les lois agraires, les lois cornéliennes et l'état de Rome au VIIe siècle qui, suivant les uns, devait fatalement aboutir à la monarchie et, suivant les autres, pouvait être réformé en maintenant l'ancien gouvernement.

Il importe de bien voir quelle était l'opinion véritable de Salluste, opinion qui avait dicté ses jugements dans son histoire romaine et devait, par conséqent, être reproduite par son imitateur. Salluste était ami de César et approbateur de sa politique ; cela paraît, au premier abord, s'accorder difficilement avec les regrets qu'il exprime sans cesse de voir disparaître l'ancienne Constitution romaine ; on a peine à s'expliquer comment un admirateur si passionné des mœurs d'autrefois pouvait applaudir à l'établissement d'un ordre de choses bien différent ; mais tout s'explique quand on y regarde de plus près et qu'on voit quelle idée Salluste se faisait de l'ancien gouvernement de Rome et des projets de César. A ses yeux, ce qui faisait le mérite de l'ancienne Constitution romaine, c'était un juste équilibre entre les pouvoirs du Sénat et ceux du peuple ; équilibre que Servius Tullius avait établi, que les patriciens détruisirent par la manière dont ils constituèrent la République après l'expulsion des Tarquins, et que les tribuns essayèrent à leur tour de détruire au profit du peuple. Il se maintint cependant pendant les plus beaux siècles de la République, et c'est à lui que Rome dut sa grandeur, la soumission de l'Italie, la défaite de Carthage, la conquête des provinces ; puis il fut rompu de nouveau au profit du peuple par les Gracques, Saturninus et Marius, au profit du Sénat par Sylla. Pompée, après avoir tenté de le rétablir, le rompit encore en réunissant, contrairement aux lois, tous les pouvoirs, puis en favorisant l'ambition des patriciens ; César doit le rétablir et en assurer la durée en ramenant le peuple romain aux anciennes mœurs. Dans les deux discours politiques qui, bien qu'apocryphes, semblent exprimer exactement les opinions de Salluste, il signale avec beaucoup de sagacité les vrais motifs de la prédominance usurpée par le Sénat, et les attribue, avec raison, au changement des mœurs bien plus qu'à celui des lois. Le parti de la noblesse a établi sa domination en acquérant d'immenses fortunes pendant que le peuple, dépouillé de ses terres, cessait d'être propriétaire ; il s'est rendu maître des jugements, a employé au besoin la violence et la cruauté, et par là gardé le pouvoir malgré l'incapacité des nobles dégénérés qui le composent. Il faut remédier aux maux de la République d'abord en montrant une clémence qui contraste avec les cruautés de Sylla et de Pompée, puis en partageant les jugements entre les différents ordres, en réprimant la corruption, les dépenses excessives, l'usure, sans toutefois satisfaire les aventuriers qui se joindraient au parti vainqueur dans l'espérance d'obtenir l'abolition des dettes. Il faut que le peuple redevienne propriétaire et reprenne l'habitude du travail, au lieu de vivre des distributions de blé et d'argent ; il faut enfin réformer l'armée en réglant mieux l'enrôlement et les récompenses accordées aux services militaires par l'établissement de colonies nouvelles.

Il est à remarquer combien la plupart de ces mesures diffèrent des moyens de gouvernement employes par Auguste et ses successeurs. Le meurtre de César n'empêcha pas le rétablissement de la monarchie et ne servit qu'à la rendre violente et corruptrice. Peut-être César eût-il réussi à accomplir ce que souhaitait Salluste, une grande réforme des mœurs qui eût régénéré la République, surtout par l'introduction dans la cité romaine d'éléments nouveaux. Novateur par les moyens qu'il proposait, Salluste pouvait se croire conservateur en considérant le but qu'il montrait à César; il s'agissait en somme de faire des provinces ce que les Romains des siècles passés avaient fait du Latium et de l'Etrurie, les peupler de colonies romaines et admettre parmi les citoyens les meilleurs de leurs habitants. Il s'agissait de faire revivre les vertus d'autrefois, ce qui était certainement plus facile avec des citoyens nouveaux qu'avec une noblesse dégénérée, et cette plèbe dégradée, race d'affranchis et faux fils de l'Italie, indigne de comprendre les grands desseins des Gracques. C'est ainsi que Salluste conciliait le respect des anciennes institutions de Rome avec son admiration pour les projets de César; c'est avec ces deux sentiments, en apparence opposés, qu'il a dû juger les hommes et les actes, et l'empreinte doit s'en retrouver dans l'œuvre de son imitateur.

Avant même d'arriver au cœur de son sujet, l'historien rencontre une des plus graves questions politiques de l'époque, l'admission des Italiens au droit de cité après la guerre sociale. Il rend justice aux services des Italiens, approuve le tribun Livius d'avoir appuyé leurs réclamations et cependant applaudit au subterfuge par lequel le Sénat, en même temps qu'il leur conférait les droits politiques, les empêcha de faire un usage efficace en les mettant tous dans huit tribus nouvelles au lieu de les répartir entre les 35 tribus. « Par là, dit Velléius Paterculus, il » conservait la dignité des anciens citoyens, et empêchait » que ceux qui recevaient le bienfait n'eussent plus de » pouvoir que ceux qui l'accordaient. »

Ce jugement que lui emprunte de Brosses eût-il été celui de Salluste ? Il est permis d'en douter et de croire que l'historien romain, approfondissant davantage la question, eût examiné si les Italiens s'irritèrent de cette concession trompeuse des droits politiques, ou s'ils se tinrent pour satisfaits des droits civils qu'ils acquéraient sans réserve.

Le jugement porté sur les lois de Sylla est impartial et conforme à la fois à l'équité et aux opinions de Salluste. L'admirateur des anciennes mœurs approuvait certainement les lois somptuaires et les lois pénales du dictateur, et les louait dans ses récits avec d'autant plus d'empressement qu'il les avait plus effrontément transgressées; l'ami de César ne pouvait manquer de blâmer la loi par laquelle Sylla ôta le droit de cité aux villes d'Italie qui l'avait acquis à la suite de la guerre sociale, en même temps qu'il le donnait à dix mille esclaves affranchis par lui, et qui en étaient vraisemblablement beaucoup moins dignes que ceux qu'il en dépouillait. L'énergique tableau des proscriptions et le sentiment d'horreur qui l'anime répondent également à l'indignation sincère que les cruautés de Sylla inspiraient à tous les honnêtes gens, et à l'intérêt qu'avait Salluste à flétrir les excès du parti de la noblesse.

Les causes qui rendirent si éphémère cette restauration du pouvoir des grands dont la principale fut l'absence d'esprit de corps dans une aristocratie où se confondaient les descendants des anciennes familles et les enrichis de la veille, le peu de scrupules que se firent quelques-uns de ses membres de s'appuyer sur le peuple et de sacrifier l'intérêt de leur ordre à leur ambition personnelle, sont exposées avec une netteté et une précision dignes de Salluste. Le seul récit, sans réflexions et sans commentaires des événements qui suivirent immédiatement la mort de Sylla montre très-bien pourquoi ses lois politiques, bien qu'à peine viables, ne purent être abolies tout d'abord, à cause de la violence avec laquelle Lépide les attaqua et de la modération que mit Catulus à les défendre (LIV. II, chap. 39); comment la tentative des tribuns Sicinius et Curion pour rétablir le tribunat dans ses droits fut compromise par la fâcheuse réputation de celui-ci et son éloquence de mauvais goût.

Trois ans après la mort de Sylla, les pirates s'emparent des navires qui portaient le blé à Rome, et le peuple, irrité par la famine, s'en prend à la noblesse et demande le rétablissement du tribunat. Le consul Aurélius Cotta, pour l'apaiser, porte une première atteinte aux lois cornéliennes en rendant aux tribuns le droit d'arriver aux autres magistratures. Cette concession ne fait qu'augmenter les exigences du parti populaire; et l'année suivante Licinius Macer demande le rétablissement entier du tribunat. Le Sénat, pour écarter la difficulté, a recours à un expédient dangereux; il se sert de la popularité de Pompée et propose d'attendre son retour, travaillant ainsi lui-même à la ruine de son pouvoir par celui qu'il donne à un seul homme. Pompée, en effet, recueillit en politique comme à la guerre le fruit des travaux d'autrui; il revint à Rome juste au moment où cette question du tribunat était mûre et porta au comble, et la résolvant, sa popularité déjà acquise par ses faciles victoires, et par son habileté à faire valoir ses services. Les réflexions que cet événement suggère à l'historien sont d'un grand intérêt. Il en coûtait certainement à Salluste de rendre justice à un adversaire politique. Mais il fallait bien approuver un acte conforme à ses opinions et qui rétablissait cet équilibre entre le pouvoir du Sénat et celui du peuple, principal mérite, à ses yeux, de l'ancienne Constitution romaine.

De Brosses suppose donc, et avec raison, que Salluste s'est montré plus juste envers Pompée qu'envers Cicéron, et il lui prête des considérations judicieuses sur le rôle du tribunat et sur le reproche injuste que l'on faisait à cette magistrature d'avoir été la cause de tous les troubles de la République. Les raisons par lesquelles il démontre la nécessité de l'équilibre des pouvoirs sont applicables nonseulement à l'histoire romaine, mais à la politique de tous les temps et de tous les pays, et, sans y trouver le moindre anachronisme dans les mots et dans les idées, on y reconnaît facilement un contemporain de Montesquieu. Il n'a pas de peine à démontrer, le récit seul y suffit sans commentaires, par quel courant irrésistible le peuple romain était entraîné à la monarchie. Lorsque Pompée fut investi par la loi Gabinia de l'autorité absolue sur les mers et les côtes, et d'un pouvoir supérieur à toutes les lois, l'historien fait remarquer que le Sénat, en le lui conférant, outrepassa ses droits, car, d'après la Constitution romaine, une telle autorité ne pouvait être confiée à un citoyen que par le Sénat et le peuple réunis. Mais l'opinion qui avait imposé cette mesure au Sénat, ne songea pas à lui demander compte de la manière illégale dont elle fut prise. Quand le tribun Manilius proposa d'augmenter encore la puissance de Pompée, le parti de la noblesse vit le danger, mais trop tard; il n'était plus temps de s'apercevoir que Pompée, élevé au-dessus des lois, et n'ayant plus besoin du parti qu'il avait servi jusqu'alors, était prêt à l'abandonner pour celui qui lui livrait la toute-puissance. Le tort du peuple, aux yeux de l'historien, ne fut pas de chercher un refuge contre les dangers du dehors et de l'intérieur dans le pouvoir d'un seul, mais de choisir un homme d'un mérite bien inférieur à sa réputation : « On se trouve dans » la nécessité de souffrir des maîtres quand la liberté » devient à charge; il a bien fallu changer de maximes » en changeant de mœurs et de gouvernement. » Telle est la conclusion par laquelle de Brosses termine son ouvrage, en se servant d'expressions empruntées à Saint-Evremond et à Montesquieu. On peut la contester en elle-même, mais on ne saurait croire que Salluste en eût admis une autre.

Caractères et Portraits.

Cette époque de l'histoire romaine offrait une mine féconde à un écrivain curieux de faire connaître les hommes et de tracer des portraits : on y voit figurer successivement, pour ne parler que des principaux personnages, Marius, Sylla, Pompée, Sertorius, Crassus, Lucullus, Spartacus, Mithridate ; on y assiste aux commencements de César, et Cicéron devait y tenir une grande place si l'injustice de Salluste à son égard n'eût été imitée et même exagérée par de Brosses. Pour comble de bonheur, on peut étudier la plupart d'entre eux dans les biographies de Plutarque, ou dans leurs écrits et leurs discours, ou dans des écrits contemporains tout remplis de leurs passions et de celles qu'ils excitèrent autour d'eux. C'était une riche mine à exploiter, et un beau sujet d'émulation pour l'imitateur de Salluste. Aussi les portraits sont-ils nombreux dans son ouvrage, et plus nombreux encore les personnages qu'il nous fait connaître en les faisant agir.

Sur les cinq hommes dont il trace le portrait, il en est deux dont Plutarque a écrit la biographie : Sylla et Sertorius ; deux des trois autres, Mithridate et Spartacus, nous sont connus par des récits détaillés ; le dernier, Catulus, est moins connu, malgré le rôle important qu'il joua dans les affaires intérieures de Rome, et ce n'est pas le moindre mérite du Président de Brosses de l'avoir fait mieux connaître.

Ces portraits marquent bien le trait particulier et caractéristique par lequel chacun des personnages vit dans la mémoire des hommes : ils font nettement ressortir chez Sylla l'opiniâtre volonté qui lui fit accepter tous les moyens pour arriver au but ; la confiance en sa fortune qui lui fit braver non-seulement les périls des guerres étrangères et civiles, mais encore les haines et les vengeances de ses concitoyens ; un singulier mélange d'impiété et de superstition ; enfin le portrait de Sylla marque bien la véritable nature de son ambition qui lui faisait désirer le pouvoir moins pour lui que pour son parti ; et par là s'explique son abdication mieux que par ce dégoût de la toute-puissance qu'a si bien peint Montesquieu dans le dialogue de Sylla et d'Eucrate.

Sertorius (LIV. IV, page 519) est comparé avec raison à Annibal par l'habileté avec laquelle il sut se créer des ressources dans une situation désespérée ; le mérite que l'historien lui accorde de s'être montré plus humain, et la fierté avec laquelle, tout en traitant avec Mithridate, il maintint les intérêts et l'honneur de Rome en font un caractère digne d'avoir inspiré Corneille.

Mithridate (LIV. III, pages 54 et 59.) et Spartacus ont forcé les Romains eux-mêmes à leur rendre justice. Salluste d'ailleurs a compris, plus qu'aucun autre historien, que rabaisser un ennemi vaincu n'était pas le meilleur moyen de glorifier Rome; il ne cherche pas à cacher les grandes qualités que possédèrent, au milieu de leurs vices, Jugurtha et Catilina lui-même. Aussi de Brosses a-t-il été fidèle imitateur en montrant par quels talents, par quelle force de volonté surtout le roi barbare et le gladiateur révolté purent tenir en échec la puissance romaine. Spartacus surtout, qui infligea à la République l'humiliation de la faire trembler devant une bande d'esclaves fugitifs, méritait d'être comparé à Annibal moins encore pour avoir vaincu plusieurs armées romaines que pour avoir su maintenir l'ordre et la discipline dans la sienne ; et de Brosses a certainement retrouvé la pensée et le langage de Salluste en disant que si quelque chose peut diminuer l'opprobre que subit Rome, c'est le mérite incontestable de l'homme qui le lui fit subir.

Lutatius Catulus, consul l'an 674 de Rome, 78 ans avant l'ère chrétienne, réprima la tentative faite par son collègue Lépide pour abolir les lois de Sylla et soutint toujours le parti du Sénat. Salluste, nous le savons par ses fragments, n'en rendit pas moins justice à l'honnêteté de son caractère. Il le considérait comme le véritable modèle du bon citoyen, n'ayant d'autre ambition que de défendre la République contre l'ambition des autres, disant la vérité à son parti comme à ses adversaires, et se renfermant toujours dans la plus stricte légalité. Catulus combattit les lois Gabinia et Manilia, et signala le danger qu'il y avait à confier des pouvoirs aussi étendus à un seul homme.

Bien qu'en cette circonstance il combattit l'illégalité et l'usurpation, et non la personne de Pompée, et que par conséquent sa conduite fût la condamnation de l'ambition de César aussi bien que de tout autre, Salluste dut se complaire à retracer le portrait du seul de ses personnages qu'il pût admirer sans réserve. Les honnêtes gens comme Catulus sont toujours rares aux époques de troubles civils où cependant ils seraient si nécessaires : aussi faut-il savoir gré à l'historien d'avoir mis en lumière ce caractère trop peu connu, dont le spectacle repose l'es-

prit du lecteur au milieu de tant de violences et de four-
beries.

Mais l'historien, pour faire vivre ses personnages, n'a
pas toujours besoin de tracer leur portrait et souvent
même les peint mieux par leurs actes. Il en est ainsi de
quelques-uns de ceux qui figurent dans l'histoire romaine
de Salluste. Marius d'abord, devenu par la défaite de
Jugurtha l'espoir de la République, reparaît, mais non à
son avantage. Le vainqueur de Jugurtha et des Cimbres
fait triste figure dans la politique ; non-seulement son esprit
s'y égare, mais son caractère s'y abaisse. Sa conduite
équivoque lors de la révolte de Saturninus et de la guerre
sociale, sa complicité avec d'ineptes factieux tels que
Carbon et Cinna, ses cruautés sans fin et sans raison,
qui ne sont pas même excusées, comme chez Sylla, par
une pensée politique quelconque, n'ont besoin que d'être
racontées pour changer notre admiration en mépris et
nous faire voir, comme aux contemporains, la délivrance
de Rome dans la mort de celui qu'elle avait appelé son
troisième fondateur. Salluste eût-il été aussi sévère pour
l'oncle de César et le chef du parti populaire ? On peut le
supposer et admettre que, outre le désir de se montrer impartial, il ne craignit pas de flétrir l'incapacité
politique de Marius pour mieux marquer le contraste avec
la conduite et les talents de César.

Lucullus, au contraire, est peint sous les couleurs les
plus favorables. Le récit de ses campagnes est le plus bel
éloge de ses grands talents militaires et l'auteur le loue
avec raison d'un mérite rare parmi les Romains, d'avoir
protégé les provinciaux d'Asie contre les exactions des
chevaliers.

Salluste eût écrit, non sans remords, mais avec l'espérance, soit de cacher ses propres pillages, soit de les
faire pardonner, la page qui retrace les excès réprimés
par Lucullus ; il l'eût écrite pour appuyer la politique de
César qui, lui aussi, sans avoir la conscience bien nette
sur ce point, se déclara le protecteur des provinces ; enfin
tout ce qui pouvait donner une haute idée des talents et

du caractère de Lucullus servait à rendre plus odieuse
la conduite de Pompée, qui vint lui arracher la victoire
« semblable à ces oiseaux de proie qui ne s'attaquent
» qu'aux cadavres des animaux abattus par d'autres et
» déjà rongés. »

Pompée enfin est le véritable héros de l'histoire de Salluste, et celui qu'elle fait le mieux connaître. L'historien
a fait preuve d'une sage réserve en ne traçant pas son
portrait, qu'on aurait pu taxer de partialité; il laisse parler les faits. Pompée se charge de nous montrer lui-même
sa vanité dans la lettre qu'il écrit d'Espagne au Sénat pour
réclamer des secours, et où il s'attribue, oubliant volontairement les services de Metellus, tout le mérite des résultats déjà obtenus; par les trophées qu'il érige sur les
Pyrénées, avec une inscription rappelant qu'il a conquis
huit cent soixante-seize villes; par son obstination à célé-
brer pour la seconde fois, vainqueur dans une guerre civile,
un triomphe illégal; par son empressement puéril à s'approprier la victoire de Crassus sur les esclaves révoltés,
comme il s'est approprié celle de Metellus sur Sertorius,
comme il s'appropriera celle de Lucullus sur Mithridate;
par la feinte modestie avec laquelle il recherche la popularité en se montrant à son rang à a revue des chevaliers
et l'obtient, tout en se vantant de n'avoir jamais servi que
comme général en chef, c'est-à-dire d'avoir violé les lois;
enfin par sa facilité à les laisser violer à son profit, et plus
manifestement que jamais, en acceptant les pouvoirs que
lui conféraient les tribuns Gabinius et Manilius. Tel est
bien le personnage que Salluste eût dépeint sans qu'on
pût l'accuser de malice ou de partialité, afin de nous montrer combien peu lui convenait, dans sa lutte contre César,
le rôle de défenseur des lois et de la Constitution, quel
était l'empressement de Rome à chercher un maître pour
avoir accepté celui-là, et combien était urgente la double
nécessité où se trouvait la République de se donner un
chef et de le choisir autre que Pompée. On peut donc
conclure, après avoir examiné les jugements politiques
que de Brosses a prêtés à son auteur et la manière dont il
dépeint les personnages, qu'il s'est conformé à ce que

nous connaissions des opinions de Salluste; ce qu'il pouvait faire d'ailleurs, sauf en quelques points, sans se départir des devoirs d'un historien exact et impartial.

Les descriptions géographiques.

C'est aussi avc raison qu'il croyait l'imiter fidèlement en n'épargnant pas les dissertations géographiques; peut-être cependant, nous l'avons déjà dit, peut-on lui reprocher d'avoir outré l'imitation et un peu manqué de goût en les prodiguant trop et en les plaçant mal à propos. Mais en les considérant à part, en appréciant l'exactitude et l'intérêt des renseignements qu'elles renferment, on reconnaît que de Brosses a presque égalé l'érudition et la sagacité de son modèlc.

Il avait d'ailleurs d'excellents guides qui remplacent pour nous les sources aujourd'hui perdues qu'avait consultées Salluste; en première ligne il faut citer Strabon et Arricn; celui-ci, dans son périple du Pont Euxin, décrit ce qu'il avait vu de ses yeux, et, comme Hérodote en pareil cas, peut être accepté comme l'autorité la plus sûre. Strabon ne se contente pas de décrire les pays et de mesurer les distanccs; il abonde en renseignements sur les origines des peuples, lcurs migrations, leurs mœurs; comme Hérodote aussi, il rapporte des fables dont l'interprétation fournit à l'histoire de précieux documents. Aristote, souvent cité par de Brosses, est utile à consulter dans sa *politique* sur les gouvernements et les institutions des peuples. Après ces trois grandes autorités en viennent d'autres de moindre valeur auxquelles l'historien a su, comme dans les autres parties de son ouvrage, assigner leur rang véritable.

La description des Iles Fortunées (LIV. II, ch. 5) est plutôt celle d'une contréc fabuleuse que d'une région réellement connue des temps de Salluste. A en juger par un de ses fragments, il en ignorait même la position véritable, car il les place à plus de 10,000 stades de Gadès. Or, les Canaries, dans lesquelles on reconnaît ces îles, ne sont pas à plus de 300 lieues de Cadix, et, en adoptant, comme l'a fait de Brosses, le stade olympique de 185 mètres dont se servaient toujours les auteurs latins, cette distance se trouve portée à 1,850 kilomètres ou beaucoup plus de 400 lieues. Les Carthaginois y avaient certainement pénétré, mais ils étaient fort jaloux de leurs découvertes et peu empressés à les faire connaître aux autres peuples. Les renseignements empruntés par Pline l'Ancien à l'ouvrage aujourd'hui perdu du roi Juba ne manquent pas d'exactitude; et c'est avec raison que de Brosses a inséré dans cette dissertation un curieux fragment de Salluste rapportant les fables débitées par les Maures et les Antipodes; il cite dans une longue note les opinions des anciens sur cette question, et y laisse voir l'intérêt qu'il y attache et qui l'a amené à étudier l'histoire des navigations dans les mers australes.

Dans sa description de la Sardaigne, de Brosses s'est vu obligé de reproduire quelques erreurs légères que contenaient les fragments de Salluste, en particulier sur les dimensions de cette île qu'il croit à tort plus petite que la Sicile. Mais ce qui est plus fâcheux, c'est qu'au milieu des fables un peu confuses qu'il rapporte sur l'origine des premiers habitants de la Sardaigne, il n'ait pas démêlé la vérité qui se dégage si nettement d'un passage d'Aristote cité par lui. Ce passage (Aristot. *de mir. aud.*) signale la ressemblance qui existe entre les anciens monuments de la Grèce et ceux de la Sardaigne que nous connaissons sous le nom de *nouraghes*.

Par là s'explique la tradition qui attribuait ces monuments à des populations d'origine troyenne, et elle se concilie avec celles qui mentionnent l'émigration des colons grecs, car les premiers habitants de la Sardaigne appartenaient, sans aucun doute, à la même race pélasgique qui peupla l'Italie, la péninsule hellénique et l'Asie-Mineure et à laquelle appartenaient également les Grecs et les Troyens. Il aurait pu aussi reconnaître dans les Tynhéniens cités par Strabon comme les premiers habitants de l'île un peuple d'origine pélasgique qui habita l'Etrurie avant l'arrivée des Rhasénas, et dans les légendes relatives à Hercule et à ses descendants un souvenir de la colonisation phénicienne sans pour cela dépasser la limite des connaissances qu'on peut légitimement attribuer à Salluste. S'il a raison de révoquer en doute la fable invraisemblable rapportée par Salluste, qui attribue la découverte de la Corse à des bœufs franchissant à la nage le bras de mer qui la sépare du continent, il a tort de contester la parenté de ses habitants avec les Ligures, parenté suffisamment prouvée par ce que disent les anciens de la ressemblance de leur costume avec ceux des Cantabres, et de la difficulté d'apprendre leur langue, si différente du grec et du latin.

En parlant de l'Espagne à propos de la guerre contre Sertorius, le Président de Brosses distingue très-nettement les populations indigènes des colonies qui furent fondées par les Tyriens d'abord, puis par les Carthaginois; mais il néglige d'établir une distinction non moins importante entre les Celtes et les Ibères; il dit un mot de ceux-ci, citant l'opinion de Varron qui leur attribue une origine asiatique et les assimile aux Ibères du Caucase; une étude plus approfondie sur cette race, telle que Salluste l'avait probablement faite, l'eût mieux éclairé nonseulement sur les habitants de l'Espagne mais sur ceux de la Corse et leur parenté avec les Ligures et les Cantabres.

La description de Cyzique (LIV. III, chap. 34) et celle de Sinope (IV, 84), en même temps que, par la connaissance des lieux, elles aident à comprendre les opérations militaires qui eurent lieu autour de ces villes, renferment des renseignements exacts et intéressants sur les origines et le commerce des colonies grecques de la Propontide et du Pont Euxin.

A propos de l'île Dia (LIV. IV, chap. 27), de Brosses prête à Salluste, non sans vraisemblance, l'intention de rappeler les traditions des pays sur lesquels la domination romaine s'est étendue de son temps pour la première fois, et il emprunte à Varron une interprétation de la fable des Aloïdes conforme au système d'Evhémère.

La tentative de Spartacus pour franchir le détroit de Messine amène une dissertation par laquelle il démontre que la Sicile a été autrefois jointe à l'Italie et en a été séparée par une commotion de la terre bien facile à expliquer dans une région aussi tourmentée par les éruptions volcaniques. De Brosses y rattache une longue note dans laquelle il expose le système de Buffon sur l'action des feux souterrains et des eaux et l'appuie de nombreux exemples empruntés à la géographie moderne, non sans faire au passage une allusion mordante à Voltaire et à son obstination à nier des faits évidents.

Dans la description de l'Arménie, il s'occupe beaucoup moins de la configuration du pays que de l'origine et des antiquités de la nation. Il rejette avec raison les fables par lesquelles les Grecs voulaient assigner aux Arméniens une origine hellénique; il constate cependant la ressemblance remarquée par les anciens entre eux et les Phrygiens, surtout dans le costume, les armes et la langue; ce fait a été confirmé et expliqué par la science moderne qui a reconnu la parenté des Arméniens avec les anciennes populations pélasgiques de l'Asie-Mineure, issues comme elles de la grande famille aryenne. Les récits qu'il emprunte à Diodore, à Hérodote et à Xénophon, où nous voyons l'Arménie s'affranchir de la domination assyrienne, devenir tributaire des Perses, puis d'Alexandre et des Séleucides jusqu'au moment où elle reconquit de nouveau son indépendance sous Antiochus-le-Grand, sont confirmés par les historiens indigènes.

Il a fait usage aussi de l'*Histoire d'Arménie* de Moïse de Khoren, publiée à Londres et traduite en latin par les frères Whiston, 1736.

Les renseignements qu'il donne sur la Mésopotamie et le cours du Tigre et de l'Euphrate sont exacts, mais peut-être trop brefs; il est probable que Salluste, se souvenant du désastre de Crassus dans les plaines de Carrhes et songeant aux projets de César contre les Parthes, avait apporté plus de soin et donné plus d'étendue à la description de ces régions; celle que nous donne son imitateur est à peine suffisante pour faire comprendre les opérations de Lucull us.

En revanche, ce n'est pas par excès de brièveté qu'il a péché dans le Périple de l'Euxin. Nous savons que Salluste avait donné à ce travail une grande étendue ; nous avons examiné ailleurs s'il formait un ouvrage séparé et si de Brosses avait eu raison de le rattacher au récit de la guerre contre Mithridate ; il convient maintenant d'en apprécier le mérite scientifique.

Les documents que nous a légués l'antiquité sur le Pont Euxin sont des plus abondants ; on peut affirmer que ces régions étaient mieux connues dans l'antiquité des Grecs et des Romains qu'elles ne l'étaient des nations de l'Europe occidentale au commencement du XVIIIe siècle. Le grand nombre de colonies grecques qui avaient été fondées sur les rives de l'Euxin, le commerce actif que les Athéniens surtout faisaient avec les riverains du Bosphore Cimmérien, et qui s'accrut encore après la conquête de l'Asie par Alexandre, les longues guerres des Romains dans ces contrées avaient attiré sur elles l'attention des historiens et des géographes grecs et latins. Aussi Hérodote avait-il déjà des notions très-exactes sur cette mer ; déjà en effet, un de ces contemporains, Scylax de Caryande, l'avait explorée dans son périple entrepris par ordre de Darius et la décrit brièvement dans sa relation (§ 67 à 93). Plus tard Scymnus de Chios et Denys de Charax l'ont décrite, le premier en vers iambiques (718-980), le second en hexamètres (*Periegesis* 140-163, 302-314, 620-688). L'ouvrage de celui-ci, déjà assez détaillé par lui-même, a été paraphrasé en vers latins par Rufus Festus Avienus et Priscien, commenté par Eustathe et enrichi de scholies par un anonyme, de sorte que tous ces documents réunis donnent des renseignements assez complets sur l'Euxin. On trouve de nombreuses indications, relatives surtout aux traditions fabuleuses dans un ouvrage faussement attribué à Plutarque sur les noms des fleuves et des montagnes, dans les chapitres qui traitent du Phase (5) du Sagaris (12), du Tanaïs (14) et du Thermodon. (17)

Denys de Byzance avait écrit une description très-détaillée du Bosphore, dont nous n'avons plus qu'un court fragment et la traduction latine du reste faite au XVe siècle par Pierre Gilles d'Alby. Enfin le plus détaillé et le plus digne de foi de ces périples de l'Euxin, c'est celui qu'écrivait Arrien de Nicomédie, auteur de l'*Anabase d'Alexandre* et des *Indiques*. Il avait fait lui-même cette navigation, étant gouverneur de Cappadoce, vers l'an 134 de notre ère, par ordre d'Adrien, afin de connaître les peuples barbares qui habitent les bords de l'Euxin, et d'étudier les moyens de repousser leurs invasions. Il avait eu déjà à combattre contre les Alains et prévoyait les dangers qui menaçaient Rome de ce côté. Aussi trouve-t-on dans cet ouvrage, comme dans son histoire de l'expédition d'Alexandre, la plus grande exactitude, soit qu'il décrive les lieux qu'il a vus, soit qu'il rapporte les traditions qu'il a entendues. C'est, avec Hérodote et Strabon, le meilleur guide que pût suivre de Brosses et c'est presque exclusivement avec eux trois qu'il a refait le périple de l'Euxin écrit par Salluste.

Dans ce morceau qui fut lu à l'Académie des Inscriptions et Belles-lettres en 1762 et en 1766, il a adopté la même forme qu'Arrien et que tous les auteurs de semblables descriptions : après quelques indications générales sur l'Euxin, sa forme, ses dimensions, la nature des eaux et des vents, les poissons que nourrit cette mer, et sur la navigation des Argonautes, il passe en revue, en partant du Bosphore et en se dirigeant à l'Est vers la Colchide, puis en revenant par la Chersonèse Taurique et les bouches du Danube, tout ce que l'on rencontre de remarquable le long des côtes. Il décrit l'aspect de chaque pays, ses productions, les mœurs des habitants et recherche leurs origines, celles des villes et en particulier celles des colonies grecques, telles que Sinope, Trébizonde, Odessus, Salmydesse, etc.

Peut-être la science moderne exige-t-elle plus d'ordre et de méthode, mais cette forme plaisait aux anciens par la variété des objets, et c'est certainement celle qu'avait adoptée Salluste. De Brosses emprunte aux anciens beaucoup d'observations curieuses et utiles, confirmées par les voyageurs modernes, sur le ciel brumeux de la mer Noire, ses vagues courtes et violentes qui en rendent la navigation si dangereuse pendant la mauvaise saison, son peu de profondeur, la faible salure de ses eaux, le nombre des bas-fonds et leur accroissement journalier ; il est reconnu, ce qui a été démontré sans contestation possible, que l'Euxin et le Palus Meotides occupaient autrefois une surface beaucoup plus étendue, qui a diminué en partie par l'évaporation, en partie par l'écoulement qu'ont trouvé les eaux en s'ouvrant le Bosphore de Thrace. Ils ont conclu de ces observations que la mer Noire finirait par être transformée en un lac d'eau douce et cette hypothèse a été confirmée par un fait analogue : les naturalistes modernes ont trouvé dans le lac Baïkal, en Sibérie, des animaux qui vivent habituellement dans la mer et qui se sont peu à peu habitués à la lente transformation de l'eau salée en eau douce. Enfin l'explication qu'ils donnaient de l'accroissement des bas-fonds par les dépôts qu'apportent les fleuves est également conforme à nos connaissances actuelles.

En ce qui concerne l'histoire des nations, nous trouvons des détails pleins d'intérêt sur les nombreuses colonies grecques qui bordaient les côtes de l'Euxin; on peut citer comme une véritable curiosité historique la longue existence de ce petit royaume demi grec demi barbare du Bosphore Cimmérien qui, pendant quatre siècles, resta établi là comme une sentinelle avancée de la civilisation jusqu'au moment où Mithridate le réunit à ses Etats. La prodigieuse variété des races et des langues qu'on remarquait dès lors dans la région du Caucase est bien mise en lumière par ce fait très-exact et très-vraisemblable que cite Strabon, en disant qu'au marché de Dioscurias se rencontraient des gens appartenant à soixante-dix nations de langue différente. L'auteur a nettement indiqué la parenté des Bryges ou Phrygiens avec les populations primitives de la Grèce ; c'est avec raison qu'il recherche l'étymologie du nom des Paphlagoniens dans une origine commune avec celui des Pélasges, origine qu'il demande avec Bochart à la langue phénicienne et que la linguistique moderne a trouvée dans celle des Aryens. Il a non moins nettement marqué la différence entre les peuples d'origine scythique habitant les rives du Tanaïs et du Borysthène, dont il décrit les mœurs sauvages d'après Hérodote, et les Bastarnes Peucins dont il constate avec Tacite l'origine germanique.

Ce périple de l'Euxin est donc un morceau d'un grand mérite, qui permet d'affirmer que de Brosses y a montré une solide érudition, et a su donner à sa description la forme qu'elle eût reçue de Salluste lui-même.

De Brosses eut encore à s'occuper de géographie ancienne à propos du Jugurtha et du Catilina, il se servit avec fruit des travaux de d'Anville, surtout pour le Jugurtha, et lui emprunta la carte de la Numidie qu'il y a insérée ; cette carte, inférieure à nos cartes modernes pour la géographie physique, à cause des travaux faits dans ces contrées, est aussi exacte qu'elle pouvait l'être alors sur ce point, et la détermination des lieux nommés par Salluste y est faite avec une précision qui n'a pas été dépassée. Pour le Catilina, de Brosses avait voulu visiter et voir de ses yeux le théâtre de la victoire d'Antoine et de Petreius. On ne s'en douterait guère à voir l'informe croquis inséré dans le 3e volume, qui fait regretter qu'il ait perdu, comme il le dit, une excellente carte levée par M. de Médicis, gouverneur de Pistoia, et une autre copiée sur celle du Vatican. Heureusement il a tiré parti de ses recherches dans les notes qui accompagnent la traduction du Catilina, où les lieux sont décrits avec beaucoup d'exactitude et de précision.

CHAPITRE III

DU STYLE

Quelle que fût la difficulté de la composition historique dans la restauration de l'ouvrage perdu de Salluste, peut-être de Brosses en rencontra-t-il une plus grande en cher-

chant à imiter son style. Il nous dit lui-même dans sa préface (page vij) que, si la partie de son ouvrage qui est composition est plus considérable, celle qui n'est que traduction est plus difficile : « Ce n'est pas une tâche mé-
» diocre que d'avoir à rendre en notre langue, bien moins
» concise et moins mâle que la sienne, un auteur qui n'eut
» jamais d'égal en précision et en énergie, qui excelle par
» dessus tout autre à renfermer tant d'idées en si peu de
» mots, à dessiner tout un portrait, tout un caractère, en
» deux ou trois mots. »

A cette difficulté particulière à une traduction de Salluste s'ajoutaient encore celles qui sont communes à toute espèce de traduction ; de Brosses les explique d'après le système qu'il a développé dans son traité de la formation mécanique des langues. Les raisons qu'il donne ne manquent ni de vérité ni de profondeur, et il faut en tenir compte pour juger impartialement son ouvrage. (Préface, page viij) :

« En quelque langue que ce soit, les mots ne répondent
» que très-imparfaitement aux idées, surtout aux idées mo-
» rales, combinées ou réfléchies, dont les archétypes
» n'existent pas réellement et distinctement hors de nous
» dans la nature, mais ne sont que des êtres métaphy-
» siques, des considérations morales ou des combinaisons
» relatives, conçues et écloses dans l'esprit humain. Les
» idées de cette espèce si abondantes ne sont circons-
» crites et nettement terminées que dans l'esprit de celui
» qui les a. Les mots, beaucoup plus bornés que les
» pensées, parce que la faculté vocale l'est infiniment plus
» que l'imagination ou que l'entendement, ne le rendent
» que d'une manière plus vague, dont le sens n'est fixé
» à son juste point que par celui qui les emploie. »

Ainsi donc un premier obstacle empêche l'idée que le traducteur a jugée exactement correspondante, ou, pour parler la langue philosophique, adéquate à celle de l'auteur traduit, de paraître telle à tous ses lecteurs ; c'est que chacun d'entre eux peut attacher au mot que le traducteur a choisi une idée différente de celle qu'y attache le traducteur lui-même, et par conséquent, tout en s'accordant avec lui sur le sens de l'auteur, trouver que sa traduction l'a mal rendu.

Cette observation, juste déjà quand on l'applique aux idées individuelles, l'est encore plus appliquée à ce qu'on peut appeler les idées collectives. Non-seulement chaque individu attache à un même mot d'une langue une idée différente de celle qu'y attache un autre, mais plus grande encore est la différence entre le sens qu'une génération attache à un mot et celui qu'y attachera la génération suivante.

Bien des mots latins changent de sens suivant l'époque de l'auteur, suivant qu'on les lit dans le vieux Caton, dans Cicéron ou dans Tacite ; il est un grand nombre de mots français auxquels nous n'attachons plus la même idée qu'y attachaient Montaigne, Bossuet ou Voltaire. Aussi une traduction française d'un auteur ancien, si elle risque de paraître inexacte aux contemporains du traducteur, risque-t-elle à plus forte raison d'être jugée ainsi par les lecteurs d'une autre génération.

Une autre raison encore empêche de faire une traduction d'un auteur ancien qui satisfasse complétement le lecteur. En lisant un ouvrage écrit en langue vulgaire, il ne donne au sens de chaque mot « que l'intensité ou
» la dose accoutumée, sans plus ni moins ; au lieu que
» si le livre est écrit en langue étrangère, où le sens
» des termes n'est pas, faute d'usage, aussi strictement
» restreint par l'habitude de les entendre, le lecteur
» pouvant donner un peu plus de carrière à son intelli-
» gence lit, pour ainsi dire, la pensée de l'auteur plutôt
» que sa phrase ; et, sans trop précisément s'arrêter
» aux termes dont il s'est servi, veut pénétrer au fond
» de son idée, au-delà même des expressions toujours
» plus faibles que les conceptions. C'est la raison pour
» laquelle on trouve toujours plus de force et d'énergie
» dans un écrit en une langue morte que s'il l'était en
» une langue vivante. On ne peut guère douter qu'en
» ceci les livres des anciens n'aient gagné dans notre

» esprit et qu'ils n'aient acquis à cet égard un certain
» avantage que notre imagination leur donne sur nos
» livres modernes. Dans ceux-ci on ne lit précisément
» que ce que l'auteur a dit ; dans les autres on y lit
» plutôt ce qu'il a voulu dire que ce qu'il a dit. » C'est
une observation qui est devenue vulgaire que cet affaiblissement progressif du sens des mots, très-bien peint
par cette comparaison toujours juste, quoiqu'elle ait été
souvent faite, avec l'effacement que subit, par la circu-
lation, l'empreinte des pièces de monnaie. Les mots d'une
langue morte, au contraire, peuvent être comparés à
des pièces de monnaie qui, au lieu de circuler, sont
précieusement gardées comme des objets d'art et con-
servent ainsi la netteté de leur empreinte ; et la comparaison avec celles-ci fait vivement ressortir l'usure des
premières.

Une comparaison de ce genre justifie entièrement l'assertion du Président de Brosses, et explique comment
la partie de son ouvrage qui n'est que traduction lui a
pu sembler plus difficile que celle qui est composition.
En lisant les récits qu'il a reconstitués d'après les auteurs grecs ou latins, on y trouve de grandes qualités
de style ; ses défauts ordinaires, les expressions vagues
ou impropres, les phrases mal construites et embar-
rassées ont entièrement disparu. On retrouve une certaine couleur antique qui s'explique par l'étude approfondie qu'il avait faite, non-seulement de Salluste, mais
d'autres auteurs, et que peu de ses contemporains avaient
poussée aussi loin. Il est probable qu'il n'avait pas lu
tous les auteurs latins dans le texte, et certain qu'il ne
connaissait les auteurs grecs que par des traductions.
Maiis les traductions elles-mêmes, faites pour la plupart au
siècle précédent, conservaient la forme antique beaucoup
plus que les écrits du XVIII⁰ siècle. Celle de Plutarque surtout, outre l'intérêt qu'elle offrait pour la connaissance des
faits, avait de plus l'attrait du style d'Amyot, et de Brosses
a souvent des expressions et des tournures de phrase
qui se ressentent d'un commerce assidu avec lui. On
peut dire aussi, à la louange du Président de Brosses,
qu'il a su en même temps emprunter aux écrivains de

son siècle quelques-unes de leurs qualités, et surtout celles qui offraient quelque analogie avec celles de Salluste : la phrase courte et concise de Montesquieu, par exemple, se rapproche plus du style de l'historien latin que la période ample et abondante de Bossuet. Cette même concision se retrouve dans l'histoire de la République romaine ; de courtes propositions se succèdent, sans autre lien que la suite naturelle des idées, et celle-ci est assez apparente pour rendre inutiles les liaisons artificielles ; l'allure vive et rapide du style soutient l'attention, et les deux qualités qu'on remarque le plus sont la clarté et la simplicité. Jamais le lecteur n'est arrêté par une pensée obscure ou une expression douteuse.

Ce n'est pas que la profondeur manque ni l'énergie ; l'une et l'autre abondent, et il n'y a guère lieu d'en faire un mérite à de Brosses, car son ouvrage ne renferme peut-être pas deux lignes dans une page qui ne soient traduites d'un auteur ancien ; il a su, du moins, tout en respectant la pensée de chacun, répandre sur l'ensemble une couleur uniforme, de sorte que, tant de styles divers sont ramenés à un style unique qu'on peut, sans un effort trop grand de l'imagination, prendre pour celui d'une assez bonne traduction de Salluste : « Le cadre de chaque frag-
» ment, dit-il dans sa préface (page xxvj), est toujours
» tiré de quelque ancien écrivain, même en conservant,
› autant que possible, ses propres expressions. Il est
» rarement aisé de joindre la phrase de Salluste à celle
» de l'auteur qui le remplace et l'explique, à cause de la
» différence de ton et de style, toujours grande entre deux
› écrivains. Cicéron, par exemple, celui de tous qui four-
» nit ici le plus de matériaux, est si loin de Salluste à cet
» égard qu'il est impossible de les assortir. Ce sont les
» deux extrêmes, et tous deux excellents dans leur genre :
» l'un nombreux, riche et périodique, tel qu'il convient
» à l'abondance oratoire ; l'autre nerveux, rapide et pressé,
» tel qu'il convient à la précision historique. Il n'y a pas
» moyen de lier les phrases de ces deux auteurs sans
› former une choquante disparate. On est forcé de chan-
› ger la tournure de celle de Cicéron, ce qui lui fait perdre

» beaucoup. Dans l'insertion des passages d'autres auteurs,
» dont le style est moins dissemblable, je le rapproche le
» mieux que je puis, sans altération trop marquée, qui
» m'écarterait de la loi que je me suis faite de ne rien
» dire ici de moi-même, mais de laisser parler les anciens.
» Leurs paroles ont ici une autorité que je n'ai pas, et le
» langage latin des gens qui le parlaient, quel qu'il soit,
» vaudra toujours mieux que le mien. Je sens les incon-
» vénients de cette bigarrure de style, que produit l'as-
» semblage de tant de pièces de rapport tirées de diffé-
» rentes carrières. Il faut moins s'attendre à retrouver
» dans ce supplément le style de Salluste que l'exacte
» vérité des citations et des faits; mon devoir est de
» sacrifier ici l'élégance à la fidélité. »

Cet inconvénient se présentait surtout dans la restitution
du texte latin qu'il avait entreprise et à laquelle il renonça;
il se présentait aussi, quoique moins sensible, dans la
composition de l'ouvrage français, et de Brosses a su
l'éviter, sans avoir besoin, quoi qu'il en dise, de sacrifier l'élégance, car il a celle de la simplicité; or, cette
dernière qualité n'était pas autant que la clarté propre
au XVIIIe siècle. Montesquieu lui-même recherche parfois
dans les sujets les plus graves le trait piquant et ingénieux. De Brosses ne l'imite pas et mérite le très-grand
éloge de n'avoir point essayé de donner de l'esprit à
Salluste. On chercherait en vain dans tout l'ouvrage une
ligne, un mot qui soit placé uniquement pour l'effet;
rien n'arrête le lecteur, rien ne détourne son attention
du sujet pour l'attirer sur l'auteur. On chercherait tout
aussi inutilement un morceau brillant, qui puisse se dé-
tacher de l'ensemble et figurer dans un recueil; on réus-
sirait mal à donner une idée juste de ce livre trop peu
connu en en citant des fragments : autant vaudrait
montrer une brique ou une pierre de taille isolée pour
faire connaître un de ces monuments romains qui, dénués
de tout ornement, tirent leur beauté de leur grandeur, de
leur simplicité et de leur utilité. Pour apprécier l'ouvrage il faut tout le lire entier, et en s'y laisse entraîner facilement par l'attrait d'un récit dont l'intérêt est dans les

faits eux-mêmes, et non dans les agréments ajoutés par l'historien.

Telle est l'impression que laisse la lecture de l'ouvrage quand on n'a point sous les yeux, comme terme de comparaison, à côté du français du Président de Brosses, le latin de Salluste.

On ne songe pas à comparer tel ou tel passage avec le passage d'Appien de Florus ou de Plutarque dont il est traduit ; l'auteur pourrait répondre à une critique tirée de ce rapprochement en alléguant qu'il leur a demandé seulement des faits et des renseignements et que, loin de chercher à reproduire leur style, il ne songe qu'à se rapprocher le plus possible de celui de Salluste. Il n'en est pas de même quand il traduit un fragment important de l'historien latin, par exemple, les six discours conservés par Pomponius Lœtus ; alors malgré le soin tout particulier qu'il a donné à ces passages, la comparaison avec le texte les fait singulièrement pâlir ; c'est là qu'il faut se rappeler les raisons qu'il allègue et surtout l'infériorité réelle d'une langue vivante par rapport à une langue morte par l'affaiblissement journalier des termes de la première, tandis que ceux de l'autre nous apparaissent toujours avec toute leur force.

Pour montrer par un exemple la difficulté de traduire Salluste, il suffit de choisir dans le *Jugurtha* un morceau très-connu et justement célèbre, le discours adressé par Micipsa mourant à ses fils et à son neveu, celui-là même que, suivant Spartien, Septime Sévère à son lit de mort lut à ses deux fils Géta et Caracalla, avec aussi peu de succès. De Brosses le traduit ainsi :

« Jugurtha, vous étiez un 'enfant sans fortune et sans
» ressource, lorsque je pris l'idée de vous faire élever à
» ma cour, dans l'espérance que vous m'aimeriez comme
» un père, et mé feriez autant d'honneur que mes pro-
» pres fils. Je ne me suis pas trompé ; les belles actions que
» vous avez faites à Numance, pour ne parler que de celles
» là, ont comblé de gloire votre souverain et votre patrie, ont
» resserré par des liens indissolubles l'amitié des Romains ;

» ont renouvelé dans l'Espagne la splendeur de notre mai-
» son ; enfin, ce qui est presque impossible ici-bas, vos
» vertus ont été victorieuses de l'envie. Aujourd'hui que
» je touche au terme fatal à tous les mortels, je vous
» demande, je vous conjure, par cette main que je vous
» tends, par ces sentiments de fidélité qui doivent être
» gravés dans le cœur des rois, de chérir éternellement
» ces deux enfants. Ils étaient vos parents par la nature :
» mes bienfaits vous ont fait leur frère. Ne préférez pas
» des liaisons nouvelles avec des étrangers à celles que
» le sang a formées entre vous. Les armées ni les trésors
» ne sont pas le plus ferme appui d'une couronne : ce sont
» les vrais amis ; on acquiert par les bienfaits et par la
» bonne foi des cœurs que la force n'aurait pu contraindre,
» que l'or n'aurait pu payer. Où pourrait-on trouver une
» amitié plus solide qu'entre des frères ? Et quel étranger
» voudrait se fier à vous si vous aviez manqué de foi,
» même à vos proches ? Mes enfants, je vous laisse une
» puissance inébranlable si vous êtes vertueux, peu du-
» rable si vous êtes méchants. L'union fait prospérer les
» choses les plus faibles, et la division ruine les plus
» fortes. C'est vous, Jugurtha, qui, ayant plus d'âge et
» d'expérience, avez aussi le principal intérêt à maintenir
» la paix ; car dans presque tous les démêlés, le plus
» puissant, lors même qu'il est offensé, est cru l'agres-
» seur parce qu'il est le plus fort. Et vous, mes fils,
» ménagez, honorez ce grand homme, imitez ses vertus,
» et ne faites pas dire que j'ai été plus heureux dans les
» enfants que j'ai choisis que dans ceux que m'avait donnés
» la nature. »

Il n'est pas nécessaire de comparer phrase par phrase,
mot par mot, la traduction au texte pour voir de combien il s'en faut que les expressions de Salluste aient
été rendues avec toute leur énergie. « *Tuâ virtute nobis
Romanos ex amicis amicissumos fecisti* ». « *In Hispaniâ nomen
familiæ renovatum* » dit le texte latin, Il était évidemment
impossible de rendre littéralement cette opposition de
positif et de superlatif ; le mot « renovavit » comparé au
mot français « renouveler » est un exemple de la diffé-

rence entre la force que nous attribuons aux mots d'une langue morte et le sens affaibli et souvent banal que finissent par prendre ceux d'une langue vivante : pour rendre le mot latin avec toute l'énergie que nous y attachons, il faut se servir de l'expression « rajeunir » ou « faire revivre » et toutes deux, bien que Durozoir ait adopté la seconde, vont un peu au-delà du sens véritable.

On peut critiquer la manière emphatique dont de Brosses traduit la phrase : « *Nunc quoniam mihi naturæ vitæ finem fecit* » ; cette expression est ainsi rendue : « aujourd'hui » que je touche au terme fatal à tous les mortels » ; cette traduction altère à la fois le sens exact et le style de la phrase ; celle de Durozoir : « Aujourd'hui que la » nature a marqué le terme de mon existence, » est plus conforme à la pensée de l'auteur sans être moins énergique. Dans la suite du discours, Durozoir a mieux conservé l'ordre du texte :

« N'allez point préférer des liaisons nouvelles avec des » étrangers à l'affection durable que vous devez à ceux » qui vous sont unis par le sang. Ni les armées ni les » trésors ne sont les appuis d'un trône ; mais les amis, » dont l'affection ne s'acquiert pas plus par la force des » armes, qu'elle ne s'achète au poids de l'or : on ne l'ob » tient que par de bons offices et par la loyauté. »

Un autre morceau également célèbre, est celui où Salluste raconte l'aventure qui permit à Marius de réparer une faute, en s'emparant par surprise d'un château-fort jugé d'abord imprenable.

« Marius, après avoir perdu devant cette bicoque du » temps et de la peine, hésitait s'il se détacherait d'une » entreprise aussi mal concertée, ou s'il attendrait, comme » d'autres fois, quelque coup de la fortune, qui était si » souvent venue à son secours. Il flottait jour et nuit dans » ces incertitudes, lorsque par aventure un simple soldat » du corps auxiliaire de Ligurie, étant sorti du camp » pour chercher quelque source, vit, du côté opposé à » celui de l'attaque, des escargots qui rampaient sur la

» roche. Il en ramassa un, puis deux, puis davantage ;
» et avançant toujours en s'amusant de la sorte, il par-
» vint presque jusqu'au dessus de la montagne. Là,
» voyant qu'il n'était aperçu de personne, curieux, comme
» le sont tous les hommes, de regarder ce qu'ils n'ont
» jamais vu, il se mit à jeter les yeux de côté et d'autre.
» Il aperçut près de lui un grand chêne qui, ayant pris
» racine dans une fente du rocher, se courbait d'abord
» vers la terre, puis se redressant comme font tous les
» arbres, s'élevait en haut tout le long de l'escarpement
» du roc. Le Ligurien, à l'aide des branches du chêne et
» de quelques bouts de pierres qui faisaient saillie,
» grimpa jusqu'à l'esplanade du château, qu'il eut le loi-
» sir de reconnaître tout à son aise, pendant que les
» ennemis étaient occupés à le défendre du côté opposé.
» Après avoir bien examiné le tout, relativement à l'idée
» qui lui vint alors, il retourna par le même chemin,
» non pas au hasard, comme il était monté, mais son-
» dant le terrain et considérant chaque chose avec soin.
» De retour au camp, il vint au plus vite raconter sa
» découverte à Marius, et lui proposa de tenter une at-
» taque de ce côté ; s'offrant à servir de guide et à courir
» le premier les risques de l'escalade. Marius envoya sur-
» le-champ quelques personnes qui se trouvèrent auprès
» de lui, reconnaître l'état du lieu. Chacun, selon son
» caractère, vit la chose possible ou impraticable. Ce-
» pendant Marius en conçut quelque espérance. Il choisit
» dans la troupe des joueurs d'instruments cinq hommes
» des plus agiles, soutenus de quatre centurions, avec
» ordre d'obéir au Ligurien, et de marcher dès le lende-
» main vers l'endroit indiqué. Le Ligurien leur ayant dit
» de pendre derrière le dos leurs épées et des boucliers
» de cuir à la Numide, qui sont légers et ne font pas de
» bruit en se choquant, il les conduisit au pied de la
» montagne, où il leur fit quitter leurs casques et leurs
» chaussures, afin de pouvoir découvrir et grimper plus
» à l'aise. Marchant ensuite le premier, il attachait aux
» pointes de rochers ou aux vieilles racines des bouts de
» corde en guise d'étriers. Il tendait la main à ceux qu'in-

» timidait une course si périlleuse. Si la montée se trouvait
» trop rude, il les débarrassait de leurs armes, qu'il
» portait lui-même en haut. Si un appui paraissait mal sûr,
» il s'y abandonnait en leur présence. Dans les pas les
» plus dangereux, montant, descendant, remontant, puis
» sautant à côté d'eux, il les enhardissait à passer. Enfin,
» après bien du temps et de la fatigue, ils arrivèrent à la
» plate-forme qu'ils trouvèrent absolument déserte, les
» ennemis étant tous occupés de l'autre côté. Marius, dès
» qu'il vit le signal convenu, exhorta ses troupes à faire
» un dernier effort, quelque fatiguées qu'elles fûssent
» d'avoir tenu tout le jour les Numides en échec. Il sortit
» lui-même de derrière les mantelets, et fit pousser une
» tortue, en même temps que les machines, les archers et
» les frondeurs tâchaient de loin d'écarter l'ennemi. Depuis
» longtemps les Numides, accoutumés à voir les machi-
» nes des Romains aussitôt détruites qu'élevées, ne dai-
» gnaient plus se couvrir de leurs remparts. Campés hors
» des murs du château, ils y passaient les jours et les
» nuits à injurier les Romains, à reprocher à Marius son
» extravagance, à menacer nos soldats des chaînes de
» Jugurtha.

» Mais tandis que le Romain et le Numide, également
» acharnés, combattant, avec une ardeur sans égale, les
» uns pour leur gloire et pour l'empire du monde, les
» autres pour leur propre salut, tout à coup un bruit
» éclatant de trompettes se fait entendre derrière le châ-
» teau. Les femmes et les enfants, sortis pour voir ce
» que c'était, prennent aussitôt la fuite. L'épouvante se
» communique aux plus voisins du rempart; elle gagne
» enfin jusqu'aux combattants; habitants et soldats, tout
» s'enfuit. A cette vue le Romain redouble ses efforts,
» enfonce, dissipe tout ce qui est devant lui, foule sans
» s'arrêter les corps chargés de dépouilles; et ne son-
» geant qu'à se signaler, court à l'envie s'emparer de
» la muraille. Ainsi le hasard venant au secours de la
» témérité de Marius, accrut sa gloire par le même en-
» droit qui l'aurait dû ternir. »

Dans cette traduction, en s'attachant au détail, on

trouve des expressions inférieures à celles de l'écrivain latin ; l'énergique concision de la phrase « *pollicetur sese* » *itineris periculique ducem* » et de quelques autres n'a certainement pas été égalée par le traducteur. Mais ce qui est incontestable, c'est que le tableau peint par Salluste, si vivant et si précis dans les moindres détails, est assez bien rendu par de Brosses ; mais il n'est pas toujours égal à lui-même ; tous les passages de Salluste ne sont pas traduits avec le même soin ni avec le même bonheur ; c'est cette inégalité qui a dicté le jugement, peut-être un peu sévère, de M. Sylvestre de Sacy qui appelle de Brosses un traducteur malhabile. On ne eut du reste qu'approuver la préférence donnée par cet excellent juge à l'autre partie du travail, et la justice qu'il rend à l'auteur en ajoutant : « C'est en rétablissant la » grande histoire de Salluste à l'aide du petit nombre de » fragments qui nous en restent, que le Président de » Brosses s'est immortalisé. »

CHAPITRE IV

DE L'ICONOGRAPHIE

Les matériaux que de Brosses se proposait d'amasser pour son ouvrage sur Salluste en parcourant l'Italie étaient de plus d'une sorte ; non-seulement il se procura un texte plus exact et plus correct des ouvrages qu'il voulait traduire ; non-seulement il examina les lieux qui avaient été le théâtre des événements de son histoire, mais il eut soin, et ce fut même sa principale préoccupation, de faire prendre copie des œuvres d'art d'origine antique se rapportant aux personnages et aux événements dont il avait à parler. Les trois volumes de son ouvrage contiennent un grand nombre de gravures reproduisant ces monuments. Ses lettres écrites en Italie, les notes nombreuses et étendues qu'il a consacrées dans son livre à l'explication de ces monuments, enfin le soin manifeste avec lequel ils ont été reproduits par la gravure, attestent l'importance qu'il y attachait. « On s'intéresse davantage, dit-il dans une de ses lettres, aux personnes qu'on connaît de vue. »

C'était une pensée digne de son esprit et de son goût, de nous faire connaître ainsi les principaux personnages de son histoire et l'historien lui-même ; quand un auteur sait faire vivre les hommes qu'il met en scène, on aime à voir leur visage, à y chercher l'expression des passions et des sentiments qui les ont animés. Trop souvent, il est vrai, on est porté à lire sur ces visages ce que l'artiste n'a point songé à y écrire ; trop souvent on a cru reconnaître tel portrait pour celui de tel personnage parce qu'il répondait à l'idée que l'on se fait de son caractère et de son génie : aussi pour qu'une étude de ce genre ait une utilité véritable, la première condition est-elle la parfaite authenticité des monuments sur lesquels cette étude se fonde, et malheureusement pour quelques-uns des monuments que de Brosses a rassemblés, cette authenticité n'existe pas.

Les gravures insérées dans l'histoire romaine reproduisent quatre-vingts médailles, huit bustes, et un seul bas-relief représentant la lecture du testament de César. Pour chacune de ces pièces, il est bon de savoir jusqu'à quel point elle peut être considérée comme authentique, et quelle est son utilité pour la connaissance exacte des hommes et des choses de l'antiquité ; les principales d'entre elles méritent en outre qu'on étudie la valeur artistique de l'original et celle de la reproduction placée par de Brosses dans son ouvrage.

Les médailles sont toujours le plus sûr guide dans la connaissance de l'iconographie antique ; c'est par elles seules le plus souvent que nous avons le portrait authentique de la plupart des personnages, et ce n'est que par la ressemblance avec les effigies des médailles que leurs statues ont pu être reconnues.

La numismatique, comme toutes les sciences propres à faire connaître l'antiquité, avait, dès l'époque de la Renaissance, occupé les érudits ; de riches collections s'étaient formées, et de nombreux et savants ouvrages avaient été écrits pour les expliquer. Parmi les collections où de Brosses puisa pour son ouvrage, il faut citer en première ligne le cabinet des médailles du roi de France qui eut pour gardes de 1719 à 1753 Charles Gros de Boze, secrétaire de l'Académie des Inscriptions et Belles-Lettres , et membre de l'Académie française , et depuis 1753 l'abbé Barthélemy, l'auteur du *Voyage du jeune Anacharsis;* en Italie, le cabinet du grand-duc de Toscane et la collection du marquis Scipion Maffei.

Les numismates dont les travaux furent le plus utiles à de Brosses sont naturellement ceux qui se sont occupés spécialement de médailles romaines. Le premier est Hubert Goltzius, et parmi les ouvrages publiés à Anvers, celui qui se rapporte à l'histoire de Salluste a pour titre : *Fasti magistratuum et triumphorum Romanorum ab U. C. ad Augusti obitum, ex antiquis tàm numismatum quàm marmorum monumentis restituti*, Anvers, 1566, in-f°. C'est une source abondante de renseignements, mais où il faut puiser avec réserve et défiance à cause de la trop grande facilité de l'auteur à admettre des pièces d'une authencité douteuse.

Les ouvrages de Fulvio Orsini (Fulvius Ursinus) ont été pour de Brosses, ainsi qu'il se plaît à le reconnaître, d'une grande utilité; il parle avec éloge de ses commentaires sur Salluste, mais l'accuse d'avoir beaucoup emprunté sans en donner avis au lecteur, au savant espagnol Ciaconius (Pedro Chacon) qui, appelé à Rome par le pape Grégoire XIII, mérita d'être surnommé le Varron de son siècle; les deux ouvrages d'Orsini : « *Familiæ romanæ quæ reperiuntur in antiquis numismatibus*, Rome, 1577 et « *Imagines et elogia virorum illustrium et eruditorum ex antiquis lapidilus expressa*, Rome 1579, sont considérés comme d'excellentes autorités. On peut supposer que de Brosses, bien qu'il ne le dise pas, fit surtout usage de l'édition du premier de ces livres, publiée à Paris en 1663 par Charles Patin, fils du célèbre médecin Guy Patin.
Celui-ci augmenta considérablement l'ouvrage d'Orsini, il y ajouta les médailles recueillies par Antoine

Augustin, évêque de Lérida et archevêque de **Tarragone**; il publia à part la collection de Pierre Morosini, Venise 1684; enfin peut-être est-ce son ouvrage : *Suetonius ex numismatibus illustratus*, publié à Bâle en 1673 qui donna à de Brosses l'idée d'ajouter à son Salluste un commentaire du même genre.

Mais celui de tous les numismates auquel de Brosses emprunta le plus fut son contemporain Sigebert Havercamp, professeur à l'Université de Leyde. Comme lui Havercamp avait visité l'Italie; il partageait son goût pour l'archéologie et avait formé dans son voyage une collection de médailles; il avait entrepris plusieurs éditions d'auteurs latins, entre autres celle de Salluste qui parut l'année même de sa mort, en 1742. Aussi fut-il en correspondance assidue avec de Brosses. Ses deux plus grands ouvrages de numismatique sont : *L'histoire universelle expliquée par les médailles*, Leyde 1736, 5 vol. in-f°, qu'il publia en hollandais, contrairement à l'usage des savants de son temps qui pour la plupart n'abandonnèrent le latin que pour écrire en français; et son *Thesaurus Morellianus*, publié à Amsterdam en 1734 avec la collaboration du célèbre numismate suisse André Morell.

Telles sont les sources auxquelles de Brosses a puisé pour l'iconographie de son histoire, et parmi les médailles dont il a publié la reproduction, plus d'une offre un véritable intérêt historique; il suffit de citer celle de Sylla, frappée en souvenir de son alliance avec Bocchus (TOME I, p. 214, pl. I, IX), celle de Q. Métellus Pius, frappée par César, son successeur au grand pontificat, et portant l'effigie d'un éléphant, appelé KAISAR en langue punique (TOME I, p. 646, pl. III, VII); celle de Mithridate, remarquable par la beauté de l'exécution (TOME II, p. 298, pl. VI, I); celle de Lollius Palicanus, qui rappelle le rétablissement des droits du tribunat (TOME II, p. 470, pl. V, XII); celle de Catilina, portant l'effigie de son trisaïeul M. Sergius Silus, dont les exploits prodigieux sont racontés par Pline l'ancien (LIVRE VII, c. 28), (TOME III, page 254, pl. VII, I).

Les bustes reproduits dans l'ouvrage sont au nombre

de neuf : 1° Marius (TOME I, page 120) ; 2° Sylla, (page 178) ;
3° Bocchus, (page 192) ; 4° Pompée, (page 304) ; 5° Mithridate, (TOME II, frontispice) ; 6° Cicéron, (TOME III, (page 66) ;
7° César, page 146) ; 8° Caton d'Utique (page 159) ; 9° Salluste, (page 307.)

Le buste de Marius est copié d'une statue de marbre de
la collection du Capitole, à laquelle ce nom a été assi-
gné sans aucune preuve. Le personnage qu'elle représente avait cet aspect rude et inculte attribué par tous
les historiens à Marius et reproduit par la statue que
Plutarque vit à Ravenne (1).

Mais la piteuse expression de son visage ne ressemble
guère à cet air fier et terrible qui effraya le Cimbre
chargé de tuer Marius ; en outre, Marius, après ses campagnes, avait pris un embonpoint énorme, et sa prétendue statue marque une maigreur extrême. Enfin ce buste
ne présente aucune ressemblance avec le portrait de
Marius que Visconti regarde comme le seul authentique
(Icon. rom. TOME I, page 48) ; c'est une pâte de verre antique provenant de la collection du prélat Joseph Calati ;
l'inscription C. MARIVS. VII. COS ne laisse aucun doute
sur l'attribution de ce portrait.

Le buste de Sylla, qui fait partie de la collection du
palais Barberini, ne peut pas non plus être considéré comme
authentique ; on lui a donné cette désignation uniquement
parce qu'il faisait pendant dans cette collection à un buste
de Marius également apocryphe. Il ne ressemble en rien à
l'effigie de la médaille où Sylla est représenté avec son
collègue Pompeius Rufus. Le front étroit, les sourcils
froncés, le regard fixe, les lèvres épaisses donnent à ce
buste une expression de volonté énergique et de sensua-
lité qui se rapporte assez au caractère de Sylla ; mais on
n'y reconnaît pas cette beauté des traits et cet éclat du
regard dont parle Plutarque, et que reproduit l'effigie de
la médaille.

Le buste de Bocchus est copié d'une statue de basalte
conservée sous le portique du palais Mattei. Il ne pré-

---

(1) *Plut. in Mario.* — Cette statue n'existe plus et aucun document ne nous
apprend jusqu'à quelle époque elle s'est conservée.

sente aucun caractère d'authenticité, et ne ressemble nullement à la tête représentée sur la médaille de Sylla (PL. I.
FIG. IX.) Le bonnet phrygien dont il est coiffé semble indi-
quer un roi de l'Orient; le type du visage et surtout la
barbe rare, se rapproche du type numide qui s'est conservé dans la race kabyle; enfin si l'authenticité de ce
buste est plus que contestable, sa valeur artistique ne
l'est point, et l'on ne pourrait que féliciter de Brosses de
l'avoir fait reproduire s'il avait mis plus de réserve à lui
attribuer cette désignation.

Le buste de Pompée est emprunté à la collection du
Capitole; il n'est aucunement authentique. Les médailles à
l'effigie de Pompée sont nombreuses. Outre les trois qui
sont reproduites dans la planche V, fig. IX, X, XI, Visconti,
(Icon. rom., T. I., page 72, PL. V.) on cite un certain nombre,
presque toutes frappées par ordre de son fils Sextus, et
une de la ville de Pompéiopolis en Thrace. Tous ces portraits se ressemblent entre eux, et présentent une expression fortement accentuée, qui suffirait presque à elle seule
pour les faire accepter comme authentiques; mais ils ne
ressemblent nullement à la statue du Capitole; celle-ci offre
plutôt quelque ressemblance avec le buste colossal retrouvé
dans les ruines du théâtre de Pompée et gravé dans la
collection de Scipion Maffée.

La différence complète que l'on remarque entre ce
buste et les portraits authentiques de Pompée ne doit
pas empêcher de le considérer comme provenant de la
statue qu'on lui avait élevée; nous savons que les anciens, quand ils élevaient une statue à quelque grand
citoyen, ne se préoccupaient pas de la ressemblance,
mais plutôt de la beauté de l'œuvre. Les vrais portraits
de Pompée ne justifient pas la prétention qu'il avait de
ressembler à Alexandre. Le buste reproduit par de Brosses,
quoiqu'il se rapproche un peu plus du type grec, ne le
justifie pas davantage. C'est, du reste, un morceau d'une
grande valeur, et il présente un air de satisfaction vani-
teuse qui rappelle le caractère de Pompée et lui a valu
sans doute cette désignation. Mais de Brosses mérite le
reproche d'en avoir admis trop légèrement l'authenticité

car il avait en main, par les médailles qu'il a fait reproduire, un moyen sûr de la contrôler.

Le buste de Mithridate reproduit au commencement du second volume se trouve au palais Justiniani, à Rome; le bandeau étroit qui ceint la tête lui a sans doute fait donné cette désignation bien que rien ne prouve qu'il faille y voir le diadème royal; à plus forte raison est-il douteux que ce portrait soit vraiment celui de Mithridate. Il ne ressemble point à l'effigie de la médaille qui porte le nom de Mithridate Eupator, et nous n'avons aucun autre portrait qu'on puisse considérer comme ayant une origine certaine ; mais ce buste, à défaut de l'autenticité, a le mérite de la beauté, et à ce titre on ne peut blâmer sévèrement de Brosses de lui avoir donné place dans son ouvrage.

Le buste de Cicéron se trouve au palais Mattei, à Rome; il est tout à fait authentique; l'inscription qu'il porte : CICERO, indique par la forme des caractères le siècle d'Auguste, et la perfection de l'œuvre ne permet guère de lui assigner une autre époque. De plus, la ressemblance est complète avec l'effigie d'une médaille frappée à Magnésie du Sipyle en Lydie, qui porte l'inscription grecque MARKOS. TULLIOS. KIKERON. On sait que le pois chiche indiqué, soit sur le nez, soit sur la joue, comme dans le portrait reproduit par Visconti, (Icon. rom. TOME I, page 172) est une preuve certaine que l'ouvrage n'est pas authentique, l'auteur ayant oublié que le surnom de Cicéron existait dans la famille Tullia bien avant lui.

Le portrait de César est la reproduction d'un buste de marbre conservé à Rome, au palais Casale. Malgré le mérite de l'exécution, son authenticité est douteuse. Des trois portraits de César que Visconti regarde comme ayant une origine suffisamment certaine, la statue du Capitole, le buste colossal de la collection Farnèse appartenant aujourd'hui au musée de Naples, et le buste de basalte noir conservé au château de Saint-Cloud, ce dernier seul présente quelque ressemblance, par la maigreur du visage, le nez en pointe et les lèvres pincées, avec celui qu'a fait reproduire de Brosses.

Le buste de Caton d'Utique est copié sur une pierre gravée du cabinet du duc d'Orléans ; il présente le type romain parfaitement caractérisé, mais aucune preuve n'est alléguée par de Brosses à l'appui de la désignation qu'il lui attribue ; c'est uniquement le caractère de gravité, peut-être un peu affecté, que l'on y remarque qui l'a fait prendre pour celui de Caton d'Utique.

Le portrait de Salluste, copié sur un buste de marbre du palais Farnèse, est tout à fait apocryphe. Non-seulement il ne ressemble en rien aux effigies des médailles marquées au nom de Salluste (1), mais le premier coup-d'œil suffit pour y faire reconnaître le type grec, tout différent du type romain. Aussi Visconti le considère-t-il comme le portrait d'un philosophe grec inconnu.

C'est, du reste, un magnifique morceau de sculpture, et l'on excuserait volontiers de Brosses d'avoir accepté l'erreur qui attribuait un aussi beau portrait à son auteur favori, si le type de la race grecque n'y était pas aussi nettement caractérisé.

Enfin, le président de Brosses a fait reproduire (TOME III, page 275) un fort beau bas-relief de la collection du grand-duc de Toscane, représentant l'ouverture du testament de César, apporté par l'ancienne des Vestales et lu au peuple par son beau-père Calpurnius Pison et par

(1) Ces médailles sont au nombre de trois :
1. Portrait présumé de Salluste. SALVSTIVS AVTOR.
Revers : trois personnages debout, dont l'un tient plusieurs volumes roulés. PETRONI. PLACEAS.
2. Avers : Tête semblable à la précédente, même légende.
Revers : Le char du soleil levant et un crocodile. Ces deux médailles ont été frappées probablement par un descendant de Salluste, peut-être par un des deux Salluste qui furent consuls l'un en 1096, 344 après J.-C. sous le règne de Constant Ier ; l'autre en 1115, 363 après J.-C. sous le règne de Julien. La première provient du cabinet du grand-duc ; la seconde, de la collection Morosini d'où l'a tirée Charles Patin. Elles sont d'un style barbare, dont la grossièreté est moins bien rendue par la planche de l'ouvrage du Président de Brosses que par celle de l'Iconographie romaine de Visconti (PL. XI). Visconti les considère comme les seuls portraits de Salluste, auxquels on puisse attribuer quelque authenticité. Ils présentent l'un avec l'autre une parfaite ressemblance, et malgré la barbarie de l'exécution, sont remarquables par l'expression énergique du visage.
3. Tête imberbe SALVSTIVS AVCTOR.
Ce portrait, tiré de l'ouvrage de Fulvio Orsini, ne présente aucune ressemblance avec les précédents, ni aucun caractère d'authenticité.

Marc-Antoine. Le travail de ce morceau est des plus remarquables : la simplicité de la composition, le naturel des attitudes, le soin avec lequel les draperies sont traitées indiquent une très-bonne époque, probablement le siècle d'Auguste. L'expression de sérénité que la sculpture antique maintient toujours sur les visages, n'empêche pas de voir et de sentir le vif intérêt que tous les personnages prennent à l'action; il y a quelque solennité dans le geste par lequel Antoine et Pison ouvrent la cassette qui renferme le testament; on sent que la scène se passe en présence du peuple romain ; le visage de Pison exprime un mélange de douleur et d'anxiété, mais celui d'Antoine est ferme et résolu; évidemment il prévoit d'avance l'effet que doit produire sur la foule la lecture du testament et l'oraison funèbre qu'il tient toute prête ; on dirait que le rideau vient de s'abaisser et de découvrir le théâtre où va commencer la scène si magnifiquement retracée par Shakespeare; et rien n'est mieux fait pour justifier la comparaison souvent répétée par les historiens de la littérature ancienne entre le théâtre des Grecs et leur sculpture, entre les tragédies de Sophocle et les bas-reliefs de l'école de Phidias.

L'on ne peut que féliciter de Brosses d'avoir fait connaître aux lecteurs français ce magnifique morceau. Les nombreuses médailles qu'il a fait reproduire présentent aussi, pour la plupart, un grand intérêt, et il a su utiliser, dans les explications qu'il en donne, les indications critiques des meilleurs numismates. Malheureusement il n'a pas montré le même discernement dans le choix de ses bustes ; sur les neuf qu'il nous donne, un seul, celui de Cicéron, est tout-à-fait authentique; quatre, ceux de Bocchus, de Mithridate, de Caton d'Utique et de César, sont douteux; trois, ceux de Marius, de Sylla et de Pompée, plus douteux encore, et celui de Salluste évidemment apocryphe; et pour ces trois derniers il avait à sa disposition des moyens de contrôle qu'il n'a pu négliger sans encourir le reproche de légèreté.

CHAPITRE V

JUGEMENT SUR L'HISTOIRE ROMAINE DU PRÉSIDENT DE BROSSES.

Pour apprécier dans son ensemble l'ouvrage du Président de Brosses et sa restauration de l'histoire romaine de Salluste, un premier doute se présente à l'esprit, avant même la lecture de son livre : ne peut-on pas lui reprocher d'avoir consacré sa vie presque entière à un jeu d'esprit factice et stérile, plutôt qu'à un travail utile et sérieux ? Ne mérite-t-il pas aussi d'être taxé de témérité pour avoir osé affronter la comparaison avec un modèle tel que Salluste ? Pour le justifier du premier de ces reproches, il suffit de rappeler la profonde érudition et la critique exacte dont il a fait preuve dans l'étude des sources, et la lucidité avec laquelle il a exposé tous les grands faits d'une des époques de l'histoire les plus importantes et les plus difficiles à bien connaître. Quant au reproche de témérité, il l'a prévenu en renonçant à la partie de sa tâche qu'il sentit au-dessus de ses forces, en n'essayant pas d'entreprendre avec Salluste, dans sa propre langue, la lutte inégale que Brotier n'avait pas craint d'accepter avec Tacite, et Freinshémius avec Tite-Live et Quinte-Curce. Ayant conscience de son infériorité comme latiniste, il s'est contenté de faire œuvre de critique, d'historien et d'écrivain français; et cette tâche sagement réduite, il l'a accomplie de manière à ce que la traduction des fragments de Salluste insérée dans son ouvrage ne fît pas trop pâlir le cadre dont il l'a entourée.

En relevant quelques erreurs, en signalant quelques défauts à côté de qualités éminentes dans l'histoire romaine du Président de Brosses, on peut arriver facilement, par la nature même de ces défauts, à se faire une idée de l'auteur et du véritable caractère de son esprit.

En examinant successivement chacune des parties de son œuvre, on trouve quelque peu à reprendre, et beaucoup à louer. Si nous considérons la composition littéraire, l'unité du sujet semble parfois compromise par l'incohérence apparente du récit et ses digressions trop fréquentes, trop longues, parfois rattachées au sujet par des liens trop artificiels; mais cette unité est facile à saisir avec un peu d'attention, et les reproches qu'on peut adresser aux digressions sont excusés par le désir légitime d'imiter Salluste. En ce qui concerne la vérité historique, cette imitation semblera peut-être poussée à l'excès surtout par une injustice envers Cicéron que Salluste lui-même ne se fût sans doute pas permise; mais l'ensemble des faits est retracé avec exactitude, les personnages sont peints avec vigueur, les jugements sur les hommes et les événements sont assez conformes à ceux qu'aurait portés Salluste, et montrent une connaissance plus profonde de l'antiquité que n'en avaient en général les écrivains français du XVIIIe siècle, excepté Montesquieu, Beaufort, Fréret, et les auteurs des mémoires conservés dans la collection de l'Académie des Inscriptions et Belles-Lettres, justement appelée par un critique moderne « un répertoire de solide érudition ». Le style de la traduction de Salluste, bien souvent, ne serre pas d'assez près le texte latin; mais il est clair, simple, parfois vif et énergique, et montre sinon un traducteur consommé, du moins un écrivain de goût. Si quelquefois dans les recherches archéologiques relatives soit aux antiquités des pays qu'il décrit à l'exemple de Salluste, soit aux monuments dont il orne et éclaircit son ouvrage, il manque de critique, il a du moins le mérite rare à son époque, d'aimer ce genre d'études; il y apporte une certaine solidité de jugement et un sentiment juste et vrai de l'importance des problèmes qu'il ne résout pas toujours, mais qu'au moins il a posés et discutés.

Le Président de Brosses, dans l'étude de l'histoire comme dans toutes celles qu'embrassa son esprit actif et curieux, est plutôt un ami de l'érudition qu'un érudit; non-seulement dans cette partie de la tâche de l'historien qui consiste à exposer nettement les événements et à les faire comprendre, mais dans celle même qui consiste à chercher la vérité, à la démêler au milieu des témoignages douteux, contradictoires ou insuffisants, il voit plutôt un art qu'une science. Il a moins confiance dans les méthodes sévères, dans la critique patiente et minutieuse que dans les inspirations d'un jugement sain et les lumières d'un esprit clairvoyant ; de là cette facilité excessive à émettre ou accepter des hypothèses hardies, quelquefois heureuses, quelquefois téméraires, sans prendre le soin de les contrôler par une critique assez rigoureuse. Toutefois, cette certitude de jugement et cette sagacité qui lui sont personnelles, il les avait au plus haut degré ; les qualités qui lui manquaient, loin de les dédaigner, il a cherché à les acquérir et à les mettre à profit chez ceux qui les possédaient, sans essayer de dissimuler ses emprunts. Quelques-uns de ses contemporains sont arrivés à une réputation plus éclatante que la sienne, auxquels on ne pourrait accorder, comme à lui, outre le mérite de leurs propres qualités, celui de n'avoir pas dédaigné les qualités des autres.

QUATRIÈME PARTIE

Œuvres diverses

L'histoire de la République romaine, œuvre capitale du Président de Brosses, ne fut pas son œuvre unique. Bien qu'elle ait rempli toute sa vie, ayant été commencée presque la première entre tous ses ouvrages et terminée la dernière, le soin qu'il y donna ne l'empêcha pas de se laisser entraîner à d'autres occupations par la diversité de ses goûts et de ses connaissances. Sauf les mathémati,ues, il n'est point de science qu'il n'ait cultivée et dans laquelle il ne se soit signalé par quelque ouvrage suffisant pour lui assigner un rang honorable parmi les érudits de son époque. Dans cette grande variété de travaux, tant de questions sont abordées qu'il est souvent difficile de déterminer à quelle branche d'études chacun d'eux doit se rattacher; on peut cependant distinguer cinq catégories :

1º Les écrits relatifs à l'histoire ancienne des peuples de l'Orient, comprenant les deux mémoires du Président de Brosses sur la division de l'Empire d'Assyrie et la monarchie de Ninive, lus à l'Académie des Inscriptions en 1747 et en 1755, et imprimés dans les tomes XXI et XXVII de ses Mémoires ;

Les deux mémoires sur Sanchoniaton lus à l'Académie de Dijon en 1763 et en 1770 et restés inédits.

L'*Histoire des temps incertains et fabuleux* depuis les plus anciennes traditions jusqu'à la prise de Babylone, par Darah, fils de Ghustasp, restée inédite; et les *Origines phéniciennes*, d'après Sanchoniaton, également inédites.

2º Les recherches archéologiques relatives aux fouilles d'Herculanum, et résumées dans le livre intitulé : *Lettres sur l'état actuel de la ville souterraine d'Herculée et sur les causes de son ensevelissement sous les ruines du Vésuve,* imprimé à Dijon en 1750.

3º Les travaux sur la géographie moderne comprenant :

L'*Histoire des Navigations aux terres Australes,* imprimée à Paris en 1756;

Le mémoire sur la communication du grand Océan des deux Indes avec les mers du Nord, vulgairement appelé détroit d'Anian, lu à l'Académie de Dijon en 1761 et resté inédit;

Le mémoire sur un peuple nain de l'Afrique (les Quimos de Madagascar), lu à l'Académie de Dijon en 1771 et également inédit.

On peut rattacher à la fois aux travaux géographiques du Président de Brosses et à ses travaux sur la linguistique les deux ouvrages suivants, où les deux sciences occupent une part égale :

Description d'un ancien vase ciselé trouvé dans le duché de Permie, et de quatre manuscrits en langue et en caractères de Tangut et des Kalmouks, nouvellement trouvés dans les ruines de la ville d'Ablaikit en Sibérie, lus à l'Académie des Inscriptions en 1755 et imprimés dans le tome xxx de ses Mémoires ;

Essai de géographie étymologique sur les noms donnés aux peuples Scythes anciens et modernes, lu à l'Académie de Dijon en 1772 et 1773 et imprimé dans le tome ii de ses Mémoires.

4º Ses travaux sur l'histoire des religions ; à cette série se rattachent :

Le traité du culte des dieux Fétiches, ou parallèle de l'ancienne religion de l'Egypte avec la religion actuelle de Nigritie, imprimé à Genève en 1760,

Et le *Mémoire sur l'oracle de Dodone* lu à l'Académie des Inscriptions en 1766 et imprimé dans le tome xxxv de ses Mémoires ;

5º Enfin les travaux sur l'origine, l'histoire et la philosophie du langage, qui occupent, dans les œuvres du

Président de Brosses, la première place après sa restitution de Salluste, comprenant :

Deux mémoires sur la *matière étymologique*, lus à l'Académie des Inscriptions en 1751 et retirés pour être insérés dans l'Encyclopédie;

Le *Traité de la formation méchanique des langues et des principes physiques de l'Etymologie*, imprimé à Paris en 1765;

La *Dissertation sur l'origine de la nation et de la langue grecque*, lue à l'Académie de Dijon en 1766 et restée inédite.

Le traité : *De la Parole comme signe des perceptions et des idées; sive de aaalogia libri septem;* inédit.

Et le *Spécimen étymologique*, complément du *Traité de la formation méchanique des Langues,* également inédit.

CHAPITRE Ier

HISTOIRE ANCIENNE DES PEUPLES DE L'ORIENT

L'histoire ancienne est une des sciences dont le goût avait été imprimé à de Brosses par les leçons et les exemples de son père; celui-ci avait même composé un traité de géographie historique dans lequel il avait donné les plus grands développements à la description de l'Asie, et l'avait fait précéder d'un abrégé de l'histoire ancienne des monarchies orientales. Ce travail fut continué par le jeune Charles de Brosses dès sa sortie du collége, et l'un des premiers écrits qu'il livra à la publicité après son retour d'Italie fut son *Mémoire sur la division de l'Empire d'Assyrie, au temps de Sardan Ier, et sur l'époque du premier siége de Ninive et de l'établissement de la monarchie des Mèdes, fixé à l'an 808 avant l'ère vulgaire,* lu à l'Académie des Inscriptions le 13 juin 1747 et imprimé dans les Mémoires de l'Académie TOME XXI, p. 1. Ce premier mémoire fut suivi d'un autre intitulé : *Second mémoire sur la Monarchie de Ninive contenant la fondation de Babel, celle de l'Empire d'Assyrie, et l'histoire de Baal Ier ou Belus Nimrod, son fondateur, dans le cours du XXIIIe siècle avant l'ère vulgaire;* envoyé à l'Académie des Inscriptions en

1753, lu le 2 décembre 1755 et imprimé dans les Mémoires de l'Académie TOME XXVII, p. 1.

Dans le premier de ces mémoires, de Brosses cherche à expliquer les contradictions que l'on remarque dans les historiens grecs sur l'histoire du siége de Ninive et de la chute de Sardanapale, en démontrant, ce qu'admettaient Fréret et le Président Bouhier, qu'il y a eu plus d'un Sardanapale et plus d'un siége de Ninive ; et il essaie de déterminer exactement la date du premier siége.

Dans la première partie, « contenant l'historique », il raconte d'après Diodore de Sicile (TOME II, chap. 23-28) comment Sardanapale, ayant, par sa vie efféminée, encouragé à la révolte les chefs des peuples soumis à sa domination, fut assiégé dans Ninive par Arbacès et Bélésis, et, voyant les murailles de la ville renversées par une inondation du Tigre, périt volontairement sur un bûcher et y consuma avec lui ses femmes, ses serviteurs et toutes ses richesses.

Mais, objecte de Brosses, ce récit renferme déjà des invraisemblances ; il est difficile de croire que Sardanapale périt à Ninive, puisque son tombeau était à Anchiale en Cilicie, suivant Arrien, où, d'après Clitarque cité par Athénée, il s'était réfugié après avoir été dépouillé de ses Etats. Pendant qu'Arbacès et Bélésis se rendaient indépendants, l'un en Médie, l'autre à Babylone, Ninus II, fils de Sardanapale, rappelé de Paphlagonie, où son père l'avait envoyé avant le siége, revint à Ninive et y fonda une dynastie nouvelle à laquelle appartiennent Phul et Teglath-Phalazar, bien connus par l'Ecriture. C'est sous le dernier roi de cette dynastie que Ninive fut prise une seconde fois par Cyaxare Ier, roi des Mèdes, et Nabopolassar, roi de Babylone, et cette fois complétement détruite. Ces deux siéges ont été confondus par quelques historiens qui n'ont pas su distinguer Cyaxare d'Arbacès, Nabopolassar de Bélésis et ont attribué à Sardanapale les vices qu'il faut imputer au dernier roi de Ninive, Assaracus, cité par Bérose.

Dans la seconde partie, « contenant le chronologique »,

de Brosses essaie de fixer la date précise du premier siége de Ninive, et les calculs par lesquels il l'établit forment la partie la plus remarquable du mémoire.

La première preuve à l'appui de la date qu'il assigne à la prise de Ninive, c'est-à-dire 805 avant J.-C., est tirée du témoignage de Callisthène ; celui-ci nous apprend que les observations astronomiques des Chaldéens commencèrent 1903 avant l'entrée d'Alexandre à Babylone, c'est-à-dire 2233 ans avant l'ère chrétienne. Cette date doit correspondre à celle de la fondation de la tour de Babel, qui fut bâtie pour observer les astres ; or, comme la tour de Babel fut bâtie la 31e année du règne de Baal Nimrod, fondateur de la monarchie assyrienne, celle-ci fut fondée 2263 ans avant J.-C. En admettant, suivant le calcul de Jules l'Africain, cité par Eusèbe, que la monarchie de Ninive a duré 1459 ans, la date de sa chute serait fixée à l'an 804 avant J.-C.

Une seconde preuve plus décisive est tirée de la date de l'éclipse de soleil qui, suivant le récit d'Hérodote, interrompit une bataille engagée entre Cyaxare, roi des Mèdes et Alyatte, roi de Lydie, et qui avait été prédite par Thalès de Milet. Cette date étant fixée à 585 avant J.-C., en comptant les années des rois de Médie depuis l'avènement d'Arbacès jusqu'à la 40e année du règne de Cyaxare, évaluées par le Syncelle à 223, on trouve pour l'avènement d'Arbacès la date de 808 ; en faisant commencer le règne d'Arbacès à l'époque de sa révolte contre Sardanapale, qui ne fut vaincu qu'après une guerre de trois ans, on trouve pour la prise de Ninive la date de 805.

La troisième preuve est tirée de la contradiction entre Hérodote qui donne la date de 796 et Ctésias qui donne celle de 821 ; en prenant un terme moyen on trouve 808.

D'autres preuves encore sont tirées du témoignage du Syncelle, qui place un intervalle de 96 ans entre la prise de Ninive et celle de Samarie ; celle-ci ayant eu lieu en 718, la prise de Ninive devrait se placer en 814 ; de celui de Diodore qui fait commencer l'empire d'Assyrie mille ans avant la guerre de Troie, c'est-à-dire vers l'an 2280 av· J.-C.; l'Empire ayant duré 1459 ans, la date de sa chute serait 824; de celui d'Eusèbe qui la place à la 6e année de l'archontat de Thespieus, c'est-à-dire en 819; enfin de la prophétie de Jonas, contemporain du règne de Jéroboam II, qui dura de 817 à 777; c'est au premier siège que se rapporte le récit de la Bible, suivant lequel la ville ne fut pas détruite, mais l'empire transféré en d'autres mains; c'est au second siège et à la destruction totale de Ninive que se rapporte la prophétie de Nahum.

Dans le second mémoire, de Brosses se fonde sur les calculs rapportés dans le premier pour fixer la date de la fondation de l'Empire assyrien à l'an 2263 av. J.-C. Le fondateur de cet Empire est Nimrod, qui doit être identifié avec Bélus ou Baal, comme le montre la concordance des dates assignées au premier par la Bible, au second par les auteurs profanes; tous deux sont désignés comme les prem ers rois de Babylone, comme les fondateurs de la tour de Babel et comme les inventeurs de l'astronomie; il convient donc de désigner le fondateur de l'Empire assyrien par le nom de Bel-Nimrod. Il bâtit d'abord dans les plaines de Sennaar la tour de Babel, monument de son orgueil et instrument de son despotisme, puis les villes d'Eric (Ardericca), d'Acchad (Sitace), et de Chalne (Etési phon). Puis il se retira en Assyrie, chassé peut-être de la Chaldée par une révolte de ses sujets; c'est ainsi que de Brosses interprète les paroles de la Bible : « *Et egressus est Assur* » en prenant ce dernier nom dans un sens purement géographique. En Assyrie Nimrod fonde Ninive, Chalach et Resen, étend son Empire des montagnes de l'Arménie au confluent du Tigre et de l'Euphrate et meurt après 55 ans de règne. Après sa mort il est divinisé, adoré sous le nom de Baal, identifié avec le soleil; peut-être son apothéose a-t-elle donné naissance à l'adoration des astres; tout au moins, suivant le témoignage de saint Cyrille, est-il le premier homme auquel on ait rendu les honneurs divins.

Passant ensuite « de l'historique au chronologique » de Brosses cherche à établir la date de la fondation de Babylone; aux calculs exposés dans son premier mémoire il en ajoute d'autres tirés de la naissance du patriarche Phaleg, ainsi nommé de la *confusion des langues* qui se produisit lors de la fondation de Babel dont il fut contemporain; il la fixe à l'an 2263 av. J.-C. et combat l'opinion de ceux qui se refusaient à admettre une antiquité aussi reculée, tels que l'archevêque d'Aix, Gilbert Génébrard dans sa *Chronologie sacrée*, James Usher (Ussérius) dans ses *Annales veteris et novi Testamenti*, Thomas Marsham dans son *Canon chronicus œgyptiacus, hebraïcus, grœcus;* auxquels il faut joindre Newton, dont le *Système chronologique*, publié après sa mort, fut réfuté victorieusement par Fréret; de Brosses leur oppose, outre ses calculs, l'autorité du grand chronologiste Alphonse Desvignole.

Il nous est facile, aujourd'hui que les découvertes de la philologie moderne et les traductions des inscriptions cunéiformes nous ont ouvert des sources nouvelles pour l'histoire ancienne de l'Orient, de débrouiller le chaos des dynasties, de démêler les contradictions des historiens, de retrouver la vérité au milieu de leurs récits fabuleux et d'appuyer la chronologie sur des bases plus solides. Mais pour apprécier justement les deux mémoires du Président de Brosses, il faut tenir compte de l'état de la science à son époque, et examiner comment il a su éclairer par la critique les documents qu'il a pu consulter.

Son érudition était grande en cette matière, et il n'est aucune des sources alors connues où il n'ait puisé; il avait étudié à fond non-seulement la Bible, qu'il regardait avec raison comme la base la plus sûre pour la connaissance des faits et la détermination des dates, non-seulement les historiens anciens Hérodote, Ctésias, Diodore de Sicile, Clitarque, Aristobule, Nicolas de Damas, Duris de Samos, Hellanicus, Agathias, Josèphe et les précieux fragments de Bérose qu'il nous a conservés, Eusèbe et les auteurs cités par lui, Jules l'Africain, Alexandre Polyhistor, Philon d'Alexandrie etc.; Orose et Censorinus, édités par Havercamp, mais encore les Byzantins, Georges le Syncelle, Suidas, Tzétzès, Cedrenus; les historiens arabes et persans Mirkhond, Alfergani,

commenté par Golius, Albufarage, Edrissi ; enfin les
commentateurs de la Bible, historiens, chronologistes,
géographes et voyageurs modernes Samuel Bochart,
Joseph Juste Scaliger, d'Herbelot, Desvignole, Perizonius,
Thomas Hyde, Walton, Prideaux, Henri Dodwell, Denis
Petau, Jean Hubner, Thévenot, Mac-Gregory, Greaves, etc.;
il avait même essayé de tirer partie des essais d'interprétation des hiéroglyphes faits par le jésuite Athanase
Kircher dans son *Œdipus Ægyptiacus.*

Les conclusions de son premier mémoire ont été confirmées par les découvertes modernes ; les inscriptions
cunéiformes n'ont du reste rien révélé qui contredise les
récits des historiens anciens relatifs aux siècles qui suivirent la chute de Sardanapale ; elles ont confirmé l'existence de celui-ci, qu'elles désignent par le nom d'Assour-
likous, et l'histoire du premier siège de Ninive par Bélésis et Arbacès ; elles ont confirmé également le récit
du second siège par Cyaxare et Nabopolassar, sous le
règne d'Assaracus ou Assarhaddon, dernier descendant
de la dynastie fondée à Ninive, après la chute de Sardanapale par un prince de sa famille. Mais, de plus, elles
nous ont donné la clef des contradictions que l'on remarque dans les historiens grecs, en nous révélant l'existence d'un troisième Sardanapale qui a été confondu par
eux avec les deux autres. C'est Assourbanipal, troisième
successeur du grand conquérant Sargon et petit-fils de
Sennachérib ; c'est lui qui fonda Tarse et Anchiale et
dont l'épitaphe gravée sur son tombeau dans cette dernière ville est citée par Arrien. Suivant celui-ci, il est
appelé « fils d'Anacyndaraxarès. »

Cette dénomination, acceptée par de Brosses, vient
d'une méprise des historiens grecs qui savaient lire les
inscriptions cunéiformes, mais non les interpréter, et qui
ont pris pour le nom du père la qualification : « *Anaku
nadu saru Assur* » moi, auguste roi d'Assyrie (1). C'est lui
qui fut le prince guerrier cité par Clitarque sur le témoi-

(1) François Lenormand, *Manuel d'histoire ancienne de l'Orient*, TOME II,
page 125) ; Arrien, (*Anabasis*, LIVRE II) ;Oppert, (les *Inscriptions des Sargonides*,
pages 13, 20, 34, 3 , 41, 53.)

gnage duquel de Brosses cherche à s'appuyer pour ré-
habiliter le premier Sardanapale. Suivant lui ce prince
aurait été calomnié : Diodore, en lui attribuant les vices
qui indignèrent ses sujets, l'aurait confondu avec un de
ses successeurs, Sarac ; Dion Cassius, en renchérissant
sur le portrait tracé par Diodore, aurait voulu flétrir
sous le nom de Sardanapale l'empereur Héliogobale. De
Brosses fait remarquer avec raison que tous les historiens sont d'accord pour vanter la paix, l'ordre et la
prospérité qui régnèrent dans l'empire d'Assyrie pendant
la durée de la dynastie qui finit avec Sardanapale, et le
courage que montra ce prince dignement secondé par
son beau-frère Salémenès contre ses vassaux révoltés ;
cette réhabilitation d'un personnage si maltraité par les
historiens a peut-être inspiré à lord Byron son drame de
Sardanapale.

En ce qui concerne « le chronologique », les dates généralement admises aujourd'hui diffèrent peu de celles que
propose de Brosses ; on place la première prise de Ninive
en 788, et l'éclipse de soleil prédite par Thalès en 597 ; cette
date remplit aussi bien que celle de 585 les conditions qu'elle
doit remplir d'après de Brosses, pour concorder avec les
récits des historiens ; elle est contemporaine de Thalès, qui
vécut de 640 à 548 ; du règne d'Alyatte Ier en Lydie, qui
dura de 610 à 559 ; de Labynète, si par ce nom il faut désigner non Nabonide ou Balthazar, mais Nabuchodonosor II,
qui régna à Babylone de 606 à 562 ; de plus, elle correspond,
ce qui ne fait pas celle de 585, au règne de Cyaxare Ier, qui
dura de 655 à 595, et que de Brosses fait commencer à
tort en 625 ; cette erreur provient de la manière inexacte
dont il a calculé l'intervalle qui s'écoule depuis le règne
d'Arbacès jusqu'à celui de Déjocès, le premier des prédécesseurs de Cyaxare qui soit cité par Hérodote ; pour cet
intervalle on n'avait que les renseignements très-incertains
fournis par le Syncelle. Le calcul du Président de Brosses
est d'ailleurs établi de la manière la plus ingénieuse, et
cette seconde partie de son mémoire en est incontestable-
ment la plus remarquable.

Ces calculs lui ont servi à établir dans son deuxième mémoire la date de la fondation de la·monarchie assyrienne, qu'il. fixe à 2263 av. J.-C. Loin de nous paraître exagérée, cette évaluation est plutôt au-dessous de celle à laquelle nous conduisent les récentes découvertes, puisque la dynastie touranienne, celle qui importa à Ninive l'usage des caractères cunéiformes, est contemporaine d'Abraham et régna de 2200 à 2000 av. J.-C. ; or, elle avait déjà été précédée d'une dynastie aryenne dont l'avènement remonte à l'an 2400, et qui succédait elle-même à la dynastie sémitique fondée par Assur ; la partie chronologique mérite donc, dans le second mémoire comme dans le premier, une approbation presque complète.

Il n'en est pas de même de la partie historique : c'est par une conjecture tout à fait téméraire et en contradition avec tous les historiens et tous les commentateurs de la Bible que de Brosses traduit les paroles de l'Ecriture : « *Et egressus est Assur* » et il (Nimrod) sortit pour se rendre en Assyrie. En supposant même que le texte hébreu se prête grammaticalement à cette traduction, il est impossible d'admettre cette interprétation purement géographique du nom d'Assur.

Les noms des descendants de Noé, avant de désigner des pays, ont désigné les peuples qui les habitaient, et la Genèse distingue aussi nettement que possible Assur, fils de Sem de Nimrod, fils de Kousch et petit-fils de Cham. Il est donc manifeste que ces noms personnifient deux races tout à fait distinctes, les Chamites de Babylone, qui ont peuplé les plaines de Sennaar en en chassant les Sémites, et les Sémites qui vinrent peupler les contrées montagneuses arrosées par le cours supérieur du Tigre et y fondèrent Ninive.

Plus tard les deux peuples, réunis sous une domination commune, se sont fait de mutuels emprunts ; mais à l'origine, ils ont été non-seulement séparés, mais ennemis, et cette haine de race, longtemps comprimée pendant la durée des deux empires d'Assyrie, s'est manifestée à deux reprises différentes par la révolte de Bélésis contre Sardanapale et celle de Nabopolassar contre Assaracus, par les deux siéges et la destruction de Ninive.

Cette erreur, comme presque toutes celles qu'on peut signaler dans les œuvres du Président de Brosses, provient d'une ignorance commune à tous ses contemporains; on n'avait pas encore établi nettement la distinction entre différentes familles de langues ni reconnu la division pourtant si clairement indiquée dans la Genèse entre les races sémitique, chamite et japhétique; de là les étymologies hasardées par lesquelles on cherchait l'origine des mots grecs et latin dans les langues araméennes, et dont le savant Samuel Bochart avait trop souvent donné l'exemple; de là ces assimilations erronées entre les religions des peuples sémitiques et chamites, des Egyptiens, des Phéniciens, des Babyloniens et celles des peuples aryens, des Grecs et des Romains; ainsi de Brosses examine la question de savoir si c'est Bel-Nimrod que les Grecs ont divinisé sous le nom d'Orion de Titan ou de Kronos. Il partageait l'erreur de tous ses contemporains en cherchant parmi les peuples issus de Sem et de Cham les origines de la race hellénique, de sa langue et de sa religion; la science n'était pas encore entrée dans les voies nouvelles que lui ouvrirent, à la fin du siècle les travaux d'Anquetil Duperron.

Les autres ouvrages du Président de Brosses sur l'histoire ancienne de l'Orient sont restés inédits. Deux mémoires assez courts intitulés l'un : *Mémoire sur le fragment de Sanchoniaton*, qui fut lu à la séance publique de l'Académie de Dijon le 14 août 1763, l'autre : *Commentaire sur le 50ᵉ verset de Sanchoniaton*, relatif à l'histoire d'Atlas et des Atlantides, lu à l'Académie de Dijon le 16 mars 1770, sont restés en possession du fils et du petit-fils du Président de Brosses; le second a été communiqué à Court de Gébelin qui a pu en tirer parti pour ses recherches sur le monde oriental primitif, et surtout pour la traduction française avec commentaires qu'il publia à Paris en 1773 sous le titre d'*Allégories Orientales*.

L'ouvrage intitulé : *Histoire des temps incertains et fabuleux, depuis les plus anciennes traditions jusqu'à la prise de Babylone par Darah, fils de Ghustasp*, formait deux volumes in-f°, manuscrit; ce n'est qu'un recueil de matériaux, sans autre lien que l'ordre alphabétique, dont la meilleure partie a été mise en œuvre dans les deux mémoires sur l'Empire d'Assyrie communiqués à l'Académie des Inscriptions et imprimés dans son recueil.

Celui qui a pour titre : *Les Origines Phéniciennes ou extrait du premier livre de l'histoire Phénicienne, écrite par Sanchoniaton, natif de Béryte, donné par Eusèbe de Césarée sur la traduction du chananéen en grec que Philon de Biblos en avait faite*, est aussi fort étendu ; il a été conservé par le comte Ernest de Brosses et communiqué par lui au biographe du Président, M. Ch. Foisset ; l'évhémérisme, dit celui-ci, y domine généralement bien que, pour la fable d'Atlas en particulier, comme pour tout le premier livre de Sanchoniaton, le Président incline au naturalisme. Autant qu'on peut, sur des indices aussi vagues, juger d'un ouvrage, de Brosses y avait probablement fait preuve de son érudition ; mais l'application des doctrines d'Evhémère aux origines Phéniciennes et aux traditions rapportées par Sanchoniaton peut être critiquée ; ces doctrines ne reposent sur aucun fondement solide quand elles s'appliquent à la mythologie hellénique ; à plus forte raison est-il téméraire de s'en servir pour expliquer les conceptions religieuses des peuples sémitiques et chamites si différentes de l'authropomorphisme des Grecs.

CHAPITRE II

ARCHÉOLOGIE.

Les *Lettres sur l'état actuel de la ville souterraine d'Herculée et sur les causes de son ensevelissement sous les ruines du Vésuve* sont au nombre de trois. Les deux premières contiennent la description du Vésuve et celles des fouilles telles que de Brosses les vit en novembre 1739 ; la troisième celle des découvertes faites depuis le commencement des fouilles jusqu'en 1748 sous la direction du chevalier Marcello de Venuti.

Depuis la première découverte des ruines souterraines

d'Herculanum par le prince d'Elbeuf en 1711, les fouilles,
bien qu'elles n'eûssent été poussées activement qu'à partir
du mois de décembre 1738, avaient déjà permis de constater
l'importance de la ville engloutie par le nombre et la beauté
des objets d'art qu'on y avait trouvés.

De Brosses critique la manière dont les fouilles étaient
conduites, au moyen de galeries creusées au hasard, sans
air et sans lumière; peut-être ne tient-il pas assez
compte des obstacles qu'il mentionne lui-même : pour dégager entièrement les ruines d'Herculanum et exploiter à
ciel ouvert, comme on le fait à Pompéii, cette mine féconde d'antiquités, il faudrait démolir toute la ville de
Portici; et encore, à cette première difficulté en faut-il
ajouter une autre dont il parle à peine, celle d'enlever l'é-
paisse et dure croûte formée de plusieurs couches de
laves superposées, qui recouvre la ville ancienne et porte
la ville moderne.

Enumérant les antiquités déjà découvertes en 1739 et
qu'il vit lui-même à Naples, fresques, mosaïques, statues, bas-reliefs, pierres gravées, médailles, etc., de
Brosses donne une notice érudite sur la famille Nonia;
les Balbus, dont les statues ont été trouvées à Herculanum, appartenaient à cette famille et probablement la
ville était leur cliente. Il fait un éloge mérité de la plus
grande et de la plus belle des fresques, celle qui représente Thésée, vainqueur du Minotaure, mais établit entre
ces peintures et celles des écoles romaine et bolonaise
une comparaison dont la justesse peut être contestée.

Dans la seconde lettre il explique les causes de l'ensevelissement d'Herculanum sous les ruines du Vésuve,
en comparant l'état où il avait vu le volcan en 1739
avec celui où il se trouvait avant la grande éruption de
l'an 79 tel que le décrit Strabon, alors que l'espèce de
cirque formé par *la Somma* était entièrement rempli par
des terres cultivées, et celui que décrit Xiphilin, abrévia-
teur de Dion Cassius, quand ces terres avaient été reje-
tées par l'éruption et que le vaste gouffre ainsi creusé
n'était pas encore rempli par le cône de scories qui
s'est depuis élevé peu à peu à chacune des éruptions

suivantes (1). De Brosses en conclut que la ville d'Herculanum a été engloutie sous cette masse de terre, par-
dessus laquelle s'entassèrent ensuite les couches de lave
vomies par le volcan à différentes époques. Il eût encore
mieux expliqué la vraie nature de cette catastrophe s'il
n'eût refusé d'admettre ce qu'on lui racontait de l'éruption de 1631 : « Quelques historiens crédules ont débité que
» le Vésuve avait aspiré et vomi par son gouffre les
» vagues de la mer. » Il est avéré aujourd'hui qu'un phénomène de ce genre se produit à toutes les éruptions
volcaniques, et c'est seulement ainsi qu'on peut expliquer
ce fait, démontré par une observation attentive, que les
matières sous lesquelles est ensevelie la ville d'Herculanum ont été délayées dans des torrents d'eau au
moment où elles se précipitaient le long des flancs du
Vésuve.

La troisième lettre est un extrait du livre de Marcello
Venuti *Prime scoperte d'Ercolano* publié à Rome en 1748, et
qui contient l'inventaire exact de tous les objets trouvés
à Herculanum depuis le commencement des fouilles. Le
nombre s'en était considérablement accru depuis le mois de
novembre 1738 et la plupart des monuments de la ville
étaient déjà connus : On avait déjà découvert et fouillé
le théâtre, la basilique, presque tous les temples et plusieurs maisons particulières ; on en avait tiré un grand
nombre de statues en marbre et en bronze, de fresques et d'autres objets d'art dont Venuti et après lui de
Brosses donnent le catalogue exact. Ils rapportent aussi
des inscriptions latines et quelques inscriptions osques
que les antiquaires de cette époque ne purent déchiffrer,
incertains même si ces caractères, semblables à ceux
des tables eugubines, appartenaient à la langue osque ou
à la langue étrusque.

Les lettres sur Herculanum rendirent grand service au
public français en lui faisant connaître les principaux
résultats des recherches de Venuti ; il n'avait encore
paru en France que deux ouvrages très-courts, l'un

(1) *Strab.* livre VII. *Xiphil. in TiTo.*

anonyme intitulé : *Mémoire historique sur la ville découverte au bas du Vésuve*, l'autre traduit de l'italien par Dar-
thenay et intitulé : *Mémoire sur la ville souterraine découverte au pied du mont Vésuve.*

Les fouilles d'Herculanum, commencées depuis plus de
dix ans, y étaient encore presque ignorées, car. les lettres adressées de Rome et de Naples par de Brosses
au président Bouhier et à Buffon n'étaient connues que
de leurs destinataires.

Aujourd'hui les travaux publiés par l'Académie de Naples et l'ouvrage de Wilhelm Zahn ont dépassé le livre
de Venuti et à plus forte raison celui du Président de
Brosses, qui n'en est que le résumé, de telle sorte que
ceux-ci ont perdu pour nous tout intérêt. A considérer
en elles-mêmes les *Lettres sur Herculée,* leur mérite scientifique est assez mince. De Brosses accepte sans les
discuter toutes les conclusions de Venuti, faisant œuvre
non d'inventeur ni même de critique, mais simplement de
vulgarisateur, comme on dit de nos jours ; et on ne saurait le blâmer de s'être contenté de ce modeste rôle,
car Venuti était beaucoup plus que lui en mesure de bien
juger des antiquités d'Herculanum, ayant les objets sous
les yeux, et étant préparé à ces recherches par des études spéciales que de Brosses n'avait point faites. Ce manque de connaissances archéologiques et, par suite, de critique, auxquelles ne peuvent suppléer ni l'érudition purement littéraire, ni le goût ni la sagacité de l'esprit, ne
s'est fait que trop sentir dans le choix des monuments
par lesquels il a voulu illustrer sa restitution de Salluste.

CHAPITRE III

GÉOGRAPHIE.

L'étude de la géographie avait été une de celles que de
Brosses avait poussées le plus loin sous la direction de
son père, et il avait toujours conservé pour cette science

le goût le plus vif ; ce ne fut cependant que longtemps après son retour d'Italie qu'il entreprit un grand travail sur les découvertes des navigateurs modernes.

Il y fut amené par les sollicitations des membres de la Société littéraire qui se réunissait chez le président Richard de Ruffey, à l'occasion de la publication des *Lettres* de Maupertuis en 1752 ; on lui demanda d'exprimer son opinion sur un des projets qui y étaient exposés, celui d'un voyage de découverte aux Terres Australes ; de Brosses étudia la question avec l'ardente curiosité qu'il portait dans tous ses travaux, et en 1753 lut à la Société littéraire un écrit intitulé : *Des premières découvertes faites aux Terres Australes ; de l'utilité d'en faire de plus étendues et de la possibilité d'y former un établissement.* Il le communiqua à l'Académie des Inscriptions en juin 1754, puis le retira pour y ajouter de nouveaux développements, et l'ouvrage finit par former deux volumes grand in-4° qui parurent en 1756 sous ce titre : *Histoire des navigations aux Terres Australes, contenant ce que l'on sait des mœurs et des productions des contrées découvertes jusqu'à ce jour, et où il est traité de l'utilité d'y faire de plus amples découvertes, et des moyens d'y former un établissement.*

Dans la préface, de Brosses indique les motifs qui le décidèrent à donner tant de soin à son ouvrage : ce n'est pas seulement dans l'intérêt de la science qu'il se propose d'étudier la configuration géographique des Terres Australes, leur climat, leurs productions, les mœurs des habitants ; c'est aussi à cause de la gloire que la France peut acquérir par de nouvelles découvertes et de l'accroissement que prendrait son commerce maritime par l'établissement d'un entrepôt dans une situation bien choisie ; l'utilité d'une semblable entreprise, et par conséquent d'un ouvrage destiné à en tracer le plan, est incontestable « dans un temps où une puissance voisine affecte visi-» blement la monarchie universelle de la mer, sans égard ni » ménagement pour aucune autre nation. » (PRÉFACE, p. IV.) Il expose ensuite comment, après avoir recueilli et confronté sur les originaux toutes les relations de voyages, depuis celle d'Améric Vespuce en 1502, il les a rangées par ordre chronologique, faisant parler successivement chacun des navigateurs, supprimant les détails qui manquent d'intérêt et résumant les autres, il termine en souhaitant qu'on entreprenne pour l'histoire arctique du globe un travail semblable à celui qu'il a accompli pour l'histoire antarctique.

L'ouvrage se compose de cinq livres. Le premier « où il est traité des utilités de la découverte » commence par quelques considérations générales sur la gloire des grands navigateurs, supérieure à celle des conquérants, et sur la nécessité d'achever l'exploration des terres Australes, entreprise à laquelle ne peuvent suffire les ressources d'un particulier, ni même celles d'une compagnie, et qui ne peut être accomplie que par le chef d'un grand Etat.

Il délimite ensuite son sujet : « J'appelle *Terres Australes* » tout ce qui est au-delà des trois pointes méridionales » du monde connu en Afrique, Asie et Amérique, c'est- » à-dire au delà du cap de Bonne-Espérance, des îles » Moluques et Célèbes et du détroit de Magellan, ce qui » peut comprendre 8 à 10 millions de lieues quarrées, » faisant plus du tiers de notre globe. » Puis il expose comment il convient de tirer parti des découvertes qu'on y pourra faire en évitant les fautes par lesquelles les Espagnols ont dépeuplé et ruiné leurs possessions d'Amérique, et en imitant les sages exemples donnés par les Hollandais dans leurs rapports avec les Hottentots et par les jésuites dans l'organisation de leurs établissements au Paraguay. Il faut « faire du négoce et non des conquêtes » former et policer les nations et non les asservir et les exterminer (1).

(1) Ces sentiments d'humanité valurent à de Brosses un suffrage qui lui parut sans aucun doute d'un haut prix, celui de Monsignor Cerati, proviseur de l'Université de Pise : celui-ci, vingt trois ans après leur rencontre en Italie, lui écrivit la lettre suivante, conservée au British Museum, et dont je dois la communication à l'obligeance de M. Geffroy :

« A Monsieur de Brosses, président à mortier, à Dijon, 1er juin 1763.

» Je ne sçais pas si mon âge avancé me permettra de voir la nouvelle édition de votre histoire des Terres inconnues Cet ouvrage est très-intéressant, et avec le temps, par des combinaisons favorables, il peut devenir très-utile au genre humain Il me semble donc qu'il soit bien digne de vos soins non moins laborieux que judicieux pour l'augmenter et pour l'enrichir de sages réflexions pour dégoûter les nations européennes des manières barbares et féroces avec lesquelles on a jusqu'ici presque toujours souillé les conquêtes asiatiques et américaines. — M. le comte Lorenzi m'a averti de vous avoir envoyé un exemplaire de la relation de Paraguay dont je vous ai parlé dans ma dernière lettre. Les notes sont détestables et d'une fadeur insupportable, mais la relation me semble honnête et véridique. Je serais presque tenté de vous conseiller à en faire usage dans la nouvelle

Il faut éviter que la colonisation dépeuple la métropole, comme il est arrivé pour l'Espagne; ce danger serait grand pour la France qui est loin d'avoir autant d'habitants que son sol en pourrait nourrir; on peut l'éviter en limitant le nombre des colons et en n'accordant l'autorisation d'émigrer aux colonies que sous des conditions prudemment déterminées; on peut pratiquer utilement la déportation des criminels, mais seulement après avoir établi aux colonies *une force coërcitive* suffisante pour les contraindre à observer les lois; un autre élément utile pourrait être fourni par les enfants trouvés; de Brosses rappelle à ce propos la réforme introduite par lui dans l'hôpital de Dijon et les heureux résultats qu'il obtint en faisant élever les enfants trouvés à la campagne. Le meilleur mode d'exploitation des colonies c'est la *culture végétative* bien supérieure au travail des mines, puisque ses produits, loin de s'épuiser comme les métaux, vont se renouvelant et s'accroissant toujours, et ne s'avillissent pas par la multiplication.

Quant aux difficultés de l'entreprise, il les examine l'une après l'autre et montre comment on peut les surmonter. La principale est l'ignorance des routes, des vents, des ports, etc.; mais elle ira s'atténuant toujours par les découvertes nouvelles et le progrès des connaissances géographiques; elle n'a jamais arrêté un capitaine résolu, sachant maintenir le moral de son équipage, et, pour obtenir ce résultat, rien n'est plus efficace que le principe adopté par le grand navigateur William Dampier « aller de l'inconnu au connu », surmonter les plus grands obstacles au moment où l'équipage est encore animé de l'ardeur que l'on porte au début de toute entreprise, et lui faire paraître ainsi relativement facile la tâche qui lui reste à accomplir ensuite. La férocité des indigènes qu'on visitera sera bientôt adoucie pourvu qu'on les

édition dont je vous ai parlé cy-dessus. Il y a beaucoup d'apparence que les rédactions jésuitiques de l'Amérique méridionale sont encore des Terres presqu'inconnues (*sic*,) et assurement celles de la Californie étaient telles avant le peu de connaissances que nous avons apprises à l'occasion du voyage de M. Anson. Un Portugais qui a demeuré très-longtemps à Rome et qui est très-sçavant, m'a assuré qu'une des Terres inconnues jusqu'ici, et qui mérite des recherches curieuses et exactes est la province de Maragnon, qui pendant un très-grand nombre d'années a été possédée et très-soigneusement cachée par les Jésuites. »

traite avec humanité, et qu'on leur fasse connaître la civilisation non par l'abus de la force, mais par les avantages qui doivent résulter pour eux de leurs relations avec les Européens.

La route des navigateurs est obstruée par les glaces plus souvent dans l'hémisphère austral que dans l'hémisphère boréal. Quelle que soit la cause de ce phénomène il n'est pas exact que le froid augmente à mesure qu'on s'approche des pôles et par conséquent il est probable que les plus grandes difficultés provenant des glaces ont été déjà rencontrées et surmontées par les navigateurs. Le fait signalé par de Brosses, exact pour le pôle boréal, est encore douteux pour le pôle austral où la configuration des terres et des mers est toute différente de celles des régions arctiques, et les conséquences prématurées qu'il tire d'un fait incertain ont été contredites par l'expérience des voyages postérieurs, surtout ceux de Cook et de Dumont d'Urville. Mais ce qui empêche cette erreur d'infirmer les conclusions de son ouvrage, c'est que la plupart des terres australes sont situées plus près de l'équateur que du pôle, sous des climats chauds ou tempérés.

Il marque la limite des terres australes et leur assigne des divisions : « Toutes les terres isolées se trouvent » contenues au delà d'une ligne tracée depuis l'extrémité » méridionale de l'Afrique jusqu'aux bouques du détroit » de Magellan ; d'ici jusqu'au cap Mabo, dans l'île de » Patenta à l'extrémité de la Nouvelle Guinée, et de là » jusqu'à la pointe d'Afrique, d'où nous sommes partis. »

« Notre globe est formé de trois grandes pièces de » terre, Asie, Afrique, Amérique, et de trois grandes » pièces de mer, Ethiopique ou des Indes, Atlantique ou » du Nord, Pacifique ou du Sud. Relativement à ceci on » peut de même diviser le monde austral inconnu en » trois parties, chacune au sud des trois ci-dessus. L'une » dans l'océan des Indes, au sud de l'Asie que j'appellerai » pour cette raison *Australasie*, l'autre dans la mer du » nord, que je nommerai Magellanique, du nom de » l'auteur de sa découverte, commençant à la pointe méri-

» dionale du continent de l'Amérique, y compris tout ce
» qui peut s'étendre jusque et au delà du sud de l'Afrique
» où l'on a quelquefois soupçonné, mais non pas encore
» découvert, aucune longue côte de terre. Je comprendrai
» dans la troisième tout ce que contient le vaste Océan
» Pacifique et je donnerai à celle-ci le nom de Polynésie
» à cause de la multiplicité d'îles qu'elle renferme. »

Cette division adoptée par le géographe écossais Pinkerton dans sa *Géographie moderne, rédigée d'après un nouveau
plan*, publiée en 1802, est conforme au groupement naturel
des terres et à la distribution des races humaines et des
espèces végétales et animales beaucoup plus que celle
qui a prévalu depuis, et qui, sous le nom général d'*Océanie*,
embrasse la Malaisie avec la Polynésie et l'Australie;
tout concourt à démontrer que la Malaisie devrait plutôt
se rattacher à l'Asie; il est avéré que les îles de la Sonde,
Bornéo, les Philippines et la partie occidentale de l'Archipel
Sumbawa-Timor sont séparées du continent asiatique par
des bras de mer relativement peu profonds, tandis qu'un
fossé très-profond les sépare des Mariannes, de Celèbes,
des Moluques, de la Nouvelle-Guinée, de Timor et de
l'Australie; ce fossé marque la limite entre les peuples
de race jaune et ceux de race noire, entre deux régions
dont la flore et la faune n'offrent aucune ressemblance,
tandis que celles de la Malaisie sont presque identiques
à celles de l'Indo-Chine. Aussi faudrait-il préférer la
division proposée par de Brosses à condition de reculer
vers le Nord la limite qu'il a tracée, et qui doit comprendre
les Mariannes, les Carolines et les îles Sandwich; la
Malaisie étant rattachée à l'Asie, tout ce qui est compris
au Sud-Est de cette limite peut être réuni sous le nom
très-juste d'Océanie; la division de cette vaste région en
Australasie, Polynésie et Magellanie pourrait être adoptée
comme conforme à la configuration géographique et à la
distribution des races humaines, des animaux et des
végétaux, en conservant pour la première le nom de
Mélanésie qui exprime bien son caractère ethnographique.

Le second livre comprend l'histoire des découvertes
faites aux terres Australes dans le cours du XVIe siècle;

après quelques considérations sur les connaissances géographiques des Anciens et sur leur croyance à l'existence d'une terre australe ou *Antichthon*, qui se retrouvent dans une note de l'histoire romaine relative aux îles Fortunées, de Brosses commence la série des relations de voyages depuis celui d'Améric Vespuce en 1502 ; les principaux sont ceux de Magellan en 1519 et 1520, autour du monde, de Francis Drake en 1578 et de Thomas Cavendish en 1586 et 1592 ; le troisième livre contient les relations des découvertes faites pendant le cours du XVIIᵉ siècle, dont les principales sont celles de Fernand de Quiros en 1606, de Jean le Maire et Guillaume Schouten en 1615, d'Abel Tasman en 1642, et de William Dampier en 1684 ; le quatrième livre, celles des découvertes faites pendant la première moitié du XVIIIᵉ siècle, par Fouquet et Coudrai Perée en 1704 ; Wodes Rogers en 1707, Louis Feuillée en 1708, François de Padilla en 1710, Frézier en 1712, Gentil de la Barbinais en 1715, Roggewein en 1721, Antoine Cantova en 1731, Lozier Bouvet en 1739, Georges Anson en 1741 et Le Hen Brignon en 1747.

Le cinquième livre traite des moyens de former un établissement aux Terres Australes. De Brosses examine les avantages particuliers à chaque région : En Magellanie, les Terres Australes sont plus à portée des routes ordinaires des navires, en Polynésie la température du climat et les mœurs des habitants doivent rendre plus facile un établissement d'ailleurs fort éloigné ; en Australasie le commerce paraît devoir être plus lucratif et l'établissement moins coûteux. Chacune de ces régions présente quelque position favorable à l'établissement d'un entrepôt.

Dans la Magellanie on pourrait choisir les îles Malouines situées à portée de l'océan glacial antarctique, où la pêche des baleines et de veaux marins serait plus fructueuse que dans les mers boréales, et de la pointe méridionale de l'Amérique qui fournirait en abondance de nouveaux objets d'échange tels que les lamas, les vigognes, les guanacos, les perles et les coquillages de toute espèce. La colonisation de ces îles permettrait aussi

de recueillir des renseignements curieux sur les Pata_
gons , leur taille véritable, leurs mœurs et leurs légendes.
Les Malouines serviraient de point de relâche pour la navigation des Indes-Orientales, la route d'Occident par le
cap Horn étant plus sûre que la route d'Orient par le
cap de Bonne-Espérance, si, au lieu de s'engager dans
le labyrinthe inextricable du détroit de Magellan ou dans
les parages dangereux du détroit de Lemaire, on passe
au large en doublant de loin le cap Horn, assertion qui
a été confirmée par des navigateurs modernes.

En Polynésie le point le plus avantageux serait la Nou-
velle-Zélande, terre fertile et salubre, et elle pourrait être
reliée aux Malouines par un établissement aux îles Juan-
Fernandez, célèbres à cette époque par l'aventure du
matelot Alexandre Selkirk racontée dans la relation de
Woodes Rogers en 1712 et qui inspira à Daniel de Foë
l'idée de son *Robinson Crusoë*.

L'Australasie fournirait un lieu d'établissement préfé-
rable à tous les autres ; la richesse du sol y fait contraste avec la barbarie et la stupidité des habitants qui
n'ont d'autre religion que le plus grossier fétichisme ; de
Brosses ne fait que signaler en passant ces superstitions
auxquelles il consacra plus tard une étude approfondie.
Dans cette région, le point le plus favorable à l'établissement d'un entrepôt de commerce serait la Nouvelle-
Bretagne, située à portée des Moluques, des Philippines
et de Canton. A cette époque, l'Australie était mal connue, surtout dans sa partie orientale, qui ne fut explorée que quelques années après ; si de Brosses avait eu
sur ce pays des renseignements précis, il est probable
qu'il n'eût point désigné la Nouvelle-Bretagne et commis une erreur comparable à celle qui fit donner à
Chalcédoine le nom de Ville des Aveugles, pour avoir méconnu les avantages de la position de Byzance. Il indique
avec précision l'itinéraire le plus avantageux pour trans-
porter les colons à la Nouvelle-Bretagne, en partant de
l'île Bourbon ou de Pondichéry et en passant par le détroit de la Sonde et le cap Mabo ; les passages au sud et

au nord de l'Australie étant alors mal connus, il y ajoute de sages conseils pour le choix des équipages, pour la conduite à tenir envers les indigènes qu'il ne faut point indisposer par le zèle indiscret des missionnaires, et pour l'imposition des noms aux lieux nouvellement découverts qui ne doivent pas être pris au hasard, mais déterminés par la nature des lieux comme l'étaient ceux que les Phéniciens et les Carthaginois donnaient aux pays explorés par eux. Enfin, sans prévoir que cette question serait agitée plus d'un siècle après lui, il examine de quelle manière il convient de compter les longitudes, et propose de conserver pour premier méridien celui qui avait été adopté avec tant de raison, le méridien de l'Ile de Fer, en supprimant la distinction entre la longitude orientale et la longitude occidentale et en comptant sur la circonférence entière de l'équateur jusqu'à 360 degrés.

Ainsi, à part quelques théories sur la physique du globe qui étaient prématurées dans l'état de la science à cette époque, de Brosses a montré dans son *Histoire des navigations aux Terres Australes* l'érudition et la variété de connaissances qui se retrouvent dans tous ses travaux, et une grande sagacité dans son jugement sur les véritables causes de la prospérité des colonies. Ce qui prouve que ses idées n'étaient pas seulement les rêveries d'un homme de cabinet, c'est l'enthousiasme que la lecture de son ouvrage inspira à Bougainville ; celui-ci fut frappé surtout des avantages de la position des Malouines, et, après avoir pris part sous les ordres de Montcalm à la glorieuse défense du Canada contre les Anglais, voulut réparer la perte de nos colonies et alla fonder en 1763 un établissement au point désigné par de Brosses. Mais la nouvelle colonie fut, comme l'avaient été les autres, abandonnée par le gouvernement de Louis XV ; les Espagnols, nos alliés, reprirent les Malouines en 1765, ne surent en tirer aucun parti et en 1771 cédèrent leurs droits sur ces îes à l'Angleterre, qui elle-même n'a commencé à les coloniser qu'en 1833, après que l'attention eut été de nouveau attirée sur elles par le naufrage de l'*Uranie*.

C'est sur la recommandation du Président de Brosses que Bougainville emmena lors de son voyage autour du monde, commencé en 1766, le naturaliste Philibert Commerson. Celui-ci resta en correspondance avec de Brosses, et c'est d'après les renseignements fournis par lui qu'il écrivit son *Mémoire sur un peuple nain de l'Afrique* (les Quimos de Madagascar), lu à la séance publique de l'Académie de Dijon le 18 août 1771.

Ce mémoire, dont le manuscrit est venu en la possession de M. Bernard Joliet, notaire à Dijon, n'a pas été imprimé, et il n'y a sans doute pas lieu de le regretter·

Si l'on en croit la correspondance manuscrite d'un contemporain de Commerson conservée à la Bibliothèque du Muséum d'histoire naturelle de Paris, le naturaliste aurait été dupe de sa crédulité en considérant une femme de race malgache, qui lui fut montrée par un colon français, M. de Maudave, et dont la petite taille était un fait purement accidentel, comme le type d'une race naine existant à Madagascar. Il fut confirmé dans son erreur par le nom de *Quimos*, qui signifie *petit homme,* donné à une tribu en souvenir d'un de ses chefs, illustre par sa vaillance, mais d'une taille fort petite. De Brosses partagea, comme la plupart de ses concitoyens, l'erreur de Commerson et fut, comme eux, victime d'une mystification qui fit rire aux dépens des savants européens les colons de Madagascar, de l'île Bourbon, de l'île de France et les Malgaches eux-mêmes.

Parmi les relations de voyage que de Brosses examina, il en était une qui lui parut apocryphe; c'était celle des découvertes d'un certain amiral espagnol nommé Barthélemy de Fuentès, publiée à Londres en 1708, d'après laquelle celui-ci aurait découvert, de 1630 à 1640, un grand archipel sur la côte N.-O. de l'Amérique et un passage du N.-O. au N.-E. de ce continent pour aller d'Asie en Europe. Or, la géographie de ces régions n'avait fait que peu de progrès depuis la fin du XVIe siècle, et la côte d'Asie au Nord de l'embouchure du fleuve Amour , celle de l'Amérique depuis la Nouvelle-Californie jusqu'à la baie d'Hudson étaient presque entièrement inconnues. La relation de Fuentès présentait donc le plus grand intérêt, mais de Brosses la jugea suspecte. Joseph-Nicolas Delisle, père du grand géographe Guillaume Delisle, dans son Mémoire sur les nouvelles découvertes au nord de la mer du Sud, publié en 1752, et Buache l'avaient déclarée authentique et exacte. Mais Robert de Vaugondy signala les contradictions qui existaient entre les prétendues découvertes de Fuentès et les découvertes réelles de Behring, et refusa d'admettre l'authenticité de sa relation.

De Brosses se rangea à son avis, et lut à l'Académie de Dijon, les 5 et 12 juin 1761, le mémoire intitulé : «De la commu-» nication du grand océan des Deux-Indes avec la mer du » Nord, vulgairement appelé détroit d'Anian, où l'on traite en » détail de l'étendue réelle du Nord-Est de l'Asie, telle qu'elle » est aujourd'hui connue, et de la fausse étendue qu'on veut » donner au Nord-Ouest de l'Amérique sur le rapport d'une »relation apocryphe de l'an 1640.» Dans cet écrit, qui est resté inédit, il traite la relation de l'amiral Fuentès de roman géographique « sorte de romans non moins dangereux que les autres », et ses soupçons furent amplement justifiés quand la véritable configuration des côtes de l'Asie et de l'Amérique eut été décrite par Cook, Forster et Vancouver, après leur voyage de 1772. Ce que nous savons de la sagacité qu'il montra dans cette question nous fait regretter la perte de son mémoire, qui ne nous est connu que par les registres de l'Académie de Dijon.

Aux travaux géographiques du Président de Brosses il convient de joindre le mémoire qu'il lut à l'Académie des Inscriptions, en mars 1755, au sujet d'un vase et de quatre manuscrits que lui avait montrés à Genève le jeune comte de Strogonoff ; ce mémoire a été imprimé dans la collection de l'Académie TOME XXX, page 777, sous le titre : *Description d'un vase et de quatre manuscrits nouvellement trouvés en Sibérie*. Bien qu'il contienne quelques considérations sur l'ancienne religion des Scythes et sur la langue et l'écriture des Kalmouks et des Thibétains, la partie la plus remarquable est celle qui est relative à l'emplacement de la ville d'Ablaïkit et aux peuples habitant cette région.

Le vase trouvé dans le grand-duché de Permie au S.-O. de la Petchora, et reproduit par une gravure insérée dans le mémoire, porte un bas-relief d'un assez beau travail, représentant une femme tenant sur sa main un oiseau de proie, entourée de figures plus petites, don l'une porte un bœuf, et placée sous une sorte de portique. De Brosses veut y voir un monument de l'ancienne religion des Scythes, et fait des rapprochements ingénieux avec l'épervier, symbole du soleil dans les mythes égyptiens, et le bœuf qui figure souvent dans le culte de Mithras; mais le travail du bas-relief, le type des figures, le costume, l'architecture du portique montrent jusqu'à l'évidence l'origine indienne du vase et par conséquent infirment l'hypothèse du Président de Brosses, et toutes les conclusions, assez vagues du reste, qu'il en tire.

La science des langues n'a pas non plus beaucoup gagné à la tentative faite par son ami Jehannin de Chamblanc pour déchiffrer les manuscrits; tout ce qu'il a pu établir d'une manière certaine c'est que sur les quatre deux sont en langue kalmouke ou mongole, les deux autres en langue thibétaine ou du Tangut, et que les uns ne sont pas la traduction des autres. La connaissance des langues de l'extrême Orient était encore trop peu avancée, malgré les travaux des missionnaires et surtout ceux des Jésuites. De Brosses, pendant son séjour à Rome, avait été édifié sur ce point par ses conversations avec son compatriote le P. Fouquet, ancien missionnaire en Chine; il professait même peu d'estime pour la science de son futur collègue à l'Académie des Inscriptions, Etienne Fourmont « qui se pique d'avoir si bien deviné le chi- » nois sans le savoir » (TOME II, page 287). Dans son mémoire il rappelle que le czar Pierre, après avoir rendu visite à l'Académie des Inscriptions et Belles-Lettres, lui envoya quelques manuscrits en langue thibétaine; Fourmont, chargé de les déchiffrer, en fit une traduction latine « qui, dit de Brosses, n'a guère moins d'obscurité » pour moi que le Tangut. »

Il explique le peu de succès obtenu par Jehannin de Chamblanc au moyen des principes généraux qu'il développa dans son traité méchanique des langues : « Quand » le discours roule sur des objets extérieurs et physiques, » on l'entend partout, parce que les originaux de compa-» raison se trouvent partout à peu près les mêmes, ce qui » n'est pas dans les matières dogmatiques et intellectuelles, » dont les originaux sont dans l'esprit des hommes et sur » lesquelles chaque nation a ses idées, qui n'ont quelque-» fois rien de commun avec celles des autres peuples ». Et il cite comme exemple de cette difficulté à traduire d'une langue à l'autre les idées métaphysiques une traduction du *Pater* en langue européenne, faite par un Siamois sur une version siamoise, rapportée par Witkins, et qui offre un mélange de toutes les langues dérivées du latin très-bizarre et presque inintelligible. Outre cette cause générale, il y en avait une autre, la connaissance insuffisante qu'on avait alors des véritables rapports des langues entre elles, de la manière dont il convient de les grouper par familles, et de la méthode par laquelle on peut arriver à savoir une langue inconnue en la comparant à une langue connue de la même famille.

La seule partie de ce mémoire qui offre un véritable intérêt est celle où, faisant usage des renseignements fournis par Gérard-Frédéric Muller, secrétaire de l'Académie de Saint-Pétersbourg, il détermine la position des ruines d'Ablaikit; elle n'était indiquée ni sur la grande carte de Sibérie, dressée par ordre de Pierre-le-Grand et de Catherine II, ni sur celle de Witzen, ni sur celle d'Isbrand Ides, ni sur celle de Delisle; mais elle le fut sur celle de d'Anville et sur une carte envoyée à de Brosses par Muller et insérée dans le mémoire; les ruines d'Ablaikit, situées sur la rivière du même nom qui se jette dans l'Irtych près du fort d'Oust Kamenagorskaïa, se trouvent dans le gouvernement actuel de Semipalatinsk par 48° 50 de latitude N.

et 99° 5' de longitude E, du méridien de l'île de Fer ou 79° 5' du méridien de Paris.

La lettre de Muller contient en outre des renseignements ethnographiques très-précis et très-exacts. Les environs d'Ablaikit, nous apprend-elle, sont habités par les Eleuths, tribu de la race des Kalmouks, qu'il faut distinguer des Tatars, dont ils diffèrent par les mœurs, par la langue et par la religion ; les Kalmouks ont peuplé, outre cette région, la petite Boukharie, le Khoukhou-Noor et une partie du bassin du Volga (Muller écrit avec raison de la Volga). Toutes ces données ont été confirmées par la science moderne : elle distingue nettement dans la race jaune le rameau *turc* ou *tartare* auquel appartiennent les Turcs Ottomans, les Tartares Nogaïs, les Baskirs, les Kirghiz Kaïzaks et les Turcomans du rameau *mongol* auquel appartiennent les Bouriètes, les Khalkhas, les Ordous et enfin les Kalmouks; elle assigne pour résidence à ceux-ci les régions indiquées par Muller, rattachant à cette famille les *Eleuths* on *Dzoungares*, habitant les deux versants de l'Altaï, le bassin supérieur de l'Irtych et le Thian Chan Pé-Lou, les *Khokhots* habitant le Khoukhou-Noor, les *Derbets* ou *Tcho-ros* qui se fixèrent en 1621 sur le cours supérieur du Tobol et le versant oriental de l'Oural, à l'O. des Eleuths, enfin les *Torgouts*, originaires de la Dzoungarie, tributaires de la Russie depuis 1616, qui vinrent en 1662 s'établir entre l'Oural et le Volga; quelque temps après l'époque ou de Brosses écrit son mémoire, ils quittèrent ce pays, pour fuir les exactions des agents russes, en 1771, et revinrent dans leur ancienne patrie, où la domination moscovite a su les retrouver depuis.

De Brosses a rencontré juste, ou du moins émis une opinion très-vraisemblable en attribuant à la propagande bouddhiste, ayant pour centre le Thibet, l'arrivée des manuscrits thibétains dans ces régions lointaines. Il ne lui eût pas été plus difficile d'expliquer aussi par là la présence du vase ciselé dans la Permie, s'il en eût reconnu la véritable origine.

Le mémoire lu à l'Académie de Dijon le 18 décembre 1772

et le 8 janvier 1773 et imprimé dans le recueil de cette Académie (TOME II, page 447) sous le titre : *Essai de géographie étymologique, sur les noms donnés aux peuples Scythes anciens et modernes*, peut être considéré comme un résumé de toutes les études du Président de Brosses : il n'est pas un des sujets traités par lui dans ses diffé-rents ouvrages dont il ne s'y trouve quelque point : en recherchant l'étymologie des noms donnés aux peuples Scythes il applique les règles formulées dans le *Traité de la formation méchanique des langues;* les considérations sur la géographie biblique et les origines des peuples d'après la Genèse ont déjà figuré dans le second mémoire sur l'empire assyrien; ses conjectures sur la langue et la civilisation des peuples de la Sibérie ont été exposées dans le mémoire sur le vase ciselé trouvé en Permie et les manuscrits d'Ablaikit; il donne sur les peuples et les pays riverains du Pont-Euxin des rensei-gnements déjà rapportés dans la description de cette mer restituée d'après Salluste; en décrivant la distribu-tion des terres et des mers à la surface du globe et la configuration des côtes de la région Nord-Est de l'Asie, il répète plus d'une idée déjà développée dans son *Histoire des navigations aux Terres Australes* et dans son Mé-moire sur le détroit d'Anian; enfin les détails qu'il donne sur la religion des peuples sibériens sont empruntés à son *Traité du culte des dieux fétiches* ce mémoire nous resterait seul de toutes ses œuvres qu'il suffirait pour nous donner une idée de la prodigieuse variété des études embrassées par le Président de Brosses.

Il nous montrerait aussi que toutes n'avaient pas été cultivées avec un égal succès. On distingue dans ce mémoire deux parties, la partie étymologique et la partie his-torique et géographique; la première, presque toute con-jectorale, renferme à peine quelques rapprochements de mots qui puissent éclaircir les questions relatives à la parenté des langues et aux migrations des peuples; la seconde, au contraire, appuyée sur des faits précis et positifs, nouveaux pour la plupart à l'époque où le mémoire fut écrit, jette une vive lumière sur l'histoire ancienne et moderne et sur la géographie de la région septentrionale de l'Asie.

La principale erreur qui a égaré de Brosses dans la recherche des étymologies est celle qui se retrouve dans tous ses ouvrages et dans ceux de presque tous ses contemporains, la confusion entre les différentes familles de langues; il rapproche souvent des mots appartenant aux langues que nous appelons aujourd'hui touraniennes de ceux des langues aryennes ou sémitiques, du grec, du latin, et de l'hébreu; de plus il manque souvent aux règles les plus élémentaires de l'étymologie, formulées par lui-même, en décomposant les mots sans égard pour leur véritable mode de formation, comme par exemple lorsqu'il rapproche le nom des Massagètes du mot latin *sagitta.*

Il est d'autant plus étrange de voir lui échapper cette distinction entre les langues qu'il l'a très-nettement marquée entre les races; il indique avec la plus grande précision et la plus grande exactitude les limites qui séparent la race blanche et la race jaune, limites marquées d'un côté par le Tanaïs entre les habitants de la Petite Scythie, appartenant à la première et les Scythes d'Asie appartenant à la seconde; de l'autre par l'Iaxarte d'abord, puis par l'Oxus entre le Touran, demeure des Uzbecks, nation de race jaune, sous le joug desquels vit un peuple conquis, les Tadjicks de race blanche, et l'Iran, toujours possédé par les descendants des anciens Perses. Il marque avec autant de netteté la distinction à établir dans la race jaune elle-même entre les Tartares, que les anciens appelaient *Scythes* et les Sibériens qu'ils appelaient *Hyperboréens*; parmi ces derniers il range les Samoyèdes, les Ostiaks, les Lapons et d'autres peuples que l'ethnographie moderne rattache en effet à la race dite boréale.

Enumérant les invasions opérées, tantôt du côté du Sud, tantôt du côté de l'Ouest par la race tartare, il y rattache avec raison les Scythes qui envahirent le Médie sous Cyaxare; les Huns qui sous Attila ravagèrent une partie de l'empire romain, et auxquels il fait remonter, par une des rares étymologies qui soient exactes dans son mémoire, l'origine des Hongrois; les Mongols qui sous Gengis Khan et Timour Lenk conquirent l'Asie occidentale et l'Inde; enfin les Mandchoux conquérants de la Chine. Il décrit à grands traits, mais avec une grande exactitude, d'après la relation de Gmelin et des autres voyageurs envoyés par Pierre-le Grand et Catherine II, le plateau central de l'Asie et la pente de ce plateau vers l'océan glacial qui forme la vaste plaine de la Sibérie, et explique très-bien les véritables causes du froid qui y règne. L'existence d'une communication entre l'Océan glacial et le Pacifique était démontrée par le voyage de Behring et il n'était pas possible d'admettre que l'Asie et l'Amérique fussent réunies par ce côté; cependant comme jusqu'à ce moment tous les navigateurs .qui avaient essayé de franchir l'espace compris entre l'embouchure du Jénisseï et celle de la Léna, avaient été arrêtés par les glaces, et que cette partie de la côte sibérienne était entièrement inconnue, quelques géographes soutenaient encore que les deux continents devaient être réunis par une langue de terre partant de ce point et passant par le pôle; de Brosses exprime l'opinion contraire, que les découvertes postérieures ont justifiée, et affirme que le continent asiatique est complétement séparé du nouveau monde par l'Océan glacial; de plus, abordant un des problèmes géographiques les plus controversés encore aujourd'hui, il en propose la solution qui nous paraît la plus vraisemblable dans l'état actuel de nos connaissances : observant que le froid n'augmente pas à mesure qu'on s'approche du pôle, il en conclut que la mer qui s'étend au nord de la Sibérie, et au milieu de laquelle se trouve probablement le pôle Nord, doit être libre de glaces pendant une partie de l'année et fournir les moyens d'y arriver.

Ce mémoire est donc un document des plus utiles pour

nous faire connaître l'état de la science géographique à l'époque où commençaient les grands voyages d'exploration de la fin du XVIIIe siècle; elle avait fait, depuis l'époque où avait paru l'Histoire des navigations aux Terres Australes, de grands progrès auxquels ce livre n'était point étranger. En ce qui concerne la Sibérie, de Brosses, outre les documents accessibles à tous, tels que les relations de Barentz, de Behring, de Gmelin, auxquelles allaient s'ajouter celles de Pallas et de Forster, put avoir plus d'un renseignement inédit par ses rapports avec Gérard Frédéric Muller, secrétaire de l'Académie de Saint-Pétersbourg et compagnon de voyage de Gmelin, et avec la famille des Strogonoff, dont plusieurs membres avaient exercé des fonctions dans cette partie de l'empire russe, et qui y possédait de vastes domaines. A ces divers titres, son mémoire mériterait donc de figurer dans la collection de l'Académie des Inscriptions et Belles-Lettres, n'étaient ces étymologies hasardeuses qui, peut-être, l'empêchèrent d'obtenir les suffrages des collègues du Président de Brosses.

CHAPITRE IV

HISTOIRE DES RELIGIONS

Dans presque tous ses ouvrages, de Brosses eut à toucher par quelque point à l'histoire des religions; les questions qui se rattachent à cette science le préoccupaient dès son séjour à Rome, et il eut à les aborder successivement dans son Histoire de la monarchie assyrienne, à propos du sabéisme et de l'apothéose de Bel-Nimrod, dans son histoire des navigations aux Terres Australes, à propos du fétichisme des nègres de l'Australasie, dans son mémoire sur le vase de Permie et les manuscrits thibétains, à propos de l'ancienne religion des Scythes et du bouddhisme. Les ouvrages de David Hume attirèrent son attention sur la question des religions, et il écrivit le mémoire intitulé :

« *Du culte des dieux fétiches, c'est-à-dire des objets terrestres et matériels, animaux ou inanimés, contenant le parallèle de l'ancienne religion de l'Egypte avec la religion actuelle de Nigritie, et l'examen philosophique et critique des causes auxquelles on a coutume d'attribuer le Fétichisme* ; ce mémoire fut lu en 1757 à l'Académie des Inscriptions, qui désapprouva le système proposé par l'auteur et refusa de le laisser imprimer dans sa collection ; de Brosses le retira en 1759 et le fit imprimer à Genève en 1760, chez Cramer, sans nom d'auteur, de ville, ni d'imprimeur, sous ce titre définitif : *Du culte des dieux fétiches, ou parallèle de l'ancienne religion de l'Egypte avec la religion actuelle de Nigritie.*

Les mêmes raisons qui avaient fait repousser cet ouvrage par l'Académie des Inscriptions le firent accueillir avec empressement par les rédacteurs de l'Encyclopédie méthodique, et il fut réimprimé dans ce recueil : *Philosophie,* TOME II, page 411.

L'histoire des religions anciennes, suivant de Brosses, a été obscurcie par ceux qui, à l'exemple des néo-platoniciens, ont voulu les expliquer par le *figurisme*, en cherchant sous les superstitions les plus grossières un sens caché, et en attribuant à des nations ignorantes des connaissances qu'elles n'avaient pas et des idées qu'elles étaient incapables de concevoir ; une erreur non moins grave est celle des philosophes qui ont voulu y reconnaître les traditions rapportées dans la Bible, altérées et défigurées.

La mythologie des peuples qui ont une histoire c'est le récit des actions des morts : *mythos* a pour étymologie le mot égyptien et phénicien *Mauth* qui se trouve dans Sanchoniaton et que Philon de Biblos traduit par *thanatos* ; mais cette explication, acceptable pour les religions auxquelles on peut appliquer le système d'Evhémère, ne l'est plus pour les deux sortes de cultes pratiquées par les peuples primitifs, *le sabéisme* ou adoration des astres, et le *fétichisme* ou adoration des animaux et des objets inanimés. Le fétichisme, pratiqué autrefois par les Egyptiens, l'est encore aujourd'hui par les peuplades nègres ; pour se faire une idée juste des superstitions qui ont existé autrefois, il faut étudier celles qui subsistent aujourd'hui et apprendre à connaître l'enfance des peuples en étudiant ceux qui sont restés enfants.

Le fétichisme actuel des nègres et des autres nations sauvages est l'adoration des animaux ou des objets inanimés appelés *fétiches*, du mot portugais *fetisso*, chose fée, enchantée, divine, rendant des oracles, idées exprimées par les mots latins *fatum, fanum, fari*.

Le fétiche des nègres est tantôt une certaine espèce d'animaux, tantôt un fleuve, la mer, un arbre ou une figure de bois ou d'argile, mais le culte le plus répandu est celui du serpent, pratiqué surtout dans le royaume de Juidah, en Guinée, analogue à celui qui se pratiquait à Babylone, du temps d'Evilmérodach, comme l'atteste le livre de Daniel. Le fétichisme se retrouve non-seulement chez tous les nègres de l'Afrique et de l'Australasie, mais chez les peuples américains qui ont leurs *manitous*, entre autres la calebasse divinatoire des Brésiliens, qui rappelle le chaudron de l'oracle de Dodone; chez les Samoyèdes et les Lapons qui cherchent à apaiser par des prières et des cérémonies expiatoires les mânes des animaux qu'ils ont tués à la chasse, etc. Il en conclut que le fétichisme est un fait général chez tous les peuples restés à l'état sauvage.

La seconde partie de l'ouvrage est consacrée à la comparaison du fétichisme des anciens peuples avec celui des modernes : « On ne s'attend pas, dit de Brosses, que je » m'arrête à prouver ici que l'Egypte adressait un culte » d'adoration à des animaux et même à des êtres inanimés. » Et il cite à l'appui de son opinion Juvénal, Diodore, Plutarque, Hérodote et les Pères de l'Eglise; le culte le plus répandu était celui du serpent : Toth luimême, suivant Sanchoniaton, avait observé la nature des serpents, et c'est à cause de leur longue vie que les Phéniciens et les Egyptiens attribuaient la divinité à ces reptiles.

Outres les fétiches adorés dans toute l'Egypte, comme le Nil, il y avait des fétiches locaux adorés dans un nome et non dans un autre; et cette différence de culte amenait des luttes sanglantes, comme celle que raconte Juvénal dans sa XVe satire; le culte des arbres était originaire de l'Egypte, d'où il fut, suivant Hérodote, apporté à Dodone par une prêtresse que les Phéniciens avaient enlevée en Egypte et vendue en Grèce. Déjà dans l'antiquité, on savait que les Nègres pratiquaient un culte semblable : Diodore (LIV. XX) raconte comment Eumaque, lieutenant d'Agathocle, envoyé par lui au delà du pays des Numides dans celui des Nègres, fut témoin de leur respect superstitieux pour une certaine espèce de singes. C'est par imitation du fétichisme égyptien que les Hébreux adorèrent le veau d'or et eurent toujours ce penchant à l'idolâtrie si difficilement contenu par les prescriptions de leur loi, les menaces de leurs prophètes et les châtiments divins; enfin cette superstition était tellement enracinée dans la nation que Richard Pococke, en 1738, retrouva encore parmi les Coptes des traces du culte du serpent. Le fétichisme était pratiqué en Arabie, en même temps que le sabéisme, avant Mahomet. En Phénicie, il remonte à la plus haute antiquité et Sanchoniaton (*apud Euseb.* IX, X) en explique ainsi l'origine : « Les premiers hom-
» mes prirent pour des êtres sacrés les germes de la terre,
» et ils les adorèrent parce qu'ils entretenaient leur vie au
» moyen de ces productions de la terre, auxquelles ils
» devaient déjà la vie de leurs pères et devaient encore
» celle de leurs enfants. »

Il se manifesta par l'adoration des *bétyles* ou *lapides uncti*; à cette adoration des pierres sacrées on peut ramener tous les cultes idolâtres des peuples de la Palestine, ceux de Rimmon, de Dagon, d'Astaroth, de Beelzébuth, d'Aglibel, des Abbadir, etc. Les patriarches eux-mêmes ne furent pas exempts de pratiques semblables, témoins le bois planté par Abraham (Genèse, XXI, 33) et la pierre consacrée par Jacob, sous le nom de *Bethel* (Gen., XXXI, 13). On peut considérer encore comme des variétés du fétichisme le

culte du feu chez les Perses et les Guèbres, leur respect superstitieux pour les coqs, celui des Indiens pour
la vache et les eaux du Gange, et ranger parmi les fétiches les divinités primitives des Grecs, la Vénus de Pa-
phos, la Junon d'Argos, la Pallas d'Athènes, la pierre
noire de Pessinonte; le culte des Dryades, des Hama-
dryades, des Nymphes n'est qu'un reste du fétichisme
consistant à adorer les arbres et les fontaines.

La religion primitive des Romains est évidemment mé-
langée de fétichisme; la lance adorée par eux sous le nom
de *Quiris*, le pivert des Latins, les anciles de Numa, le
tigillum sororium d'Horace, le clou sacré planté par les
consuls, les poulets des augures, etc., ont été dans l'origine
autant de fétiches, auxquels on peut ajouter la pierre
appelée par les Romains modernes la *Bocca della Verità*;
on peut aussi considérer comme provenant de l'adoration
des arbres leur consécration aux dieux, celle du chêne
à Jupiter, du laurier à Apollon, de l'olivier à Minerve, du
peuplier à Hercule, etc.

Les Germains avaient pour fétiches les arbres, les
sources, l'idole Irminsúl; les Celtes le gui du chêne, les
lacs, les fontaines, dont le culte n'était pas encore oublié
à l'époque de Grégoire de Tours, et est resté sous la
forme de superstitions populaires, de la croyance aux
fées, aux lutins, etc. Le fétichisme se retrouve donc dans
l'antiquité à l'origine de tous les peuples, à l'époque où
ils étaient encore barbares, comme il a subsisté jusqu'à
nos jours parmi ceux qui le sont encore.

La troisième partie est consacrée à l'examen des causes
auxquelles on attribue le fétichisme. On pourrait croire
que cette superstition est originaire de l'Egypte, d'où elle
se serait répandue par toute l'Afrique, si on ne la re-
trouvait chez toutes les nations barbares et à l'origine
de tous les peuples.

Il y a donc une cause générale qui tient à la nature
humaine elle-même, et à son incapacité de s'élever immédiatement à la notion d'un Dieu immatériel. En admet-

tant que cette notion ait été donnée primitivement par la révélation directe, il faut rechercher les origines des sociétés et des religions non au lendemain de la création, mais au lendemain du déluge, alors que des trois races issues des fils de Noé, une seule, celle de Sem, avait conservé la tradition de cette révélation primitive. A part cette race privilégiée, toutes les autres, abandonnées à leurs instincts, commencèrent, suivant la marche naturelle à l'esprit humain, par observer isolément les objets matériels avant de s'élever par la généralisation à l'abstraction; cependant, dès l'origine elles eurent une notion vague et confuse de la divinité : il n'existe aucun peuple d'une intelligence assez bornée pour n'avoir point cette notion, de même qu'il n'en existe aucun dont la religion, si épurée qu'elle puisse être, soit entièrement exempte de tout reste de superstition.

Trois sentiments ont successivement donné naissance aux idées religieuses : la crainte, la reconnaissance, l'admiration, puis le raisonnement les a modifiées en dernier lieu; c'est ainsi que se sont produits le fétichisme et le sabéisme, puis l'adoration des héros et des bienfaiteurs de l'humanité divinisés, enfin la connaissance d'un Dieu unique.

En écartant l'hypothèse de la révélation primitive, ou en cherchant du moins à s'en passer pour expliquer l'ogine des religions, de Brosses posait des prémisses conformes à l'esprit de son siècle; il en tira cependant des conclusions bien opposées à un préjugé qui commençait à devenir à la mode, en niant la supériorité de l'état de nature tant vanté par Rousseau et son école, et en montrant que l'homme, dans cet état, ne peut s'élever à la connaissance d'un Dieu unique et immatériel. L'homme est d'autant plus enclin à la superstition que sa vie est soumise à plus d'influences qu'il ne peut combattre ni même connaître; les gens les plus superstitieux du monde sont les joueurs, qui attribuent à des circonstances insignifiantes le pouvoir de maîtriser le hasard, et les marins, qui, sentant les dangers dont ils sont entourés supérieurs aux forces humaines, cherchent à les prévoir par certains signes, à les conjurer par certaines pratiques. Le sauvage lorsqu'il connaît bien les périls qui le menacent, et qu'il sait pouvoir les surmonter par son courage et son adresse, cesse de les craindre et se forge mille fantômes qu'il redoute bien plus que des ennemis réels. Le fétichisme s'explique donc par la faiblesse naturelle de l'esprit humain, qui, ne sachant pas remonter de l'effet à la cause, divinise les êtres malfaisants qu'il redoute, les êtres utiles dont il tire parti, ou simplement ceux dont l'aspect frappe son imagination ; il n'est donc pas étonnant que tous les peuples aient commencé par ce mode primitif de religion et que quelques-uns n'en connaissent pas encore d'autre.

Reste à expliquer pourquoi, en passant de l'état de barbarie et d'ignorance à la civilisation, certains peuples, comme les Egyptiens, ont conservé leurs superstitions ; de Brosses passe en revue toutes les explications données par les philosophes anciens et les réfute l'une après l'autre ; les uns ont allégué le dogme de la métempsychose, la fable de la fuite des dieux en Egypte où ils se cachèrent sous la forme d'animaux et de plantes, l'histoire d'Osiris ; les autres, comme Eusèbe (*Prœp.*. II, 1) expliquent ce fait par l'assimilation des héros divinisés avec les animaux dont ils portaient les dépouilles ; ou, comme Lucien (*de Astrologiâ*) par celle des animaux sacrés avec les signes du Zodiaque ; ou, comme Cicéron (*de Naturâ deorum, I*) par la reconnaissance des hommes pour les services rendus par les animaux ; ou, comme Plutarque (*de Iside et Osiride*) par le sens symbolique qui fut attaché à chacun d'eux, considéré comme représentant un attribut de la divinité ; ou, comme Diodore, par la politique des rois, qui, voulant diviser pour régner, assignèrent à chacun des nomes un culte particulier afin d'éterniser entre eux la discorde ; enfin, une dernière explication, qui paraît à de Brosses plus vraisemblable que toutes les autres, est celle que donne Diodore en disant qu'à l'origine les nomes formèrent des tribus toujours en guerre les unes contre les

autres et qu'ayant adopté pour étendard l'image de divers
animaux, ils finirent par les regarder comme sacrés; il
est plus probable cependant que les animaux étaient déjà
sacrés avant ces luttes et que c'est précisément à cause
du culte qu'on leur rendait, qu'on les prit pour signe de
ralliement.

Le vrai motif pour lequel ces superstitions survécu-
rent à la barbarie et à l'ignorance qui les avaient enfantées
ce fut l'attachement des Egyptiens à leurs anciennes coutumes: de même qu'à Rome, à l'époque où deux augures
ne pouvaient plus se regarder sans rire, on continuait,
par respect pour la tradition, à consulter les poulets sacrés et les entrailles des victimes, de même chez les
Egyptiens, plus soigneux que les autres peuples de maintenir les usages établis, on continua à embaumer les ibis
et les crocodiles quand personne ne croyait plus à leur
divinité; ou du moins les prêtres, réservant pour quelques
rares initiés une doctrine plus pure, abandonnaient le
fétichisme au vulgaire et entretenaient celui-ci dans ses
superstitions pour garder leur autorité.

De Brosses appuie sa conclusion, que le fétichisme est
un produit naturel de la faiblesse de l'esprit humain,
de l'autorité d'Eusébe; celui-ci affirmait que le paganisme
ne fut à l'origine qu'un fétichisme grossier, et que le
symbolisme par lequel on a voulu chercher sous ces
mythes des idées profondes est une invention des philosophes, comme Porphyre et les néo-platoniciens, qui,
rougissant de ces superstitions, ont cherché à leur
donner un sens raisonnable; il en coûte à notre orgueil
de nous avouer ainsi la faiblesse de notre raison « mais
» ce n'est pas dans des possibilités, c'est dans l'homme
» même qu'il faut étudier l'homme; et il ne s'agit pas
» d'imaginer ce qu'il aurait pu ou dû faire, mais de
» regarder ce qu'il a fait. »

Cette conclusion est assez conforme à l'opinion de
Hume, que le polythéisme a été la religion primitive du
genre humain; mais les faits exposés dans le corps de
l'ouvrage contredisent singulièrement cette autre asser-

tion du philosophe anglais, tant de fois répétée par Voltaire, que le polythéisme a toujours été tolérant et que les persécutions religieuses n'ont jamais été exercées que par les sectateurs des cultes monothéistes.

Ce ne fut pas le peu de compte tenu par l'auteur de la révélation primitive, ni l'assimilation de certaines pratiques des Hébreux au fétichisme des nations idolâtres qui firent que l'Académie des Inscriptions refusa de laisser insérer dans son recueil le mémoire du Président de Brosses; la docte compagnie fut choquée dans son orthodoxie scientifique; le symbolisme était article de foi pour les érudits du XVIIIe siècle, et un système qui le niait formellement ne pouvait en aucune façon trouver grâce devant eux. D'ailleurs les découvertes de la science moderne ont en partie justifié leur rigueur; elles n'autorisent point l'assimilation complète faite par de Brosses entre le fétichisme des sauvages et l'ancienne religion égyptienne. Nous savons aujourd'hui que les symboles de celle-ci cachaient réellement les dogmes les plus élevés; et en supposant que les prêtres de Memphis et de Thèbes n'aient commencé à les enseigner que longtemps après l'établissement des superstitions populaires, cet enseignement n'en remonte pas moins. à une haute antiquité, et ce ne sont pas les philosophes néo-platoniciens qui l'ont imaginé pour répondre aux prédicâtions des chrétiens.

Le mémoire sur l'oracle de Dodone, lu à l'Académie des Inscriptions le 27 mai 1766 et inséré dans son recueil (TOME XXXV, page 89), fait suite au Traité du culte des dieux fétiches; c'en est presque un chapitre détaché. De Brosses avait comparé les moyens employés par les sauvages du Brésil pour connaître l'avenir aux pratiques des prêtres de Dodone ; cette comparaison est développée dans le mémoire et si l'on peut en contester la justesse, il n'est pas sans intérêt de voir par quelle ingénieuse méthode de Brosses sut tirer parti de ses recherches pour jeter une vive lumière non-seulement sur les croyances des anciens peuples de la Grèce, mais sur leur état social et leurs migrations.

Le désir de connaître l'avenir, si naturel à l'homme dans tous les temps, a inspiré aux peuples primitifs des superstitions d'autant plus grossières qu'ils étaient plus barbares et plus ignorants ; on peut ranger parmi ces ces superstitions la croyance à l'oracle de Dodone, et l'absurdité même de cette croyance est un témoignage de son ancienneté, et aussi le prestige que cet oracle conserva longtemps aux yeux des Grecs. Aussi remonte-t-il à l'époque des premiers habitants de la Grèce, les Pélasges. Ceux-ci pratiquaient le fétichisme : ignorant l'agriculture, ils se nourrissaient du gland du chêne et de la faine du hêtre ; ils divinisèrent ces arbres, leur attribuèrent un pouvoir surnaturel et leur firent rendre des oracles.

Le premier oracle que nous connaissons était à Scotuse, en Pelasgiotide, au nord de la Thessalie ; près de là était un temple de *Jupiter Phegonœus* et la ville de Phégos, noms dont l'étymologie indique clairement le culte du hêtre ; de là l'oracle fut transporté en Epire, à l'époque où les Eoliens de la ville d'Arné en Phthiotide chassèrent les Pélasges de la Béotie ; tel est le récit de Didyme, scholiaste d'Homère ; mais de Brosses, par une hypothèse beaucoup moins vraisemblable, et qui ne repose sur aucun renseignement précis, attribue cette migration à l'arrivée des colons venus d'Orient, qui, repoussés de la Palestine par les Hébreux sous les ordres de Josué, se rendirent en Grèce et occupèrent le versant occidental du Pinde.

De Brosses, ainsi qu'il lui arrive souvent, gâte les heureuses découvertes de son esprit sagace, en y mêlant les conjectures d'une imagination téméraire : après avoir fort bien compris que ce déplacement de l'oracle doit s'expliquer par une migration des Pélasges, il va chercher à cette migration une cause lointaine et incertaine, quand un document digne de confiance lui en fournit une tout à fait vraisemblable.

Arrivés en Epire, les Pélasges se fixèrent au pied du mont Tomare, sur les confins de la Thesprotie et de la Chaonie, dans une région couverte de forèts, où le hêtre et le chêne continuèrent à leur fournir leur nourriture et à rendre des oracles; quelques-uns d'entre eux allèrent jusqu'en Italie, comme le prouve l'existence dans ce pays d'une autre Dodone, citée par Etienne de Byzance. Ceux qui restèrent en Epire divisés en *Helli* ou *Selli*, habitant la plaine, et *Tomari*, habitant la montagne, conservèrent des habitudes rustiques auxquelles il est fait allusion dans l'Odyssée, et plus tard, enrichis par leur oracle, formèrent la puissante nation des Molosses.

De Brosses fait un ingénieux rapprochement entre le nom de Dodone et celui de Dodanim, un des fils de Javan, dans la Genèse; les autres sont Cetim, où il retrouve la racine de *Ma-Cedones*, Elisah et Tarsis, qu'on reconnaît généralement pour désigner l'Elide et le pays de Tartessus; et il tire de cette ressemblance une preuve nouvelle à l'appui de sa thèse que les Pélasges de Dodone sont la race la plus ancienne qui ait habité la Grèce.

Il décrit ensuite la manière dont se rendaient les oracles, par l'agitation des feuilles du chêne qui, au dire de Pausanias (*Arcadica*, viii), était avec la liane de Samos, consacrée à Junon, le palmier de Délos consacré à Apollon, et l'olivier de l'Acropole d'Athènes, consacré à Minerve, le plus vieil arbre de la Grèce; par le murmure des fontaines, par le bruit du chaudron décrit par Strabon (liv. vii) auquel il compare les sonnettes suspendues au tombeau de Porsena (Varro, ap. Plin xxxvi, 13); enfin par le vol des colombes qui habitaient la forêt; c'est au sujet de ces colombes qu'Hérodote (V, 52) rapporte une tradition qu'il interprète en racontant comment le culte de Jupiter et l'oracle furent apportés à Dodone par une prêtresse venue de Thèbes en Egypte. De Brosses accepte l'interprétation d'Hérodote et admet que les noms des dieux ont été empruntés par les Grecs à la langue phénicienne, opinion que la science moderne a complétement infirmée en retrouvant les véritables origines de la race hellénique, de sa langue et de sa religion.

Dans ce mémoire, comme dans presque tous les écrits du Président de Brosses, bien des sujets différents sont abordés; l'oracle de Dodone lui fournit l'occasion de traiter des points de mythologie, d'histoire, de géographie, de linguistique; la variété de connaissances qui lui fit produire tant d'ouvrages se retrouve dans chacun d'entre eux, et le mémoire sur l'oracle de Dodone, comme presque tous les autres, reproduit l'image exacte de son esprit; on y retrouve ses qualités, le soin curieux avec lequel il consulte et compare mille documents divers, et la sagacité avec laquelle il les interprète, et aussi ses défauts, sa promptitude excessive à forger des hypothèses téméraires et la facilité trop grande à admettre pour preuves des rapprochements non moins hasardés.

CHAPITRE V

LINGUISTIQUE

Le *Traité de la formation méchanique des langues* est, sans contredit, après l'Histoire de la République romaine, le plus remarquable de tous les ouvrages du Président de Brosses; ces deux livres peuvent d'ailleurs être mis presque sur le même rang, tous deux sont de beaucoup supérieurs par la conception et par l'exécution, par le fond et par la forme, aux autres œuvres du même auteur, tous deux ont ce caractère commun de ne ressembler à rien de ce qui avait été fait auparavant et de mériter qu'on leur applique l'épigraphe inscrite par Montesquieu en tête de son *Esprit des Lois : Prolem sine matre creatam.*

Le goût des recherches qui amenèrent de Brosses à entreprendre cet ouvrage lui fut inspiré par ses relations avec le conseiller Jehannin de Chamblanc, grand amateur de curiosités linguistiques plutôt que philologue, et par les soirées littéraires du Président de Ruffey; un des divertissements favoris de la docte compagnie qui s'y réunissait consistait à se poser mutuellement quelque problème étymologique; de Brosses s'en tirait toujours à son honneur, grâce à son érudition et à la promptitude de son esprit; prenant goût à cet amusement, il notait au vol, sur des cartes dérobées au jeu, les étymologies proposées par lui ou par ses amis et qui lui paraissaient nouvelles et ingénieuses. Par une puissance de généralisation qui lui était propre, il tira de ces jeux d'esprit l'idée première et la matière d'un ouvrage sur la formation des langues, dont une première ébauche fut faite dès l'année 1751; il lut à l'Académie des Inscriptions deux mémoires sur la matière étymologique, traitant, l'un des principes de cette science et de son utilité, l'autre de la formation naturelle et mécanique des langues, et des organes de la parole. N'ayant pas été insérés dans le recueil de l'Académie, ces mémoires furent prêtés à Diderot, qui les communiqua à Turgot, et celui-ci en tira grand parti pour quelques articles qu'il publia dans l'Encyclopédie. De Brosses s'occupa longtemps encore du même sujet, sur lequel son attention fut appelée de nouveau par les manuscrits du comte de Strogonoff, et c'est seulement en 1765 que son livre parut dans sa forme définitive sous le titre : *Traité de la formation mécanique des Langues et des Principes physiques de l'Etymologie.*

Ce livre n'est pas facile à résumer en peu de mots, à cause du grand nombre des idées qu'il renferme, de la précision avec laquelle elles sont exposées et de l'enchaînement rigoureux par lequel elles sont déduites les unes des autres. On peut cependant en donner une connaissance suffisante en énonçant successivement les propositions, je dirais presque les théorèmes contenus dans ses seize chapitres; les démonstrations en sont faciles à saisir par la suite même des propositions et l'ordre dans lequel elles sont rangées.

La fabrique des mots roule sur quatre éléments, entièrement dissemblables entre eux, l'*être réel*, l'*idée*, le *son* et
la *lettre;* ces éléments sont cependant unis par des liens
secrets, et c'est l'étude de ces liens qui constitue la science
du langage.

Le nombre des sons produits par l'organe vocal de
l'homme est assez petit; par conséquent, les mots simples
et primitifs, les *racines* sont en petit nombre, mais les
mots sont multipliés à l'infini par la *dérivation.* La formation
des racin s n'étant autre chose que la liaison établie par
l'esprit de l'homme entre l'idée et le son est soumise à des
lois naturelles; la dérivation est également régie par des
lois semblables. Elles sont quelquefois difficiles à démêler au
milieu des dissemblances que les langues ont fini par présenter en se développant, dissemblances produites par deux
causes principales : 1º la dérivation ; 2º la dénomination des
êtres abstraits que le langage a cherché à désigner au
moyen d'images empruntées à la nature physique : « Chacun
» des quatre principes élémentaires de la fabrique des mots
» travaille à multiplier l'irrégularité de cette fabrique; chacun
» diverge sur sa propre trace, ou, qui plus est, s'égare
» sur la trace de l'un des autres ; l'esprit dérive d'idées
» en idées, la voix de sons en sons, la main de figures
» en figures. »

Malgré ces divergences et ces écarts, il y a dans toutes
les langues des principes communs réglant les rapports
entre les quatre éléments, principes qu'il est possible de
déterminer au moyen d'une observation minutieuse, en
rassemblant un grand nombre de faits insignifiants en
apparence, mais par lesquels on peut remonter à l'origine des mots et à celle des langues : l'étymologie,
comme l'indique son nom, (*etymos*, vrai) n'est autre chose
que la vérité des mots, c'est-à-dire leur conformité avec
les choses nommées (CHAP. I.)

La connaissance de l'étymologie est de la plus grande
utilité dans toutes les sciences ; en métaphysique, l'histoire des mots fait souvent connaître celle des idées ; aussi

Locke n'a-t-il pas craint de consacrer à cette étude une partie considérable de son Essai sur l'Entendement humain ; c'est par elle qu'on est parvenu à connaître :

1o Comment les hommes doués de la faculté de se servir des sons comme des signes de leurs conceptions intérieures sont parvenus par certaines considérations naturelles et primitives à appliquer certains sons à certains objets.

2o Comment, après avoir établi un premier ordre d'idées simples, étant venus à considérer un objet d'une manière réfléchie, relative et combinée avec un autre objet, ils ont établi un second ordre d'idées et un second ordre de sons qui conserve avec le premier la même corrélation qu'ont entre eux le premier et le second ordre d'idées.

.3o Comment, de ce second ordre est né un troisième ordre, pareillement proportionnel et corrélatif d'idées plus combinées et de sons plus composés, de ce troisième ordre un quatrième, et ainsi de suite.

4o Comment les hommes, les variant à l'infini, à mesure que les mœurs se poliçaient et que leurs esprits s'exerçaient, ont trouvé le secret d'exprimer d'un seul mot une quantité de circonstances de leurs idées par ce qu'ils appellent noms, verbes, adverbes, déclinaisons, conjugaisons, etc., en variant ou en augmentant un peu le son radical de la chose.

5o Comment ces terminaisons, une fois établies pour une chose, ont servi de règle pour les autres dans la même langue et d'exemple dans les autres langues, ce qui a donné naissance aux grammaires.

6o Comment on est venu à bout d'exprimer par le son non seulement les objets réels, mais même la négation de ces objets, en joignant par la dérivation une idée positive à l'absence de la chose dont cette idée est le sujet.

7o Comment, pour remédier à l'inconvénient de la multiplicité des sons, qui en avait trop embarrassé l'usage, on a inventé les termes généraux, qui comprennent sous un même signe une multitude d'êtres particuliers ; comment ces termes sont devenus encore plus fréquents que tous les autres, et comment l'esprit humain, dans les dérivations, a tantôt conclu du général au particulier, tantôt du particulier au général ; tantôt a tiré les noms généraux des qualités de celui de certaines substances où elles dominaient, et plus souvent les noms des substances de celui des qualités qu'il y apercevait. » (Chap. ii, § 2).

En histoire l'étude des variations et des lois du langage montre comment l'usage des mots détermine souvent celui des choses ; la connaissance de l'étymologie peut dissiper des erreurs en montrant par quelle fausse association d'idées les hommes ont établi des rapports entre des choses qui n'en ont point, rapports fondés uniquement sur la conformité des mots, comme il est arrivé par exemple pour l'astrologie.

La connaissance des lois du langage est de la plus grande utilité pour les sciences physiques, dans lesquelles la nomenclature est de la plus haute importance ; un objet est à moitié connu lorsqu'il est bien nommé, lorsque le nom est un *compendium* de la définition. De Brosses adopte ici la doctrine de Condillac : « que les langues ne sont autre chose que des méthodes analytiques et que l'art de penser se réduit à une langue bien faite » ; cette doctrine a été formulée d'une manière trop absolue par l'école sensualiste ; mais ce qui l'a justifiée en partie, ce sont les immenses progrès qu'a fait faire à la chimie moderne la nomenclature rationnelle proposée par Guyton de Morveau et perfectionnée par Lavoisier, Fourcroy et Berthollet.

La connaissance des langues peut faire connaître le caractère des peuples. La comparaison du latin et de l'italien ne montre-t-elle pas une langue rude et sévère à l'origine, amollie et énervée par la suite des temps, comme le peuple qui la parle ? Qui peut mieux faire connaître certains traits du caractère français que le sens attaché par nous aux mots *esprit* et *joli* ? ou le tempérament particulier des Anglais que l'intelligence complète des mots *spleen* et *humour*.? enfin la manière dont la langue latine construit une phrase comparée avec celle qui est usitée en français ne montre-t-elle pas nettement la dif-

férence entre les caractères des deux nations : « le latin
» est un langage de gens passionnés qui se pressent d'ex-
» primer ce qu'ils sentent davantage ; le français est un
» langage de philosophes tranquilles qui tend à faire con-
» naîtres les choses telles qu'elles sont en effet, et dans un
» ordre tout à fait naturel. »

Outre le caractère des nations, l'étymologie indique, à
qui sait l'interroger, leurs inventions, leurs connaissances,
leurs migrations ; « il n'y a pas de meilleure manière de
» suivre un peuple que de le suivre à la trace de sa
» langue. »

Cette connaissance peut servir à rectifier bien des erreurs
comme les Grecs, par exemple, en propagèrent tant, en
grécisant les noms barbares, et en inventant des fables
pour expliquer les noms qu'ils fabriquaient ainsi ; enfin
elle peut servir à reconstituer les langues perdues ; c'est
ainsi qu'en séparant les éléments latins, grecs et germaniques, on peut retrouver dans le français l'ancien
celtique, dans l'espagnol la langue des Cantabres, etc.
(CHAP. II).

Après avoir montré l'utilité de la science étymologique, l'auteur en expose les principes. Il commence par
montrer comment tous les sons émis par la voix humaine peuvent se ramener à quelques articulations :

« Ce qu'il y a de plus admirable à mon gré dans l'art
» de l'écriture, c'est-à-dire dans la plus belle invention de
» l'esprit humain, n'est pas tant d'avoir figuré des carac-
» tères pour représenter les articulations de la voix que
» d'avoir su discerner la variété des mouvements qui
» forment une parole et distinguer chaque articulation
» simple » ; aussi, malgré la diversité des alphabets peut-on
ramener les sons de toutes les langues à ces articulations.

Il n'y a qu'une voyelle, c'est-à-dire qu'un son émis par
l'organe vocal, mais modifié par la plus ou moins grande
ouverture de cet organe, depuis l'*a* qui correspond à l'ou-

verture la plus large jusqu'à l'*u*, qui correspond à la plus étroite, en passant par les sons intermédiaires *e*, *i*, *o*.

Il n'y a que six consonnes primitives, c'est-à-dire six modifications du son par chacun des six organes qui accompagnent le tube vocal, les lèvres, les dents, la gorge, le palais, la langue et le nez ; mais ces modifications peuvent se produire avec plus ou moins de force, suivant que chaque articulation est forte, moyenne ou faible.

L'ordre naturel des lettres est celui dans lequel elles sont prononcées pour la première fois par l'enfant, à mesure que chacun de ses organes devient assez fort pour prendre part à l'émission de la voix ; cet ordre existait dans l'alphabet phénicien ; il s'est maintenu à peu près dans l'alphabet hébraïque, mais il a été changé dans les alphabets grec et latin. (Chap. iii).

Le chapitre IV, consacré à l'étude de la voix nasale, c'est-à-dire des modifications qu'éprouve le son lorsque le nez concourt à l'émission de la voix, renferme des remarques assez ingénieuses sur le chant et surtout sur l'emploi des consonnes nasales pour exprimer la négation ; mais ces dernières remarques sont appuyées sur un trop petit nombre de faits pour pouvoir être acceptées sans réserve.

Dans le chapitre V l'auteur expose un projet d'alphabet organique et universel, composé d'une voyelle et de six consonnes ; les traits les plus remarquables de son projet sont :

1° La classification des consonnes en labiales, gutturales, dentales, palatales, linguales et nasales ; chacune d'elles étant représentée par un signe très-semblable à celui qui représente toutes les consonnes de la même classe ; aussi *b*, *p*, *f*, *v* et *m*, sont représentés par des signes presque uniformes ; de même *g*, *c* et *k* ; *d*, *t*, et *th*, *l*, *n* et *r* ; ainsi est rendue manifeste la ressemblance entre deux mots appartenant à deux langues différentes composés de consonnes de la même classe, douces dans l'un, fortes chez l'autre, par exemple le mot latin : *peregrinus* et le mot anglais : *bilgram*.

2° La notation des voyelles au moyen des signes placés à côté des consonnes comme des accents ou comme les points massorétiques de l'écriture hébraïque, de manière que chaque syllabe soit rendue par un caractère unique, les consonnes composées comme *pr, ps, scr, str*, etc., étant représentées par des caractères composés.

De Brosses s'est rencontré sans le savoir avec les grammairiens qui ont poussé le plus loin l'analyse de la voix humaine, ceux de l'Inde ; son alphabet ressemble par la classification des consonnes et par la manière de noter chaque syllabe au moyen d'un caractère unique, simple ou composé, à celui dont ils attribuaient l'invention aux dieux ; encore peut-on lui accorder un avantage sur l'alphabet sanscrit : c'est la ressemblance que présentent les caractères exprimant les consonnes de la même classe, et la manière uniforme dont est indiquée pour chacune l'articulation douce, moyenne ou forte. C'est là, du reste, le principal avantage de cette invention, et le parti qu'on en peut tirer pour la science étymologique est montré d'une manière frappante par l'échantillon qu'il donne, la transcription en ces caractères des textes français, latin, italien et espagnol du *Pater :* l'identité des quatre langues ressort aussi nettement que possible de la ressemblance entre les caractères principaux, représentant les consonnes; les différences, qui existent surtout entre les voyelles, sont dissimulées par la petitesse relative des signes qui les expriment; et ainsi est rendue sensible à l'œil l'importance relative des unes et des autres dans les étymologies.

Le chapitre VI est intitulé : *De la langue primitive et de l'onomatopée.* De Brosses, sans écarter l'hypothèse d'une langue primitive commune à tout le genre humain, déclare avec raison que parmi les langues connues il n'en est aucune qu'on puisse considérer comme celle d'où sont dérivées les autres, ou seulement comme la plus ancienne de toutes. Si l'on veut se faire une idée de ce que pouvait être la langue primitive, il faut rechercher comment la nature a pu procéder pour la former, et, comparant le premier âge des nations à celui des individus, examiner comment se développe chez l'enfant la faculté de la parole. Les premiers mots qu'il fait entendre sont des interjections, expressions simples de sentiments simples. Puis viennent en second lieu les mots exprimant les objets qui lui sont le plus familiers, et, comme les lèvres sont le premier organe qui soit assez fort pour modifier l'émission de la voix, chez tous les peuples ce sont des consonnes labiales que l'on retrouve dans les mots *père* et *mère*.

Le troisième ordre de mots comprend les noms donnés aux organes ou à leurs fonctions tirés de l'inflexion même de ces organes; ex : *lèvres*, *gorge*, *dents*, *mâchoire* etc.; *manduco*, *lingo*, etc.

Le quatrième ordre comprend les mots formés par ano-matopée, ou imitation du son : en latin, *clangor*, *stridor*, *flare*, *halitus;* en anglais *bell;* en allemand *heulen*, *klirren*, *knacken*, etc.

Le cinquième ordre comprend les mots qui semblent exprimer naturellement certaines modalités des êtres et dont la racine exprime dans toutes les langues des idées analogues; ainsi la racine *st* exprime l'idée d'immobilité, de fixité : *stare*, *stella*, *stagnum; stein*, etc.

Sc, l'idée de creuser : *sculpo*, etc.

Fl, l'idée de fluide, soit igné *flamma;* soit liquide : *flumen;* soit aérien : *flatus.*

R, l'idée d'un mouvement rapide : *rota*, *Rhodanus*, *Rhenus*, *Rha.*

L'aspiration *h*, l'idée exprimée dans *hiare.*

Ces racines et d'autres du même genre, précisément parce qu'elles sont naturelles, pour ainsi dire, ne peuvent servir à établir la parenté entre les langues auxquelles elles sont communes; les migrations des peuples et la filiation des langues sont prouvées par l'identité des mots conventionnels et non par celle des mots naturels.

Enfin, il faut compter parmi les éléments de la langue primitive un sixième ordre, formé par les *accents;* la diversité des accents est, comme celle des interjections, un effet naturel des mouvements de l'âme, et ce sixième ordre pourrait être assimilé au premier; l'importance de cet élément est si grande qu'on pourrait concevoir un langage où la diversité des mots ne consisterait que dans la variété des accents : la langue chinoise, par exemple, a des mots dont le sens est modifié de beaucoup de manières différentes par le seul changement de l'accent.

Ces éléments primitifs, modifiés par la dérivation, ont formé des mots qui se sont multipliés à l'infini; mais ils n'ont pu servir à désigner les objets qui n'affectent que le sens de la vue, et c'est pour suppléer à leur insuffisance que les peuples primitifs ont inventé l'écriture figurative, ou peinture des objets.

Le chapitre VII est intitulé : *De l'écriture symbolique et littérale* et pourrait être intitulé plus clairement : *De l'écriture symbolique et de l'écriture littérale.* L'auteur y montre comment l'écriture primitive qui n'était d'abord qu'une peinture des objets, s'est modifiée successivement jusqu'à devenir l'écriture littérale en passant par plusieurs états intermédiaires dont chacun s'est conservé dans quelques langues.

L'écriture primitive n'était qu'une peinture des objets par laquelle il était également impossible de faire entendre aux oreilles les objets de la vue et de montrer aux yeux les objets du son; à l'image isolée a succédé l'emploi d'une série d'images représentant le récit d'un fait, mode d'écriture souvent employé par les sauvages de l'Amérique, dont l'auteur cite un exemple curieux rapporté par La Hontan et reproduit de nos jours dans un recueil illustré (*Magasin pittoresque,* année 1857, page 8). Une seconde modification a produit une troisième sorte d'écriture, par l'emploi des figures prises dans le sens allégorique; tels sont les hiéroglyphes des Egyptiens; aussi, suivant de Brosses, pourrait-on les interpréter sans avoir besoin de connaître l'ancienne langue de l'Egypte, assertion qui serait vraie si les hiéroglyphes étaient toujours des symboles, au lieu d'être, comme ils le sont le plus souvent, de simples signes phonétiques. Ces symboles simplifiés ont donné naissance à une quatrième espèce d'écriture, les clefs représentatives des idées employées par les Chinois. Un pas immense s'est fait ensuite par le passage de ces clefs aux caractères syllabiques, tels que ceux des Siamois; enfin en décomposant les articulations de la voix, on est arrivé à l'invention de l'alphabet phénicien et des caractères usités dans les langues européennes.

Ces six formes d'écriture peuvent se rapporter à trois espèces : l'écriture figurée, l'écriture symbolique et l'écriture littérale, dont chacune correspond à une opération de l'esprit : l'écriture figurée à la perception des objets par la vue; l'écriture symbolique à la conception d'idées abstraites exprimées par des objets visibles; l'écriture littérale au mélange interne des perceptions de la vue et de l'ouïe, c'est-à-dire à l'association de ces perceptions par la réflexion et le jugement.

Recherchant ensuite l'origine de l'alphabet, l'auteur montre que les lettres phéniciennes furent d'abord l'image de certains objets, et indique comment on peut savoir à qui chaque peuple a emprunté l'art de l'écriture en cherchant l'étymologie du terme par lequel il désigne cet art : le mot russe *gromata*, lettres, par sa ressemblance avec le mot grec *grammata*, montre que les Russes ont appris des Grecs l'art de l'écriture, et le mot allemand *schreiben*, rapproché du latin *scribere*, montre que les Allemands l'ont appris des Latins.

Le chapitre VIII a pour titre : *De l'écriture numérale par chiffres*. De Brosses cite avec raison les chiffres comme exemple d'une écriture idéale : le signe 100 sera lu par un Français *cent*, par un Anglais *hundred*, mais représentant à l'un et à l'autre exactement la même idée. A propos de la numération décimale il entre dans des considérations qui sont du ressort des mathématiques plutôt que de la science des langues, mais qui ont obtenu le suffrage des hommes compétents : il montre les imperfections du système décimal, fondé uniquement, comme le montre la progression quinaire des chiffres romains, sur l'emploi des doigts de la main, que la nature n'avait pas destinés à cet usage, et les avantages que présenterait la numération duo-décimale appliquée aux multiples et aux sous-multiples de l'unité.

Revenant ensuite à la science des langues, de Brosses étudie la manière dont elles se développent et s'accroissent, pendant une période de leur existence que l'on peut comparer à l'adolescence des hommes, en subissant des modifications rapides jusqu'à ce qu'elles soient fixées par l'écriture et par l'imitation des grands ouvrages littéraires ; puis elles se divisent en dialéctes qui diffèrent entre eux par les voyelles beaucoup plus que par les consonnes, différence plus sensible à l'ouïe qu'à la vue. Cette dernière observation, assez contestable en elle-même, en amène d'autres sur la relation que l'on peut, en supprimant un intermédiaire, le son, établir directement entre l'idée et la lettre « quoiqu'en l'état où sont » les choses parmi nous il soit vrai que les lettres sont » les caractères immédiats des sons, comme les sons » ceux des idées, il n'y a cependant rien dans la nature › des lettres qui les empèche de représenter immédiate-» ment les idées sans l'intervention des sons. Tellement » qu'il pourrait y avoir par cette méthode un langage › peint entre un peuple de sourds et muets. Le même peu-» ple pourrait avoir un langage qui, au lieu d'être peint › sur le papier, ne s'exprimerait à la vue que par les ar-» ticulations des doigts et par les gestes de la main, › instrument très-flexible et dont les mouvements sont » agiles et variés. »

De Brosses connaissait-il, lorsqu'il écrivit ces lignes, l'invention de son contemporain l'abbé de l'Epée dont le premier ouvrage ne parut qu'en 1774 ? On peut croire qu'il avait au moins connaissance des recherches faites

au XVI⁰ siècle , par le bénédictin espagnol Pierre de
Ponce, ou de celles de Rodrigue Pereira, dont les *Observations sur les sourds-muets* parurent dans le *Recueil des
savants étrangers* en 1769.

Passant à la classification des peuples par dialectes,
classification dont l'importance avait déjà été signalée par
Leibnitz, de Brosses marque une première division. en
mettant d'une part les langues faites pour les yeux, ou
écrites avec des caractères symboliques, de l'autre les
langues faites pour les oreilles ou ayant une écriture littérale ; il fait remarquer avec raison que l'on sépare
ainsi deux mondes situés l'un à l'est, l'autre à l'ouest de
l'Imaüs, qui n'ont communiqué ensemble qu'à une époque
très-récente, et qui, par conséquent, ont créé chacun de
leur côté leur langue et leur écriture par des méthodes
toutes différentes. Il remarque non moins justement
les analogies qui existent entre la langue grecque et les
langues germaniques, et cherche à l'expliquer par une
de ces hypothèses sans fondement qu'il entremêle trop
souvent aux considérations les plus justes, par les migrations des Scythes qui ont servi d'intermédiaire entre les
Grecs et les Germains, empruntant à la langue des premiers les termes que ceux-ci leur ont empruntés à leur
tour.

Le chapitre X : *De la dérivation et de ses effets*, explique
comment la dérivation modifie les mots primitifs dans
leur sens par des associations d'idées quelquefois difficiles à comprendre, et dans leur forme par des changements qui les rendent souvent méconnaissables, mais qui
n'empêchent pas de remonter à l'origine au moyen des
intermédiaires, en reconstituant la chaîne qui unit les
mots les plus dissemblables en apparence, par exemple
les mots français *jour* et *pèlerin* aux mots latins *dies* et
ager.

Dans le chapitre XI : *De l'accroissement des primitifs par
terminaison, préposition et composition ; des formules grammaticales et de leur valeur significative*, sont énoncés avec la
plus grande précision tous les principes sur lesquels s'est

fondée la philologie moderne pour éclaircir, par l'étude des préfixes et des suffixes, l'histoire des langues à flexion.

Le chapitre XII : *Du nom des êtres moraux*, explique la formation des mots qui expriment des idées abstraites par des métaphores tirées des objets sensibles : ainsi *penser*, *réfléchir*, *esprit*, *âme*, etc.; méthode imparfaite, parce que les différents peuples ayant exprimé les mêmes idées abstraites par des métaphores différentes, il est difficile de traduire exactement d'une langue dans une autre des idées de ce genre, et de ces malentendus résultent souvent de graves conséquences : « La dispute passe du moral » au physique; on se hait, on se bat, on s'égorge très- » réellement en conséquence d'une contrariété d'avis sur la » signification de quelques mots qui, peut-être, ne signi- » fient rien. »

Les noms propres dont traite le chapitre XIII ont, dans toutes les langues, et chez tous les peuples une origine significative et sont formés sur les mêmes principes que les autres mots d'une langue. De Brosses remarque avec raison l'importance politique et sociale de l'usage des noms de famille héréditaires que les Grecs ne connais-saient pas et que les Romains possédaient.

La manière dont procédaient ceux-ci dans l'imposition des diverses espèces de noms dont il faisaient usage, *nomen gentilitium*, *prœnomen*, *agnomen* et *cognomen* est ex-posée dans une dissertation érudite que de Brosses a re-produite dans la préface de son histoire de la République romaine. Il examine de même l'origine des noms de fa-mille français, et aussi celle des noms de lieux et de pays, et montre l'utilité qu'on peut retirer pour la con naissance des langues et de l'histoire de l'examen de ces noms.

Il expose au chapitre XIV, *des racines*, comment il faut remonter des mots composés aux mots simples, des mots dérivés aux mots primitifs et de ceux-ci à ceux qu'il appelle les *racines absolues*, c'est-à-dire, au son mo-nosyllabique et primitif qui constitue la charpente du mot.

Les racines sont pour la plupart des mots inusités dans les langues, où ils ne servent qu'à former les mots d'usage par une méthode de synthèse dont le plus parfait modèle existe dans une langue alors à peine connue de l'Europe savante, mais mentionnée dans les *Lettres édifiantes* (TOME XXV) ; de Brosses cite un passage d'un missionnaire jésuite faisant l'éloge de la langue sanscrite et de la merveilleuse logique qui a présidé à sa formation et à son développement.

Les principes et les règles critiques de l'art étymologique qui font le sujet du chapitre XV, sont au nombre de trois : 1º l'identité du sens ; 2º la ressemblance du mot écrit ; 3º la ressemblance du son ; de sorte qu'une étymologie proposée doit, pour être acceptée, satisfaire à la fois l'esprit, l'œil et l'oreille; cependant « la langue étymologique parle plus à l'esprit qu'à l'œil et à l'œil plus qu'à l'oreille », c'est-à-dire que la première de ces trois conditions est indispensable, la seconde moins importante et la troisième moins encore, par exemple l'identité du sens et la ressemblance de l'orthographe permettent d'affirmer malgré la différence du son entre le mot latin et le mot français que *sceau* vient de *sigillum, saut* de *saltus, seau* de *situla.*

D'autres règles sont encore à observer dans la recherche de l'étymologie :

La rechercher de préférence dans la langue du pays où le mot est employé, ou bien dans la langue d'où celle-ci est dérivée, par exemple chercher les étymologies des mots français dans la langue latine.

Savoir reconnaître à certains signes de quelle langue un mot doit venir; par exemple la syllabe *al* initiale indique une origine arabe dans *almanach, algèbre* ; le *g* dur initial, les finales *ld, rd, rt* indiquent une origine germanique, les langues de cette famille mettant volontiers la muette après la liquide, tandis que les langues grecque et latine la mettent plutôt avant.

Reconnaître les étymologies malgré les transformations

subies par un mot en passant d'une langue dans une autre pour se conformer au génie de celle-ci : ainsi *bosra*, en phénicien *forteresse*, est devenu le mot grec *Byrsa*, et les Grecs ont imaginé pour l'expliquer la fable du cuir de bœuf avec lequel les compagnons de Didon entourèrent l'emplacement de la citadelle de Carthage ; *skeptô* est devenu *specto* ; *morphê forma* ; le phénicien *pzar* est devenu en grec *speirô*, en latin *spargo*.

Entre plusieurs étymologies, distinguer celle qui est certaine de celles qui sont seulement probables ou posbles et préférer celle qui est la plus simple, et qui s'explique sans le secours du merveilleux ou d'une fable plus ou moins vraisemblable.

Contrôler l'étymologie d'un mot en le suivant dans les autres langues de la même famille : ainsi le mot français *parler* vient-il de *paralalein* ou de *parabola?* la première étymologie est plus conforme au sens et au son ; mais la seconde est plus probable quand on voit le mot espagnol *palabra* formé de *parabola* par une inversion analogue à celle qui a fait dériver *milagro* de *miraculum* et *peligro* de *periculum*.

Savoir distinguer, lorsque deux mots tout à fait pareils ont un sens différent, l'étymologie de chacun d'eux ; ainsi *indolent* vient de *in-dolere* et *indoles* de *ind-olere* ; *lécher* de *lingo*, dont la racine se trouve dans *lingua*, et *allécher* de *allicio*, dont la racine se retrouve dans le mot français *lesse* ; l'adverbe *à peine* de *pœnè* et le substantif *peine* de *pœna*, etc.

Les règles de la science étymologique étant fixées, l'auteur propose de les appliquer à la confection de l'*Archéologue* ou nomenclature universelle réduite à un petit nombre de racines ; il en donne le plan avec une telle précision qu'il est facile de se faire une idée très-exacte de l'ébauche qu'il en avait commencée sous le titre de : *Specimen etymologicon*, et qui est restée inédite.

On commence par dresser la nomenclature universelle de tous les mots des langues de l'Europe et de l'Orient ; de Brosses cite celles sur lesquelles il avait commencé ce travail d'analyse, l'anglais, le français, le provençal, l'italien et l'espagnol, sans négliger les dialectes populaires qui s'y rattachent ; on classe tous ces mots par racine, en remontant du mot composé au mot simple et de celui-ci à la racine primitive ; exemple : *difficulté* ; *facere* : *fac*.

On inscrit ensuite en tête de carte, séparées chacune des racines primitives, et on écrit au dessous tous les mots qui en dérivent, en indiquant après chaque mot la langue à laquelle il appartient, et en suivant l'ordre d'ancienneté des langues.

Enfin on dispose ces cartes par ordre alphabétique, en observant l'ordre naturel et organique des lettres, et non celui de l'alphabet vulgaire.

L'utilité qu'on peut retirer de ce travail, fécond pour celui qui consulterait l'Archéologue ainsi dressé, plus fécond encore pour qui voudrait le dresser par lui-même ou le compléter, serait double : d'abord il faciliterait l'étude des langues, en substituant une méthode rationnelle aux méthodes routinières et purement mnémoniques trop souvent employées ; puis il montrerait la parenté des langues entre elles, comme par exemple celle qui existe entre la langue des Abyssins et la langue arabe.

A ces langues, déjà énumérées, qu'il avait ainsi analysées, de Brosses conseille d'en ajouter d'autres, en partageant le travail ; un seul homme ne peut connaître suffisamment tant d'idiomes différents et plusieurs peuvent concourir utilement à une pareille œuvre, en suivant un plan uniforme ; mais il conviendrait de se borner aux langues européennes et orientales, c'est-à-dire :

1º Les langues parlées dans l'antiquité entre le Nil et l'Euphrate dont les principales sont l'hébreu, le phénicien et l'arabe ;

2º Les différents langages barbares de l'Europe, pélasgique, illyrien, osque, celtique, gothique, etc.;

3º Enfin les langues plus récentes, grec, latin, français, allemand, etc.

« Si d'autres nations asiatiques, ajoute-t-il, venues des
» bords de l'Indus et du Gange, ont antérieurement ins-
» truit et policé celles-ci, tout ce qui regarde leurs idées,
» leurs connaissances, leur langage est mis par le temps
» hors de la portée de nos recherches et reste enseveli
» dans les ténèbres de l'oubli ».

Cette observation montre que, s'il se faisait une idée
juste de sa méthode en voulant l'appliquer seulement aux
langues d'une même famille, il ne possédait pas encore
les éléments nécessaires pour l'appliquer avec fruit ; car,
par une erreur commune à presque tous ses contemporains, il admet dans le cercle où il conseille d'enfermer
les recherches étymologiques sur les idiomes européens
des langues que la philologie moderne en a exclues, et
en exclut au contraire celles où ont été retrouvées les
véritables origines de la civilisation grecque et latine. Cette
erreur et d'autres moins excusables, celles qu'il commet,
par exemple, en acceptant les étymologies trop ingénieuses de Varron et en faisant dériver écuyer de *equus,*
n'ôtent rien à l'excellence de la méthode elle-même, dont
l'application les eût bientôt corrigées.

Le traité de la formation méchanique des Langues a, entre
autres mérites, celui de la forme : on y remarque dans
le style les qualités qui étaient par excellence celles du
XVIIIe siècle et qu'aucun autre ouvrage du Président de
Brosses, sauf sa restitution de Salluste, ne possède au même
degré la précision et la clarté ; les idées les plus abstraites, les observations les plus minutieuses, les raisonne-
ments les plus subtils sont saisis et suivis sans efforts et
sans fatigue ; la phrase, généralement plus courte et mieux
coupée que dans les autres écrits du même auteur, exprime la pensée sans obscurité, et comme le dit avec
raison son biographe, M. Foisset (page 453), à force
de propriété dans les termes, elle atteint parfois à
l'élégance.

Ces qualités n'excluent pas la profondeur de la pensée
ni la force du raisonnement. De Brosses démontre jusqu'à l'évidence ce qu'il se proposait de démontrer, la

17

certitude de la science étymologique, il prouve qu'elle ne doit pas être niée à cause des erreurs commises par les grammairiens, et en pose les véritables principes, dont les philologues modernes ne se sont guère écartés. Sur bien des points il devançait son époque, par exemple en signalant les services mutuels que peuvent se rendre l'histoire, la géographie et la science des Langues.

Le Président de Brosses n'était guère connu que du monde érudit quand ce livre étendit sa réputation dans le public; Grimm le cita dans sa correspondance, et il fut traduit en allemand et publié àLeipzig en 1777; l'édition française fut bientôt épuisée, et la vogue de l'ouvrage est attestée par les critiques qu'en fait Voltaire à l'article des *Langues* des *Questions encyclopédiques*. Non-seulement Buffon, mais Diderot et d'Alembert, malgré l'ardeur avec laquelle ils avaient épousé la cause de Voltaire dans sa querelle avec de Brosses, firent l'éloge de son livre.

Turgot, avant même la publication du *Traité de la formation méchanique des Langues*, en avait pris plus d'un passage pour les insérer dans les articles qu'il donna à l'Encyclopédie; Court de Gébelin, qui avait déjà utilisé les recherches du Président sur les antiquités orientales, tira un plus grand parti encore de son dernier livre et le reproduisit presque en entier dans sa *Grammaire universelle*.

Ce succés ne fut pas éphémère; après un intervalle assez long et assez rempli d'événements pour faire justice de tous les caprices de la mode, la seconde édition, imprimée à Paris en 1802, fut aussi recherchée que l'avait été la première, et tous ceux qui depuis ont eu à s'occuper de l'étude des langues s'accordent pour compter le Président de Brosses parmi ceux auxquels leur science doit le plus. Le pays qui a le plus approfondi les études philologiques, l'Allemagne, avait dès l'origine apprécié son livre; de nos jours encore, malgré le légitime orgueil que lui inspirent les magnifiques travaux des Bopp et des Max Muller, malgré sa jalousie envers les savants des autres pays et de la France en particulier, elle a rendu justice à l'érudition et à la critique du Président de Brosses par l'organe d'un de ses plus habiles philologues, M. Benfey.

Un reproche a été cependant adressé au *Traité de la Formation méchanique des Langues*, contre lequel le biographe du Président de Brosses n'a point osé le défendre : « M. de Brosses, dit Ballanche, décrit avec un grand soin » l'appareil de la voix. Il déduit d'ingénieuses hypothèses » de la description détaillée de ce merveilleux appareil.... » Mais il fallait commencer par faire comprendre ce qu'il » y a de l'âme dans cette voix de l'homme, qui est un » souffle de Dieu.... Il analyse avec une admirable sagacité » les fonctions de l'instrument vocal; il a pris rang pour » cette prodigieuse analyse parmi les esprits du premier » ordre; mais enfin il n'a défini et expliqué que l'instru- » ment et non la faculté. »

De Brosses a été lui-même au devant de cette critique en délimitant nettement son sujet : « Ce traité roule sur » l'opération matérielle de la voix et non sur l'opération » spirituelle de l'âme qui la dirige ». Tel est le titre du 6e paragraphe du chapitre 1er. En évitant d'aborder les problèmes de la psychologie, qui l'eûssent entraîné trop loin de son véritable sujet, il a évité de contredire les idées adoptées par ses contemporains, et en même temps de professer expressément des doctrines qu'eût réprouvées le mysticisme de Ballanche.

Laissant de côté la métaphysique, il s'est contenté d'être grammairien, c'est-à-dire philosophe dans le vrai sens du mot, comme on l'est toujours quand on fait mieux connaitre un sujet quelconque au moyen de faits positifs, d'une méthode sûre et d'une exposition claire.

CONCLUSION

En présence d'œuvres aussi nombreuses et aussi
variées, d'un esprit aussi souple, aussi actif et aussi
fécond, d'une physionomie aussi complexe, on éprouve
quelque embarras à choisir les traits qui peuvent donner
l'idée la plus exacte de ce que fut le Président de
Brosses, et à trouver le titre sous lequel il mérite de
vivre dans la mémoire des hommes. Peut-on l'appeler
un grand magistrat? Certainement il fut, par son caractère et ses talents, à la hauteur des fonctions qu'il eut à
remplir; il sut toujours se dégager des préjugés de caste
et de parti, et ce ne fut pas seulement dans sa conduite,
mais aussi dans ses opinions qu'il garda cette impartialité si difficile à maintenir au milieu des luttes de la
politique; il se désintéressa, dans ses jugements comme
dans ses actes, de ces passions qui, inspirées par l'esprit de corps, et donnant aisément une apparence d'a-
mour du bien public à l'attachement d'une classe pour
ses intérêts et ses prérogatives, aveuglent souvent les
plus clairvoyants et entraînent les plus honnêtes. Tenant
par sa naissance et par ses fonctions au parti des jansénistes, par son éducation et les premières relations de
sa jeunesse à celui des jésuites, par ses travaux littéraires et les relations de son âge mûr à celui des philosophes, il dut à cette position, par laquelle il eut pour
ainsi dire un pied dans tous les partis sans être inféodé
à aucun, de voir le fort et le faible de tous et de garder l'indépendance de son caractère et de son esprit;
il fut encore aidé efficacement par ses voyages et par

ses rapports avec tant d'étrangers de distinction à juger sainement des hommes et des choses de son pays; pour un esprit comme le sien, voir de loin, c'est voir de haut.

Aussi sut-il désapprouver l'excessive animosité de ses confrères dans leur lutte victorieuse contre les jésuites, et soutenir la dignité de son corps dans les persécutions qu'il eut à subir des ministres de Louis XV. Peut-être, pour être placé, dans cette magistrature française qui fut honorée par tant de beaux caractères, sur le même rang que Daguesseau, ne lui manqua-t-il que d'agir sur un théâtre plus vaste et à une époque plus tranquille. Cependant, pour nous apparaître comme un grand magistrat, il lui manque je ne sais quoi de grave et d'austère; le sentiment qu'il inspire quand on l'a étudié dans sa vie et dans ses ouvrages c'est la sympathie, l'estime, l'admiration même, mais non tout à fait le respect; ce n'est pas seulement à cause de quelques libertés échappées à sa plume dans ses lettres écrites d'Italie et même dans quelques ouvrages plus sérieux; les *Lettres Persanes* et le *Temple de Gnide* ne nous empêchent pas de reconnaître dans Montesquieu toutes les qualités du grand magistrat. Si de Brosses ne nous les montre pas au même degré, c'est qu'il les a volontairement négligées dans ses écrits. Nous ignorerions complétement la vie de Montesquieu que l'*Esprit des Lois* nous révélerait un profond jurisconsulte et un homme rompu aux affaires publiques; le *Traité de la formation des langues,* l'*Histoire des navigations aux Terres Australes*, l'*Histoire romaine* elle-même, malgré quelques grandes vues qu'elle renferme sur le gouvernement de Rome, pourraient être l'ouvrage d'un érudit qui n'aurait jamais quitté ses livres pour prendre part aux soins de la politique. De Brosses eût-il été un grand magistrat, et peut-être ne pourrait-on sans quelque injustice le nier absolument, que ses ouvrages, où il a trop dépouillé l'esprit de son état, ne nous apprendraient pas à le respecter sous ce titre : la dignité épiscopale rehausse-t-elle à nos yeux les écrits d'Amyot. comme elle rehausse ceux dont les sujets s'accordent mieux avec elle, ceux de Bossuet, de Fénelon et de Massillon ?

Verra-t-on en de Brosses un homme d'Etat, un politique? Sans parler des considérations ingénieuses et parfois profondes qui abondent dans ses écrits, ni du sincère amour du bien public qui les anime tous et se manifeste par tant de projets tendant à l'utilité générale, on ne peut refuser ce mérite à l'auteur de l'*Hypothèse sur l'établissement d'un subside national.*

L'inquiétude que lui inspira la conduite de Turgot, malgré l'honnêteté de ses intentions, malgré la nécessité de ses réformes, reconnue par de Brosses lui-même, à cause de la précipitation maladroite avec laquelle il les accomplit, est le signe d'un esprit pratique, incapable de se laisser égarer par des plans chimériques comme ceux de l'abbé de Saint-Pierre ; un autre signe, plus évident encore, c'est l'enthousiasme qu'inspira à Bougainville la lecture de son *Histoire des navigations aux Terres Australes.* Mais il lui manqua la difficile et décisive épreuve du pouvoir et l'on peut affirmer que son caractère le portait à la fuir plutôt qu'à la rechercher; il est probable que, si un ministère lui eût été offert, il l'eût refusé, autant par une sage défiance de ses forces que par crainte de quitter ce qu'il avait de plus cher au monde, ses études et la société dijonnaise. S'il fut de ceux qui, suivant l'expression du marquis d'Argenson, « meurent sans avoir déballé », personne moins que lui ne songea à s'en plaindre, et ce n'est pas une des moindres faveurs de la destinée de lui avoir épargné de vivre encore à l'époque où il eût fallu, bon gré mal gré, affronter, avec des armes inégales, les terribles luttes de la Révolution; on peut presque dire de lui ce que lui disait Algarotti de César : « Il entendait mieux le dénoûment que Molière, car il est mort la montre en main, au moment » où il allait peut-être compromettre sa gloire dans des » entreprises téméraires. »

C'est donc comme homme de lettres surtout, pour ne pas dire uniquement comme homme de lettres, que de Brosses nous est connu; nous l'avons vu successivement érudit, historien, géographe, philologue, etc; à voir rassemblées tant de connaissances diverses, il semble que son éloge se puisse résumer en un mot : ce fut un homme universel. Il faut cependant s'entendre sur le sens qu'on attache à ce mot. De Brosses peut-il être mis en parallèle avec ces prodigieux génies qui embrassèrent l'ensemble des connaissances humaines, un François Bacon, un Leibnitz, un Ampère ? Non évidemment, et cela moins à cause des sciences auxquelles il resta étranger qu'à cause de la manière dont il étudia et cultiva les autres. Ce n'est pas à lui qu'on peut appliquer la comparaison dont se sert Macaulay pour caractériser le génie de Bacon : « Sa science ressemble à celle des » autres comme une mappemonde ressemble aux cartes » particulières des divers pays ; il ne connaissait point à » fond les détails des différentes sciences, mais il sai- » sissait nettement les rapports qu'elles ont entre elles, » comme un globe terrestre indique avec exactitude les » positions relatives, les proportions et les distances des » différentes parties du monde. »

Non-seulement la science du Président de Brosses présentait bien des lacunes, mais elle manquait de cet esprit de généralisation qui seul fait les hommes vraiment universels ; il n'y a presque rien de commun ni dans la méthode ni dans les conclusions entre ses différents ouvrages ; suivant son biographe, les mathématiques étaient la seule branche des connaissances humaines qu'il eût négligée ; il faut y ajouter cependant la métaphysique et les hautes études philosophiques ; la faute en est moins à lui-même, et à son esprit, qui était certainement capable de goûter et de cultiver avec fruit cette étude, qu'à son siècle qui la dédaignait et à ses maîtres qui la craignaient. Voilà pourquoi, eût-il approfondi toutes les sciences au même degré que celles dont il s'occupa, il ne serait pas encore un homme universel dans le vrai sens du mot ; pour appliquer la comparaison de Macaulay, sa science eût ressemblé à un recueil de bonnes cartes de tous les pays du monde, mais non à la carte d'ensemble qui nous fait embrasser d'un coup d'œil la configuration générale du globe.

Il ne faudrait pas non plus rabaisser outre mesure la science du Président de Brosses, et voir en lui uniquement ce qu'on appelle aujourd'hui un vulgarisateur, n'ayant d'autre mérite que de revêtir d'une forme attrayante les découvertes d'autrui et le ranger parmi ses contemporains entre Fontenelle et Algarotti. Il est original pour avoir éclairé par son travail personnel plus d'un point obscur d'érudition, et ne doit pas être pris pour un simple compilateur.

C'est plutôt un curieux dans la meilleure acception du mot, c'est-à-dire un érudit par goût, qui, aimant la science pour elle-même, pour le plaisir de savoir et surtout de trouver par ses propres recherches, d'exercer son esprit et de vaincre des difficultés, ne craint pas de consacrer à la solution de problèmes minutieux en apparence, beaucoup de temps et beaucoup de travail.

In tenui labor, at tenuis non gloria. Telle semble être sa devise dont la seconde partie est vraie aussi pour de Brosses si, pour posséder la gloire, il suffit d'avoir conquis l'estime d'un petit nombre, sans s'être fait un de ces noms que la postérité répète et qui évoquent, quand on les prononce, tout un siècle et toute une société disparue.

Cependant de Brosses n'a pas eu, de son temps ni depuis, la réputation qu'il mérite. Faut-il accuser de cette demi obscurité qui enveloppe injustement son nom, la haine de Voltaire et des encyclopédistes, qui, au XVIIIe siècle, disposaient souverainement de la renommée ? Pour eux de Brosses était un ennemi, non un inconnu ; en l'écartant de l'Académie, Voltaire a fait plus pour l'immortaliser que s'il l'y eût laissé entrer sans discussion et sans bruit. Les accusations passionnées dont ses lettres sont remplies suffiraient pour rendre familier à tous les lecteurs de sa correspondance le nom du Président. Il est même probable que beaucoup ne le connaissent guère que par sa querelle avec Voltaire, et on était exposé à s'en faire ainsi une idée bien fausse, avant que la vérité fut révélée par son biographe, M. Th. Foisset.

A part celui-ci, tous ceux qui ont eu à parler du Président de Brosses, même les plus érudits, semblent n'avoir connu qu'une partie de ses ouvrages et avoir presque entièrement ignoré sa vie ; mais tous s'accordent à reconnaître combien sa réputation est inférieure à son mérite réel et essaient d'expliquer pourquoi. M. Villemain, dans son *Tableau de la littérature française au XVIIIe siècle* (édition Didier, 1861, TOME II, page 65), ne parle que de son *Histoire romaine ;* il en fait l'éloge qu'elle mérite pour l'érudition profonde de l'auteur et le merveilleux talent avec lequel il a reconstruit l'œuvre perdue de Salluste et fait «presque un livre original, bien que tout composé de pièces de rapport ; » il la déclare avec raison bien supérieure à tous les travaux de ses contemporains sur l'histoire romaine, qui ne furent que de froides compilations, comme celle de Crévier et de le Beau ; mais il ne fait que nommer ses autres ouvrages, même ceux qui mériteraient quelque chose de plus qu'une simple mention, comme le *Traité de la formation des Langues,* et ne cite même pas exactement le titre d'un des meilleurs, de ceux qui eurent à leur époque le plus grand et le plus légitime succès, et l'appelle l'*Histoire des Navigations dans les mers du Nord.* En s'étonnant de l'habileté avec laquelle de Brosses a su faire revivre les luttes de Forum « malgré le prodigieux intervalle entre la vie » paisible d'un président de Chambre et les agitations » d'un tribun, d'un préteur romain », il montre que cette vie lui était mal connue. Cependant il rend justice à de Brosses et lui assigne son rang véritable : « Au milieu » d'un siècle si chargé de talents secondaires, le Pré- » sident de Brosses nous paraît un de ces hommes rares, » qui, ayant eu dans le tour de leur esprit, dans le » caractère de leurs études un coin d'originalité, doivent » être placés les premiers après les hommes de génie. » Si sa réputation n'égale point son mérite, c'est, dit M. Villemain, qu'il se mit en opposition avec la secte philosophique et fut, comme Mably, un dissident ; or, nous savons que la haine de la secte fut attirée sur lui non par ses doctrines et ses écrits, mais par sa futile

querelle avec Voltaire ; et il est probable que, fût-elle
parvenue à égarer l'opinion des contemporains, cette
haine n'eût point pesé d'un tel poids sur le jugement de
la postérité. Un autre motif auquel M. Villemain attribue
avec plus de raison cette injustice de l'opinion, c'est la
nature des sujets choisis par de Brosses : « Esprit sagace
» et libre, mais écrivain circonspect, il ne traita guère
» que des sujets obscurs et détournés du chemin de la
» foule ». On pourrait objecter que la plupart des ouvrages
de Buffon, surtout les *Epoques de la Nature*, traitent aussi
des sujets de ce genre, mais Buffon avait ce que n'a-
vait pas de Brosses, l'éclat du style, pour attirer la foule
dans ces chemins détournés.

Parmi ceux qui ont le mieux jugé de Brosses, il faut
citer Stendhal, esprit morose et paradoxal, mais auquel
on ne peut refuser ni la délicatesse du goût, qu'il portait à un degré où elle devient une maladie morale et
justifie le mot de Lafontaine : « Les délicats sont mal-
heureux », ni une connaissance profonde de l'Italie à
toutes les époques. A ce double titre, il avait qualité
pour apprécier la correspondance si piquante et si ins-
tructive dans laquelle de Brosses nous raconte l'Italie du
XVIIIe siècle. Personne, au jugement de Stendhal, ne l'a
mieux vue ni mieux peinte ; il le répète à plusieurs reprises et ne manque jamais d'ajouter que, si de Brosses
n'est pas apprécié à sa juste valeur, la faute en est à la
sottise et au pédantisme de notre siècle, incapable de
goûter la finesse et de supporter la hardiesse des saillies
du malin président. Mais cette boutade misanthropique,
excusable de la part d'un homme de goût qui entendait
vanter autour de lui les lettres de Dupaty, ne peut être
acceptée comme une explication sérieuse, d'autant moins
que Stendhal associe volontiers son sort à celui du
Président de Brosses, attribuant à la même cause le
mauvais succès qu'il affectait de prévoir pour ses propres ouvrages ; il prédit souvent qu'un temps viendra où
le public sera enfin mûr pour leur rendre justice à tous
deux. Ce temps est venu déjà pour Stendhal, qui s'exa-

gérait d'ailleurs, du moins en paroles, la froideur de ses contemporains à l'égard de ses écrits ; quant à de Brosses, il est permis de croire que sa correspondance n'aurait besoin que d'être plus répandue pour être dignement appréciée et devenir ce qu'elle devrait être, le bréviaire du voyageur en Italie.

C'est aussi par cette correspondance que le connut et le jugea Hippolyte Rigault, esprit aussi délicat et aussi raffiné dans sa douce bienveillance que celui de Stendhal dans son âpreté morose ; les justes éloges qu'il lui accorde (TOME IV, page 449) s'adressent moins à l'écrivain qu'au voyageur ; ce qu'il loue surtout en lui, c'est cette égalité et cette gaieté d'humeur sans laquelle il n'y a ni plaisir ni profit à courir le monde ; le critique en fait ressortir les avantages en l'opposant à l'humeur chagrine de Montaigne, traînant à travers les plus beaux pays un corps affaibli et tourmenté par la maladie, toujours obsédé de sa double vanité de gentilhomme et d'homme de lettres, et à l'esprit sec et tranchant de Duclos, qui néglige la nature et les œuvres d'art, ne s'occupe que des gouvernements et des mœurs et ne s'en occupe que pour y chercher à critiquer et à railler. Il loue non moins justement l'impartialité clairvoyante avec laquelle de Brosses, s'élevant au-dessus des préjugés anti-religieux de son temps, reconnaît le grand rôle que peut jouer encore le pape, malgré la faiblesse de son pouvoir temporel, celui « d'Amphictyon naturel de l'Europe ». Enfin, ce qu'il admire surtout, avec autant de raison que tout le reste, c'est la manière dont il parle des arts, en homme du monde, sans prendre l'air et le langage d'un artiste, se contentant d'exprimer l'impression que les œuvres d'art font sur lui, d'apprécier le choix du sujet, la pensée, l'ordonnance, l'expression, le style, et ne se mêlant point de juger du technique de l'art, dont ceux-là seuls peuvent raisonner pertinemment à qui la pratique en a révélé les secrets. On ne saurait porter sur les lettres écrites d'Italie un jugement plus juste, ni mieux déduire les raisons qui devraient les rendre populaires ; ce n'est donc pas encore à Hippolyte Rigault qu'il faut demander le secret de cette inégalité entre la gloire du Président de Brosses et son mérite.

M. Sainte-Beuve, dans les deux articles qu'il a consacrés au livre de M. Th. Foisset (*Causeries du Lundi*, TOME VII, page 67) et dans lesquels il s'étend surtout sur la querelle avec Voltaire, vante avec raison la langue originale et toute personnelle des lettres sur l'Italie ; il montre par plus d'un exemple que de Brosses pouvait aspirer à la gloire de l'écrivain et nous donne le mot de l'énigme en expliquant comment, pour avoir renoncé à cette gloire, de Brosses s'est exposé à n'en recueillir aucune autre : « Partagé jusqu'à la fin entre des fonctions graves et le goût » des lettres, dispersé avec originalité dans des études » diverses, il n'a jamais donné à aucun de ses ouvrages » ce feu continu, cette diction égale, ce poli qui fait l'éclat ; » avec des idées de tout genre, des vues vastes, des sail-» lies pénétrantes, et une masse de connaissances précises, » il n'a jamais eu la mise en œuvre et la mise en valeur, » ce soin de la forme et de l'achèvement par où le talent » s'accommode avec bonheur au goût de la société pré-» sente, ou la ravit, ou la domine en s'en rapprochant. »

C'est donc uniquement le mérite de la forme, celui du style, sans lequel il n'y a pas d'œuvre durable, qui a manqué à de Brosses pour survivre à son siècle. Ses mémoires, ses *Lettres sur Herculanum*, son *Histoire des navigations aux Terres Australes*, son *Traité du culte des Dieux fétiches*, malgré la solidité et la valeur réelle du fond, sont écrits avec trop de négligence pour être lus autrement qu'à titre de renseignements. Trois ouvrages font exception et peuvent être lus non-seulement avec intérêt mais avec agrément, le *Traité de la formation des langues*, l'*Histoire romaine* et les *Lettres sur l'Italie ;* mais le premier a l'inconvénient, signalé par M. Villemain, de traiter un de ces sujets obscurs, détournés du chemin de la foule, qui n'intéressent que le petit nombre, et aux yeux de ce petit nombre il a déjà subi le sort qui attend un jour ou l'autre tout ouvrage scientifique s'il n'a pas la valeur philosophique du *Discours de la méthode* ou la valeur littéraire des *Epoques de la Nature ;* ceux qui sont venus après l'ont fait oublier en le dépassant. Le second est venu trop tard pour plaire comme ouvrage d'érudition, trop tôt pour être goûté comme œuvre historique. Le troisième enfin, fait pour plaire et instruire en tout temps, est aussi le plus populaire des ouvrages du Président de Brosses, celui qui est probablement destiné à survivre à tous les autres, et s'il n'est pas connu autant qu'il le mériterait, la faute en est à un de ces hasards qui font dire à Juste Lipse, cité par M. Foisset : « *Quidam merentur famam, quidam* » *habent.* »

« Il n'est resté grand homme que dans sa province », dit M. Sainte-Beuve. C'est déjà quelque chose que de faire mentir le proverbe : « Nul n'est prophète en son » pays. » Et ce n'est pas un médiocre éloge d'être aimé et estimé surtout de ceux dont on est le mieux connu. La part de gloire du Président de Brosses, bien qu'inégale à son vrai mérite, est encore de celles que beaucoup ne croiraient pas payer trop cher en l'achetant au prix de longues années d'étude et de travail. Aussi bien, serait-ce un prix si onéreux, une condition si dure ? Est-il besoin de redire ce qui a été si souvent et si éloquemment répété sur les charmes de l'étude, par tous ceux qui ont été dignes de les goûter ? Ne suffit-il pas d'ajouter à tant d'exemples celui du Président de Brosses, qui savait oublier en la compagnie de Salluste et de Plutarque les tracasseries de M. de Belle-Isle, les persécutions du chancelier Maupeou et les rancunes de Voltaire ? Si parmi les travaux de l'esprit il en est qui soient particulièrement propres à le reposer des agitations de la politique, à préserver l'âme des enivrements de l'ambition satisfaite, à la guérir des blessures de l'ambition déçue, ce sont les paisibles recherches de l'érudit. plutôt encore que les œuvres de l'imagination où le poète et l'artiste trouvent souvent des orages trop semblables à ceux de la vie publique. Je me figure volontiers que si le bonheur a jamais existé ici-bas, il a été le lot de ceux qui, s'étant dévoués à quelque tâche obscure et utile, l'ont poursuivie jusqu'à la fin et achevée en même temps

que leur vie, sans se préoccuper de l'opinion des hommes, sans rechercher les applaudissements et sans craindre
la critique, sans autre désir que de bien faire et de bien
mériter de ceux qui aiment les lettres. Ce genre de bonheur, de Brosses le connut et y ajouta les joies de la
famille, l'amitié de beaucoup de ses compatriotes et l'estime de tous ; on peut lui contester le titre de grand
homme, mais Solon lui-même ne refuserait sans doute
pas de le ranger parmi ceux qui furent heureux.

FIN

Vu et lu
A PARIS, EN SORBONNE
le 15 Août 1874
Par le Doyen de la Faculté des lettres,

PATIN

Vu et permis d'imprimer ,
Le Vice-Recteur de l'Académie de Paris
Pour le Vice-Recteur,
L'Inspecteur de l'Académie,

PERREN

TABLE DES MATIÈRES.

AVERTISSEMENT. VII

PREMIÈRE PARTIE.

Biographie du Président de Brosses.

CHAPITRE PREMIER. — Naissance de Charles de Brosses.— Sa famille. — Son éducation. — La Société Dijonnaise au XVIIIe siècle. 9

CHAPITRE II. — Carrière politique du Président de Brosses. 20

CHAPITRE III. — Ses travaux littéraires. 44

DEUXIÈME PARTIE.

Voyage en Italie.

CHAPITRE PREMIER. — Itinéraire de Charles de Brosses. — Sa correspondance. 70

CHAPITRE II. — Etat politique de l'Italie en 1739 et 1740. . 82

CHAPITRE III. — Les arts, la littérature et l'érudition en Italie au XVIIIe siècle. 99

TROISIÈME PARTIE.

Histoire romaine.

CHAPITRE PREMIER. — L'Histoire de la République romaine pendant le cours du VIIe siècle. — Méthode de l'auteur. — Plan de l'ouvrage. 127

CHAPITRE II. — Valeur historique de l'ouvrage. . . . 151

CHAPITRE III. — Du style. 175

CHAPITRE IV. — De l'Iconographie.   186

CHAPITRE V. — Jugement sur l'*Histoire romaine* du Président de Brosses   195

QUATRIÈME PARTIE.

Œuvres diverses.

CAHPITRE PREMIER. — Histoire ancienne des peuples de
l'Orient.   200

CHAPITRE II. — Archéologie . , ...   209

CHAPITRE III. — Géographie   212

CHAPITRE IV. — Histoire des religions.   229

CHAPITRE V. — Linguistique   240

CONCLUSION   260

Lille, Imp. A. MASSART, rue Nationale, 59

ERRATA

Page :	ligne :	au lieu de :	lisez :
10	32	partagaient	partageaient.
Ibid	33	aptidudes	aptitudes.
17	19	emphathique	emphatique.
33	4	places	plaies.
Ibid	27	finances	financiers.
42	28	exhorbitant	exorbitant.
57	5	Grale	Grace.
Ibid	35	Sanchonaton	Sanchoniathon.
62	19	*copore*	*corpore.*
69	5	*Magon*	*Magna.*
79	3	jeux	yeux.
87	10	Beruick	Berwick.
86	12	Navare	Novare.
90	28	substituaient	subsistaient.
91	15	T. II.	T. Ier.
103	23	que fournissent	qui fournissent.
107	25	Leibuitz	Leibnitz.
115	19	appuya	apprécia.

Page :	ligne :	au lieu de :	lisez :
131	12	à suivre	suivie.
151	5	intemptions	interruptions.
161	35	Sicinius	Licinius.
169	35	Tynhémiens	Tyrrhèniens.
173	6	qu'écrivait	qu'écrivit.
178	82	Maiis	Mais.
200	12	*aaalogia*	*analogia.*
203	22	Etesiphon	Ctésiphon.

www.ingramcontent.com/pod-product-compliance
Lightning Source LLC
LaVergne TN
LVHW051109060726
842525LV00003B/845